U0534948

国家社会科学基金
博士论文
出版项目

现代汉语警告范畴研究

The Study on Modern Chinese Warning Category

刘晨阳　著

中国社会科学出版社

图书在版编目（CIP）数据

现代汉语警告范畴研究 / 刘晨阳著. —北京：中国社会科学出版社，2024.6
ISBN 978-7-5227-3649-5

Ⅰ.①现… Ⅱ.①刘… Ⅲ.①现代汉语—研究 Ⅳ.①H109.4

中国国家版本馆 CIP 数据核字（2024）第 110717 号

出 版 人	赵剑英
责任编辑	王　越
责任校对	闫　萃
责任印制	戴　宽

出　　版	中国社会科学出版社
社　　址	北京鼓楼西大街甲 158 号
邮　　编	100720
网　　址	http://www.csspw.cn
发 行 部	010-84083685
门 市 部	010-84029450
经　　销	新华书店及其他书店
印　　刷	北京君升印刷有限公司
装　　订	廊坊市广阳区广增装订厂
版　　次	2024 年 6 月第 1 版
印　　次	2024 年 6 月第 1 次印刷
开　　本	710×1000　1/16
印　　张	24
字　　数	334 千字
定　　价	139.00 元

凡购买中国社会科学出版社图书，如有质量问题请与本社营销中心联系调换
电话：010-84083683
版权所有　侵权必究

出 版 说 明

　　为进一步加大对哲学社会科学领域青年人才扶持力度，促进优秀青年学者更快更好成长，国家社科基金2019年起设立博士论文出版项目，重点资助学术基础扎实、具有创新意识和发展潜力的青年学者。每年评选一次。2022年经组织申报、专家评审、社会公示，评选出第四批博士论文项目。按照"统一标识、统一封面、统一版式、统一标准"的总体要求，现予出版，以飨读者。

全国哲学社会科学工作办公室
2023 年

序

　　《现代汉语警告范畴研究》一书是刘晨阳在其博士学位论文的基础上修改扩充而成的学术研究专著。作者从语用范畴的视角出发，全方位、深层次地展示了现代汉语警告范畴的完整面貌，系统建构了现代汉语警告范畴的理论体系及研究范式。如今这本专著荣获国家社科基金优秀博士学位论文出版项目资助行将问世，我很高兴能够为之作序引介，以飨广大读者。

　　警告是日常生活中重要的言语交互行为之一，尤其在一些特殊情境中（如外交辞令、庭审纠纷等）发挥着不可替代的关键作用。汉语学界对警告现象的关注由来已久，特别是近年来在警告言语行为、警告义构式、警告会话分析等领域成果颇丰。但由于理论背景和方法路径上的差异，长期以来学界对警告的性质、特点、内部类型等均未形成较为明确、统一的认识，以致产生了对警告的界定模糊、描写混乱、分类重叠等诸多问题亟待解决。

　　这本专著以语用范畴观为基础，作者首先从警告行为的范畴化过程入手，指出客观世界中的警告行为经过人们主观认知的抽象概括后，转化为一系列表征警告行为的属性集束，这些属性集束投射到语言系统中形成规约性的命题或定识凝固为深层的警告语义框架，最终构建成稳固的警告范畴。在此基础上，作者进一步整合、制订出现代汉语警告范畴的界定标准，确立了警告范畴的性质与范围，构拟出一套完备的、制约表层警告言语行为的构成性规则。作者同时在功能主义为核心的语言观主导下，创见性地借助一定的形式化手段对警告范畴加以分解厘析，提供相对清晰、可供操作的界定标准将警告范畴与劝诫、威胁等邻近范畴进行区分，这对于现代汉语语用范畴研究来说无疑是一次新的尝试，具有一定的实践意义与参考价值。

　　作者对现代汉语警告范畴的实现方式主要集中在以下四个方面进行了阐释：（1）从深层语义框架与表层形式手段的对应关系入手，分别考察了现代汉语直接与间接警告言语行为的话语结构模式，揭示了不同警告言语行为的语力来源，从语言系统的角度重构了现代汉语警告范畴的内部体系；（2）详细描写了现代汉语直接与间接警告言语行为的语音、词汇、句法等表现手段，探讨了警告言语行为构成性规则与各类表现手段之间的关联性、适配性；（3）依据关联理论还原了间接警告言语行为的施行与取效过程，指出间接警告语力的传递和识解离不开交际双方的"明示—推理"，警告者需要选取最具关联的表现手段组织警告意图并加以明示，警告对象则需要依据最佳关联原则完成语用推理；（4）以"再VP""敢VP""看我（不）VP"三个构式为例，着重分析了规约性间接警告言语行为的规约化过程与规律，表明警告义的历时规约化过程与共时语用推理过程互逆，且规约化过程与构式的高频使用及认知框架的凸显激活机制密切相关，该过程是动态、连续而非静态、离散的。

　　此外，作者还广泛吸收了互动语言学、社会语言学研究的相关成果，利用统计学中的二元回归逻辑模型等作为定量分析工具，对影响现代汉语警告范畴实现方式的语用调控手段进行了深入考察。作为一种动态的交际行为，主体双方之间的相对权势关系、指令内容的绝对强加度等社会因素都会对警告的实施过程产生重要影响：对于警告者而言，警告者需要通过对多重社会因素的估算选择相应的直接或间接策略，以调节其语言表现手段的礼貌程度，适当地传递警告意图；而对于警告对象来说，语境中的社会因素则会制约其回应语的立场设置过程，警告对象是否选择与警告者建立一致的立场关系，如何塑造其具体的回应形式及表现手段也就因此呈现出了显著的规律性和倾向性。

总而言之，这本专著试图在现有的"句法—语义—语用"接口研究中寻求新的突破，以系统、完备、统一的语用范畴观将现代汉语警告表达的形式研究、功能研究、语境研究相互融合，从理论和方法上扩展了现代汉语警告范畴研究的广度与深度，丰富了现代汉语语用范畴研究的网络体系，对相关的现代汉语指令表达研究、负面立场评价研究、警告言语行为的二语教学研究等课题均具有一定的借鉴作用。

本书作者刘晨阳是2014年从华东师范大学中文系保送至复旦大学攻读硕士学位的，之后便一直跟随我度过了六年的求学时光，直至他博士学业完成。初识刘晨阳时，他冰清玉洁、天真无邪，眼睛里充满了"诗和远方"的浪漫光芒；而随着岁月和生活的历练，晨阳也愈发稳重坚毅、果决成熟，尤其是在读期间的勤奋用功给我留下了非常深刻的印象。无论是课堂互动，还是沙龙讨论，他总是认真思考、积极发言；六年来，他也积极参加各种学术会议，汇报、交流着自己最新的研究成果。这些都充分说明他的青春时光并未虚度，且总是抱持着一颗求知之心，不断地自我充实、自我提升，为其在读期间的科研工作奠定了坚实的基础。

博士论文的写作过程并不总是一帆风顺，然而刘晨阳身上却一直有股拼劲儿，丝毫没有畏难情绪，时刻以一种高标准的钻研精神要求自己，不会轻易懈怠与放弃。记得在构拟警告范畴界定标准的关键步骤上，有段时间他似乎总是陷入思辨困境，无法理清警告与承诺性威胁之间的细微差别；但他凭借着自身坚韧的毅力和恒心，利用周末乃至平时的碎片化时间，翻阅了大量语用学、互动语言学领域的相关文献资料，同时不厌其烦地跟我和其他专家进行深入讨论交流，终于在明确了补充性构成规则这一方案后得以拨云见日、豁然开朗，制订警告范畴的界定标准这一问题也就随之迎刃而解。此外，由于警告行为是交际双方即时性的口语交互现象，以往借助大型书面语语料库展开研究的通行做法无法完全还原出现代汉语警告现象的真实面貌。为此，刘晨阳特意选择了转写影视剧对话的方式，自建现代汉语警告表达口语语料库，遵循会话分析的研究路径对相关问题展开探讨。有过转写口语语料经验的研究者都知道，这项工作极需耐心细心又耗时耗力，尤其对不同场外因素进行标注是个需要埋头苦干、锲而不舍的任务；而刘晨阳最终在两个月内完成了四部影视剧、近十万字的语料转写，这其中的心血与甘苦恐怕只有作者自己方能知晓。

关于现代汉语警告范畴的研究远非一篇博士论文就足以叙述殆尽的，边缘警告范畴成员的类属判定、警告言语行为的语言变体形式、汉语警告范畴的类型学特点等众多大大小小的课题都有待于日后的深入挖掘与持续探索。而有了这本专著的积累，我们既对刘晨阳未来的学术之路有了更多的信心与期待，也希望本书的成果能够进一步激发学界同仁对汉语语用范畴的研究热情，不断推动汉语语用研究取得更为长足的进步。

张豫峰

2024 年 6 月 30 日

摘　　要

　　警告是人们生活中常见的互动交际行为。当警告对象正在持续或即将实施的行为违反了警告者的心理预期时，警告者往往会通过一系列语言或非语言的方式，依靠一定的惩罚手段作为保障，促使警告对象对其当前行为做出调整或改变；各类语言或非语言的警告行为经过人们主观认知的抽象概括后就形成了警告范畴。本书从"句法—语义—语用"接口的角度入手，深入解析了现代汉语警告范畴的性质特征、界定标准和内部类型，细致考察了现代汉语警告范畴的各类直接和间接表现手段及其所对应的语音、词汇、句法等表层形式，并从规约化、语用推理、语用调控等视角对现代汉语警告言语行为的形成、交互、取效过程进行了详尽描写与解释，力争多维度、全方位地构建起现代汉语警告范畴的完备理论体系。

　　现代汉语警告范畴的构成规则、实现方式、语力来源、制约因素等究竟如何并不是仅仅依靠传统句法语义理论或言语行为理论就可以完全解决的问题，而是更多地涉及到言者交际意图与语境因素之间如何关联、言者表达与听者理解之间如何互动的语用范畴问题，需要我们从语用范畴观的理论视角全面扩展、深化以往关于现代汉语警告现象的研究与探析。总体来看，现代汉语警告范畴呈现出以下四点较为显著的范畴特性：（1）警告语义框架是现代汉语警告范畴的核心，规定了范畴成员的属性特征及范畴的性质与边界。其中，"警告对象实施了反预期的始发行为""警告者依靠惩罚手段保证指令施行""交际双方反同盟的立场设置""社会文化背景下惩罚手段相对轻微"等框架属性构成了警告范畴区别于提醒、劝诫、威胁等其他邻近范畴的关键性特征，其本质上也是一个以典型成员为中心、依靠家族相似性与边缘成员建立起一定关联的原型范畴。（2）现代汉语警告范畴的直接实现方式即体现为一系列直接警告言语行为，其话语模式和语言手段都是深层警告语义框架在表层句法形式上的直接反映。直接警告言语行为中最典型的话语模式是警示语、指示语、告知语三个部分全部共现，字面意义上完全反映出警告语义框架的内在结构。警示语部分主要依靠相应的施为动词提示警告语力；指示语部分在句类上主要通过祈使句和感叹句传递指令意图；告知语部分主要通过选择复句、条件复句及其紧缩复句的形式加以表达，而不能通过其他陈述语气的单复句形式加以呈现。（3）现代汉语警告范畴的间接实现方式即体现为一系列间接警告言语行为，其语力解读离不开警告对象对深层警告语义框架的语用推理，规约性间接警告言语行为的语用推理过程与其规约化过程互逆。间接警告言语行为的话语模式往往表现为指示语独用、告知语独用、指示语和告知语共现三种，词汇层面上较为特殊的是可以通过称谓词、叹词独用等非规约手段完成间接警告，句法上则突出表现为可以通过各类反问句及规约化构式来传递警告意图。（4）行为主体与交际情境的互动关系对现代汉语警告范畴的确立具有重要影响。行为主体之间的相对权势关系、指令内容的绝对强加度等社会因素构成了警告者实施警告与警告对象回应警告的重要调控手段：警告者通过对指令任务难度的估算可以选择相应的直接或间接策略适切地实施警告，而警告对象通过预判交际双方的相对权势、指令的绝对强加度等因素则可以选择顺从或拒绝、亲近或疏离等方式对警告行为加以回应。

总而言之，我们希望以本书为契机，深入挖掘现代汉语警告范畴形式、功能、语境之间的互动关系，不断扩展现代汉语语义语用研究的范围和领域，从而以更加多元化、深层次的视角构筑起现代汉语语用范畴研究的理论体系和研究网络。

关键词：警告范畴；构成性规则；语言表现手段；规约化；语用调控

Abstract

Warning is a common interactive act in people's daily lives. When the behavior of the warning object that is ongoing or about to be implemented violates the expectations of the warner, the warner oftenbrings a series of verbal or nonverbal acts into force, relying on some punishment measures as a guarantee, to urge the warning object to adjust or change its current behavior. Various types of verbal or nonverbal warning acts, after being abstractly summarized by people's cognition, form the warning category. Starting from the perspective of the "syntax—semantics—pragmatics" interface, our book deeply analyzes the nature, characteristics, definition standards, and internal types of warning category in modern Chinese. It also carefully examines the various direct and indirect expressions and their corresponding surface forms such as phonetics, vocabulary, and syntax of warning category in modern Chinese. From the perspectives of conventionalization, pragmatic reasoning, and pragmatic regulation, it provides a detailed description and explanation of the formation, interaction, and effectiveness process of warning speech acts, striving to construct a comprehensive theoretical system of warning category in modern Chinese from multiple dimensions and all aspects.

Theconstitutive rules, means of expressions, illocutionary force sources, and constraining factors of the warning category in modern Chinese are not the problems that can be completely solved solely by traditional syntactic and semantic theory or Speech Act Theory. Instead, they involve more pragmatic category issues such as how the speaker's communicative intention is related to the contextual factors, and how the speaker's expression interacts with the listener's understandings. The warning category presents the following characteristics: (1) The semantic framework is the core of the warning category in modern Chinese, which defines the attribute characteristics of category members and the property and boundaries of the warning category. Among them, the initial characteristics of the warning category are the framework attributes such as "warning objects carrying out unexpected initiating behaviors", "warning acts relying on punishment to ensure the directions", "communication subjects setting disaffiliate stance positions", and "relatively small extent punishments in social and cultural contexts", which could distinguish the warning category from other neighboring categories such as reminding, exhorting, and threatening. Essentially, the warning category is also a prototype category centered on typical members and established a certain relationship with peripheral members through family resemblance. (2) The direct expressions of the warning category in modern Chinese are reflected in a series of direct warning speech acts, whose discourse patterns and language forms are both direct reflections from the deep warning semantic framework to the surface syntactic forms. The most typical discourse pattern in direct warning speech acts is the co-occurrence of alert, inform, and instruct parts, which fully reflects the internal structure of the warning semantic framework on the surface forms. The alert part mainly relies on the corresponding performative verbs to indicate the warning illocutionary force; The inform part mainly conveys directive intention through imperative and exclamatory sentences; The instruct part is mainly expressed through the selective complex sentences, conditional complex sentences, and their condensed complex sentences, and cannot be presented through the single and complex sentence forms of other indicative mood. (3) The indirect expressions of the warning category in modern Chinese are reflected in a series of indirect warning speech acts, and the interpretation of the illocutionary force cannot be separated from the pragmatic reasoning of the warning object on the semantic framework. The pragmatic reasoning process of conventional indirect warning speech acts and their conventionalization process are reversed. The discourse patterns of indirect warning speech acts often manifest as three types: the exclusive use of inform part, the exclusive use of instruct part, and the co-occurrence of inform and instruct parts. On the lexical level, it is more special that indirect warning acts can be implemented through non-conventional means such as addressing terms and interjections, while on the syntactic level, it highlights that warning intentions can be conveyed through various rhetorical questions and conventional constructions. (4) The interaction between the communication subjects and the context all has a significant impact on the establishment of the warning category in modern Chinese. Some social factors such as the relative power between subjects and the absolute ranking of imposition constitute important regulatory measures for the warner to implement warning acts and the warning object to respond to warning acts. The warner can choose appropriate direct or indirect strategies to implement warning acts by estimating the difficulty of the directions, while the warning object can respond to the warning acts by estimating factors such as the relative power of both subjects, the absolute ranking of imposition of the directions, and then choosing to comply or refuse, affiliate or disaffiliate.

In summary, we hope to take this book as an opportunity to deeply explore the interactive relationship between the forms, functions, and contexts of warning category in modern Chinese, continuously expand the scope and field of semantic and pragmatic research in modern Chinese, and thus establish a theoretical system and research network for the study of pragmatic categories in modern Chinese from a more diverse and in-depth perspective.

Key words: Warning category; Constitutive rules; Language means of expressions; Conventionalization; Pragmatic regulation

目 录

绪 论 …………………………………………………………… (1)
  一 问题的提出 ……………………………………………… (1)
  二 研究现状 ………………………………………………… (4)
  三 研究重点 ………………………………………………… (20)
  四 研究意义 ………………………………………………… (21)
  五 语料来源 ………………………………………………… (22)

第一章 警告范畴概述 ………………………………………… (24)
  第一节 警告的范畴化 ……………………………………… (24)
    一 警告行为 ……………………………………………… (25)
    二 警告范畴 ……………………………………………… (29)
  第二节 警告范畴的构成要素 ……………………………… (31)
    一 警告主体 ……………………………………………… (32)
    二 警告原因 ……………………………………………… (34)
    三 警告内容 ……………………………………………… (35)
  第三节 警告范畴的性质 …………………………………… (37)
    一 假设性 ………………………………………………… (38)
    二 强制性 ………………………………………………… (39)
    三 预设性 ………………………………………………… (40)
    四 原型性 ………………………………………………… (41)
  第四节 小结 ………………………………………………… (44)

第二章　现代汉语警告范畴的界定及内部类型……………………（46）
第一节　现代汉语警告范畴的界定…………………………………（46）
　　一　现代汉语警告言语行为的构成性规则…………………（47）
　　二　现代汉语警告言语行为与相关言语行为的区别………（63）
　　三　现代汉语警告范畴的界定标准…………………………（74）
第二节　现代汉语警告范畴的内部类型……………………………（80）
　　一　内容分类…………………………………………………（80）
　　二　形式分类…………………………………………………（84）
第三节　小结…………………………………………………………（97）

第三章　现代汉语警告范畴的直接表现手段………………………（99）
第一节　警示语的语言表现手段……………………………………（103）
　　一　施为动词"警告"…………………………………………（103）
　　二　施为动词的选择和隐现…………………………………（107）
第二节　指示语的语言表现手段……………………………………（113）
　　一　指示语的句类选择………………………………………（113）
　　二　指示语谓语结构的表现手段……………………………（117）
第三节　告知语的语言表现手段……………………………………（134）
　　一　选择复句…………………………………………………（134）
　　二　条件复句…………………………………………………（136）
第四节　直接警告言语行为的话语模式……………………………（140）
　　一　警示语和指示语共现……………………………………（142）
　　二　指示语和告知语共现……………………………………（144）
　　三　告知语独用………………………………………………（145）
　　四　警示语和告知语共现……………………………………（146）
　　五　警示语、指示语、告知语共现…………………………（149）
第五节　小结…………………………………………………………（152）

第四章　现代汉语警告范畴的间接表现手段 …………… (155)
第一节　间接警告言语行为的语力来源 ……………… (155)
　　一　间接警告语力的推理过程 ……………………… (156)
　　二　间接警告语力的来源类型 ……………………… (159)
第二节　间接警告言语行为的典型语境特征 ………… (170)
　　一　始发行为的反预期性 …………………………… (170)
　　二　警告者的权威性 ………………………………… (173)
第三节　间接警告言语行为的语言表现手段 ………… (176)
　　一　间接警告言语行为的话语模式 ………………… (176)
　　二　词汇表现手段 …………………………………… (181)
　　三　句法表现手段 …………………………………… (186)
第四节　规约性与非规约性间接警告言语行为的差异 …… (203)
第五节　小结 ……………………………………………… (207)

第五章　现代汉语典型规约性间接警告言语行为
　　　　　个案研究 ………………………………………… (210)
第一节　"再VP"构式警告义的获得与规约化 ………… (211)
　　一　"再VP"构式的句法语义特征及其选择限制 …… (213)
　　二　"再VP"构式警告义的规约化过程 ……………… (217)
　　三　"再VP"构式警告义的规约化机制 ……………… (220)
　　四　"再VP"与"还VP"句警告义规约化的
　　　　对比分析 ………………………………………… (223)
第二节　"敢VP"构式警告义的解析 …………………… (227)
　　一　"敢VP"构式的句法语义特征 …………………… (228)
　　二　"敢VP"构式的语境解析 ………………………… (235)
　　三　"敢VP"构式警告义的规约化过程与机制 ……… (238)
第三节　从"看我（不）VP"句看间接警告言语
　　　　　行为的规约化 …………………………………… (243)
　　一　"看我（不）VP"句的句法语义特征 …………… (245)

二 "看我（不）VP"句警告义的关联推理与
规约化 …………………………………………………… (250)
第四节 小结 ………………………………………………………… (257)

第六章 现代汉语警告范畴的语用调控手段研究 ……………… (259)
第一节 警告言语行为的外部调节类型 ……………………… (260)
 一 阐述类辅助语步 ……………………………………… (261)
 二 表态类辅助语步 ……………………………………… (263)
 三 指令类辅助语步 ……………………………………… (264)
 四 复合类辅助语步 ……………………………………… (266)
第二节 警告言语行为内部调节的语用调控手段 ……………… (267)
 一 作为语用调控手段的社会变量 ……………………… (269)
 二 核心行为与社会变量之间的关联 …………………… (274)
第三节 警告言语行为的语用交际策略 ……………………… (282)
 一 调和性语用交际策略 ………………………………… (283)
 二 基本性语用交际策略 ………………………………… (285)
第四节 小结 ………………………………………………………… (287)

第七章 现代汉语警告范畴的回应行为研究 …………………… (289)
第一节 警告回应语的界定及特征 …………………………… (291)
第二节 现代汉语警告回应语的内部类型及
表现手段 ……………………………………………… (293)
 一 合作性回应与非合作性回应 ………………………… (293)
 二 顺从性回应与拒绝性回应 …………………………… (294)
 三 顺从性回应的表现手段及内部差异 ………………… (296)
 四 拒绝性回应的表现手段及内部差异 ………………… (303)
第三节 警告回应语内部类型的语用调控手段 ……………… (311)
 一 社会变量与顺从或拒绝性回应之间的关联 ………… (311)

二　社会变量与顺从性回应内部情感立场的
　　　　亲近度关联 ………………………………（315）
　第四节　小结 ……………………………………（320）

第八章　结语 …………………………………（322）
　第一节　本书的主要观点 ………………………（323）
　第二节　余论 ……………………………………（329）

参考文献 …………………………………………（332）

索　引 ……………………………………………（347）

后　记 ……………………………………………（353）

Contents

Introduction ...... (1)
  1. Discussion on the Problems ...... (1)
  2. Current Research Reviews ...... (4)
  3. Research Emphases ...... (20)
  4. Research Significances ...... (21)
  5. Data Sources ...... (22)

Chapter 1　Overview of Warning Category ...... (24)
  Section 1　Categorization of Warning Acts ...... (24)
    1. Warning acts ...... (25)
    2. Warning category ...... (29)
  Section 2　The Constituents of Warning Category ...... (31)
    1. Warning subjects ...... (32)
    2. Warning reasons ...... (34)
    3. Warning contents ...... (35)
  Section 3　The Properties of Warning Category ...... (37)
    1. Hypotheticality ...... (38)
    2. Enforceability ...... (39)
    3. Presupposition ...... (40)
    4. Prototypicality ...... (41)
  Section 4　Summary ...... (44)

Chapter 2 The Definition and Internal Types of Warning Category in Modern Chinese (46)

Section 1 The Definition of Warning Category in Modern Chinese (46)

1. The constitutive rules of warning speech acts in modern Chinese (47)
2. The distinctions between warning speech acts and other related speech acts in modern Chinese (63)
3. The definition standards of warning category in modern Chinese (74)

Section 2 The Internal Types of Warning Category in Modern Chinese (80)

1. Content types (80)
2. Formal types (84)

Section 3 Summary (97)

Chapter 3 The Direct Expressions of Warning Category in Modern Chinese (99)

Section 1 The Language Expressions of Alert Part (103)

1. "Warn" as a performative verb (103)
2. The selection and the presence or absence of the performative verbs (107)

Section 2 The Language Expressions of Inform Part (113)

1. The selection of sentence patterns in inform part (113)
2. The expressions of predicate structure in inform part (117)

Section 3 The Language Expressions of Instruct Part (134)

1. Selective complex sentence (134)
2. Conditional complex sentence (136)

Section 4　The Discourse Pattern of Direct Warning Speech
　　　　　　Acts ……………………………………………… (140)
　　1. Co-occurrence of alert and inform parts ………………… (142)
　　2. Co-occurrence of inform and instruct parts ……………… (144)
　　3. Exclusive use of instruct part …………………………… (145)
　　4. Co-occurrence of alert and instruct parts ………………… (146)
　　5. Co-occurrence of alert, inform and instruct parts ………… (149)
Section 5　Summary ……………………………………………… (152)

Chapter 4　The Indirect Expressions of Warning Category in Modern Chinese ………………………………… (155)

Section 1　The Illocutionary Force Sources of Indirect Warning
　　　　　　Speech Acts ……………………………………… (155)
　　1. The reasoning process of indirect warning illocutionary
　　　 force ……………………………………………………… (156)
　　2. The types of sources of indirect warning illocutionary
　　　 force ……………………………………………………… (159)
Section 2　TheTypical Contextual Characteristics of Indirect
　　　　　　Warning Speech Acts …………………………… (170)
　　1. The property of counter-expectations of initiating acts …… (170)
　　2. The authority of the warner ……………………………… (173)
Section 3　The Language Expressions of Indirect Warning
　　　　　　Speech Acts ……………………………………… (176)
　　1. The discourse pattern of indirect warning speech acts …… (176)
　　2. Lexical expressions ………………………………………… (181)
　　3. Syntactic expressions ……………………………………… (186)
Section 4　The Distinctions between Conventional and
　　　　　　Unconventional Indirect Warning Speech Acts …… (203)
Section 5　Summary ……………………………………………… (207)

Chapter 5 The Cases Study on Typical Conventional Indirect Warning Speech Acts in Modern Chinese ……………………………………… (210)

Section 1 The Acquisition and Conventionalization of the Meaning of the Warning Construction "*Zai* VP" … (211)

1. The syntactic and semantic characteristics of the construction "*Zai* VP" …………………………… (213)
2. The conventionalization process of the warning construction "*Zai* VP" …………………………… (217)
3. The conventionalization mechanism of the warning construction "*Zai* VP" …………………………… (220)
4. The comparative analysis of the conventionalization of the warning sentences "*Zai* VP" and "*Hai* VP" …… (223)

Section 2 The Analysis of the Meaning of the Warning Construction "*Gan* VP" ………………………… (227)

1. The syntactic and semantic characteristics of the construction "*Gan* VP" …………………………… (228)
2. The contextual analysis of the construction "*Gan* VP" …… (235)
3. The conventionalization process and mechanism of the warning construction "*Gan* VP" ………………… (238)

Section 3 From the Sentence of "*Kan wo* (*bu*) VP" to the Conventionalization of Indirect Warning Speech Acts ……………………………………… (243)

1. The syntactic and semantic characteristics of the sentence "*Kan wo* (*bu*) VP" ………………………… (245)
2. The relevance reasoning and conventionalization of the warning sentence "*Kan wo* (*bu*) VP" …………… (250)

Section 4 Summary …………………………………… (257)

Chapter 6 The Study on Pragmatic Regulation Means of Warning Category in Modern Chinese ············ (259)

Section 1 The External Modification Types of Warning Speech Acts ·· (260)

  1. Representative supportive moves ······························· (261)

  2. Expressive supportive moves ··································· (263)

  3. Directive supportive moves ···································· (264)

  4. Composite supportive moves ··································· (266)

Section 2 The Pragmatic Regulation Means for Internal Modification of Warning Speech Acts ··············· (267)

  1. Social variables as the means of pragmatic regulation ··· (269)

  2. The correlation between head acts and social variables ··· (274)

Section 3 Pragmatic Communication Strategies for Warning Speech Acts ·· (282)

  1. Regulative pragmatic communication strategies ············ (283)

  2. Basic pragmatic communication strategies ··················· (285)

Section 4 Summary ··· (287)

Chapter 7 The Study on the Response Actions of Warning Category in Modern Chinese ······················ (289)

Section 1 Definition and Characteristics of Warning Responses ·· (291)

Section 2 The Internal Types and Expressions of Warning Responses in Modern Chinese ······················· (293)

  1. Cooperative responses and non-cooperative responses ··· (293)

  2. Compliance responses and refusal responses ··············· (294)

  3. The expressions and internal differences of compliance responses ··· (296)

    4. The expressions and internal differences of refusal responses ……………………………………………………… (303)
  Section 3 The Pragmatic Regulation Means of the Internal Types of Warning Responses ……………………… (311)
    1. The relevance between social variables and the compliance or refusal responses ……………………… (311)
    2. The relevance between social variables and the affiliation of affect stances in compliance responses …… (315)
  Section 4 Summary ……………………………………………… (320)

Chapter 8 Conclusions ……………………………………… (322)
  Section 1 Main Views of This Book …………………………… (323)
  Section 2 Remaining Discussions ……………………………… (329)

References ………………………………………………………… (332)

Index ……………………………………………………………… (347)

Postscript ………………………………………………………… (353)

绪　　论

一　问题的提出

警告是人们生活中常见的互动交际行为。当警告对象正在持续或即将实施的行为①违反了警告者的心理预期，且该行为仍将延续下去时，警告者往往会通过一系列语言或非语言的方式，依靠一定的惩罚手段作为保障，促使警告对象对其当前行为做出调整或改变。各类语言或非语言的警告行为经过人们主观认知的抽象概括后就形成了警告范畴，其语言实现方式一直为汉语学界所广泛关注，尤其自20世纪60年代言语行为理论兴起之后，警告范畴在现代汉语中的表现形式逐渐从言语行为的角度得到了充分的认识和建构，相应的现代汉语警告言语行为研究、警告义构式研究、警告的话语分析及汉外对比研究等也得以全面开展。但是在数量上，这些研究成果相较汉语的抱怨、批评、命令、建议、指责等其他言语行为研究明显不足；在方法上很多现代汉语警告研究遵循传统句法"从形式到意义"的研究路径，从语言的表层形式上去归总现代汉语警告言语行为的判定标准、句法特征，而不是从深层语义功能的角度去考察现代汉语警告言语行为的构成性规则、厘清现代汉语警告范畴的边

---

① 这种"行为"既包括警告对象正在进行的某个动态动作，也包括其表现出的某种静止状态，还可以是即将产生某种动作或状态的趋势。为了行文方便我们将这种引发警告的动作、状态或趋势统称为"行为"。

界，因此经常会遇到一些形式上难以解释、界定上模糊含混的问题。具体表现为以下两个方面：

首先，有些言语行为虽然在语言表层上使用了警告的表现形式，最典型的即使用施为动词（performative verb）"警告"，但实际上并不传递警告语力（illocutionary force），如：

（1）一天，素云到特务机关去，特务机关长问她："你知道中国锄奸团吗？我们的特务人员遇到的凶险太多了。一定什么地方儿出了纰漏。**我警告你，你要特别小心**。"

（林语堂《京华烟云》）

（2）云飞在盛怒中，说了许多极不好听的话，父亲大叫著说："**我警告你，远离我的女儿，否则我会杀掉你**！我说得出做得到，我会杀掉你！"我突然周身寒颤，我觉得父亲真会那样做。

（琼瑶《星河》）

例（1）中的施为动词"警告"完全可以替换为"提醒"而交际意图不变，例（2）的话语从语势（force）强度来看似乎是比"警告"更强的"威胁"言语行为。由此可知，日常交互过程中这些相似言语行为的区分以及警告言语行为的界定问题，显然难以单纯依靠语言的表层形式为标准加以判别。

其次，相应地，有些言语行为虽然在表层形式上看似并非实施了警告，但实际的交际意图却传递了警告语力，如：

（3）刘桂兰抢着说道："她骂你是假，爱你是真呀。""**看我揍你**。"白大嫂子骂着，却忍不住笑，起身要撑她，却又站住了。

（周立波《暴风骤雨》）

（4）"死丫头，急了呗，勇生准还没来。"芳芳伶牙俐齿勇生是跃跃的相好。"饶舌鬼，**我撕烂你的嘴**。"跃跃脸红了。

(《人民日报》1986-05-28)

例（3）中"看我揍你"并不是字面意义上"要求"对方观看自己即将实施的暴力行为，而是为了"警告"对方停止继续口无遮拦的无礼举动。例（4）中"我撕烂你的嘴"也并非在实施一个"宣告"行为，说话人并不会真的要"撕"甚至"撕烂"对方的嘴，只是通过这样一个字面上的"宣告"来实施"警告"意图，希望对方停止当前乱开玩笑的不当言行。诸如例（3）的"看我（不）VP你"格式已经可以相对固定地用来表达警告功能，而例（4）的"我VP你"格式似乎还需要在特定的语境下（如开玩笑的场景）才能临时地传递警告语力。这种表层形式上不具备典型警告言语行为特征的语言结构，尤其是在特殊语境下才能浮现、解读出警告功能的句子如何加以判别和归类，警告语力的产生是否具有一定的规律和理据，规约性与非规约性警告言语行为如何相互区别，都是值得进一步探讨的问题。

以上两点可以看出，警告行为在现代汉语中的实现方式并不是一个仅仅依靠传统句法学、关注语言表层形式的句法特征就可以完全解决的问题，而是一个涉及言者的交际意图和语境因素如何关联、言者表达和听者理解如何互动的语用范畴问题。

此外，由于早期言语行为理论以语言哲学为背景，多从行为分析的角度考察言语行为各种逻辑上的可能性。因此，很多从言语行为理论出发的语言研究往往都是静态的、内省的，过于关注行为本身的内在结构而忽视了交际主体及交际语境的动态作用，"是言语行为的哲学观，而非言语行为的语用观"（李捷、何自然、霍永寿，2011：55）。而警告行为本身是一种交互性的动态社会行为，这就需要我们把交际主体及相关的语境因素也作为必要条件，纳入警告范畴的研究范围，以发现这些要素对警告范畴的界定、实施和取效有何影响。比如通过考察警告者与警告对象之间在立场设置（stance position）上的一致性，我们可以将警告与提醒、告诫等行为加以区别；再如警告者依凭的惩罚手段在社会文化语境下会对警告对象造成怎样程度的不利后果，也构成了警告与威胁行为相互区别的重要参考；此外，交际主体之间的相对权势关系（relative power）、文化语境中指令任务的绝对强加度（absolute ranking of imposition）等社会因素还会对警告者选择直接还是间接方式实施警告产生限制。可以看出，交际主体及相关的语境因素也是一个合格的警告行为得以确立的必要条件，它们究竟如何对警告行为的实施进行制约和调控，如何通过更科学、客观的手段对这些因素的调控作用进行验证，都有待于进一步全面探究；而扩展早期言语行为理论下的现代汉语警告研究、将交际主体及语境因素纳入现代汉语警告言语行为的考察范围、构建起完备的现代汉语警告范畴研究体系，也是我们目前亟待解决的重要问题。

　　以上这些问题归结起来就是，我们应该如何对现代汉语警告范畴进行更细致、更深入的界定、描写与分析，对于现代汉语警告言语行为的语义内容和表现形式之间不匹配、不对应的现象应如何更合理、更多元地加以解释。从功能学派的语言观出发，我们认为，现代汉语警告范畴就是围绕着警告言语行为的抽象语义框架构建起来的，因此，以深层的语义功能为导向对范畴的边界加以界定，从意义和功能的角度入手，考察现代汉语警告范畴所对应的语音、词汇、句法等表现形式，并结合语境因素对语言内部现象进行全面解释，是更适合现代汉语"句法—语义—语用"接口研究的方式和路径。因此，为了解决上述问题，基于大量汉语语言事实建构一个全面、系统、科学的现代汉语警告范畴理论体系，是非常必要且具有一定应用价值的。

二　研究现状

　　通过对以往国内外学界关于警告范畴的相关研究进行简要梳理与回顾，我们可以进一步在前人研究的基础上明晰研究的重点与思路，以期填补现有研究的空白与不足。目前国内外学界针对警告范畴的研究主要有两条路径：一是基于言语行为理论，关注警告范畴在语言层面最基本的实现形式——警告言语行为，探究警告言语行为的构成性规则、警告言语行为的内部类型，以及警告言语行为的语言表现形式、语力来源、制约因素等；二是从应用角度出发，考察各种语言中的警告表达在特定媒介及特殊会话场合（尤其是一些机构性谈话）中会产生怎样的变体、具有怎样的功能、背后的认知动因与机制如何，并通过汉外对比的方式揭示不同语言中警告表达的共性与个性，从而指导我们在日常交际中更加得体、恰当地使用警告。

此外，国内外围绕其他相关范畴（指令、祈使、威胁等）展开的研究也为我们深入理解、甄别现代汉语警告范畴提供了重要的参考。

（一）　国外警告范畴研究现状

1. 理论研究

国外学界关于警告范畴的探讨始于言语行为理论的建构，其中构成性规则的构拟、言外行为的分类框架等均为警告言语行为研究提供了重要的理论基础和方法路径。从言语行为理论创立开始，警告就作为一种特殊的言语行为类型受到了广泛关注。

Austin（1962）在依据施为动词的施为力度对言语行为进行分类时，明确提出将作为施为动词的"警告"（warn）归入"运用式"（exercitives）中，并指出，"运用式"所对应的一类言语行为是针对某一具体行为的支持或反对，是一种决定而非一种判断。Austin 对警告言语行为的关注和界定是创例性的，他提出的言语行为"三分模式"尤其是对"言外行为"（illocutionary act）的强调，为日后的警告言语行为研究提供了重要的参照依据。但这样一种依据施为动词为主要标准对言语行为进行分类的方法本身就值得商榷。此外，Austin 对"运用式"的分类和界定也略显粗糙，因而其外延范围极广，同时被归入"运用式"中的同类言语行为还包括"任命"（appoint)、"开除"（dismiss）、"撤销"（countermand）等，显然这些行为的语力来源与交际意图都与警告言语行为相差甚远，Austin 也并没有对警告言语行为具体如何以言取效、存在哪些语言表现手段等问题展开详细论述。

此后，Searle（1969）在 Austin 的基础上发展并完善了言语行为理论，通过建构构成性规则的方式重新确立了言语行为的分类标准，并以一个言语行为的言外之的（illocutionary point）、适从向（direction of fit）和所表达的心理状态（expressed psychological state）三个方面为主要依据，把言外行为划分出了阐述（representative）、指令（directive）、承诺（commissive）、表态（expressive）、宣告（declaration）五个大类。虽然 Searle 在他的论述中并没有为警告言语行为拟定构成性规则，但在其《言外行为分类》（1979）一文的结尾部分表明了警告言语行为的类属，他指出，作为施为动词的"警告"可以同时具有指令性和断言性两种用法，并举例如下：

I warn you to stay away from my wife！（指令）
I warn you that the bull is about to charge.（断言）

按照他的说法，警告言语行为可以有两个言外之的，即"可以是告诉你事情是这样（与你的出发点有关或无关），或者是让你对此做一点什么（因为这与你的出发点有关或无关）。它们可以同时起到两个作用，但并不总是这样"①。据此，Searle 进一步总结指出，如果言外之的是我们区分语言使用类型的重要标准，那么人们以言行事的类型就无外乎告诉他人某事、试图使别人做某事、承诺对方做某事、表达情感态度等几种，而"我们在完成同一话语的时候，常

---

① ［美］约翰·R. 塞尔：《表达与意义》，王加为、赵明珠译，商务印书馆 2017 年版，第 43 页。

常同时实现上述多种功能"①。因此，Searle 其实创造性地对自己所做的五类言语行为分类框架进行了一定程度的解释。也就是说，由于语言本身的多义性，导致上述看似清晰、离散的五类言语行为之间的边界其实也是模糊、连续的；具体到某一类下位言语行为而言，由于话语表达的多功能性，言语行为在言外之的上也就存在着兼类的情况，警告言语行为就是一个兼具"指令"和"断言"双重语力的复合言语行为，而非一个单一言外之的的简单言语行为。

虽然 Austin 和 Searle 都没有针对警告言语行为展开更多深入的专题式探讨，也没有从语言学的分析路径对警告言语行为的语言表现手段与具体构成性规则之间的关联做出进一步阐述，但他们为警告言语行为的性质界定、类别归属等方面都提供了较为完备的理论框架。后来的学者也多是在二人尤其是 Searle 言语行为理论的影响下，从更加多元化的视角去补充、完善对警告言语行为的分析和考察。较为有代表性的如：

Fraser（1975）在 Searle 言语行为理论的基础上对英语的警告（warning）和威胁（threatening）言语行为进行了对比分析。他依照 Searle 的方法构拟出了英语警告言语行为的三条构成性规则，并分别对这些规则的使用条件进行了解释说明。同时，Fraser 指出，区别警告和威胁的两条标准在于说话人对于实施惩罚所承担的责任以及该惩罚对于听话人的不利程度，但是，对惩罚不利程度的判定似乎仍旧需要一些额外的社会标准。Fraser 的研究对于警告言语行为的界定及其与其他相近言语行为的区别具有一定借鉴意义，尤其是对英语警告与威胁言语行为构成性规则差异的强调，对于厘清汉语警告与威胁言语行为的边界也具有一定的参考价值。

Thomas（1983）通过对英语警告言语行为的考察后沿袭了 Searle 的观点，指出英语警告言语行为在句法结构和实现条件上表现出

---

① ［美］约翰·R. 塞尔：《表达与意义》，王加为、赵明珠译，商务印书馆 2017 年版，第 43 页。

两种不同的功能类型：一种类似于 Searle 所说的"断言"句，句法表现上以陈述句和命令句为主，其适用语境是听话人持续的反预期行为无法避免，但说话人还依旧试图制止。另一种相当于 Searle 所说的"指令"句，句法表现上以否定句和条件从句为主，用于说话人预先制止还未发生的反预期行为，此时指令性警告句往往在语义上都明示或暗含着完整的假设关系，警告的实施和取效离不开听话人对蕴含假设关系的解读。

Allwood（2000）主要从以言取效的角度对英语警告言语行为展开研究，认为实施警告言语行为并不在于说话人采取了怎样的语言表现手段，而在于听话人是否接收了说话人的交际意图，如果接收失败则证明警告无效，失效的言后行为则不足以成为一个完整的警告言语行为。Allwood 填补了以往言语行为研究中忽视言后行为的不足，并从言后行为的视角对警告言语行为进行回溯式考察，提升了作为听话人的警告对象在交互过程中的地位，为我们从回应行为入手验证警告言语行为的合格度、警告语力的取效过程开拓了新的方式。

2. 应用研究

除了上述理论建构之外，21 世纪以来不少研究者以各自领域的学科知识背景或具体会话场景为依托，综合运用话语分析、认知实验等方法，逐渐转向对日常生活中警告言语行为的实证性研究，对警告的各种语言表现手段也进行了多维度的考察与关注，如：

Carstens（2002）通过对十种品牌吹风机说明书的警告语进行考察，试图建构出一个理想化的英语警告模式。Carstens 以 Wierzbicka（1987）《英语言语行为动词语义词典》中对"警告"一词的定义为基础，从英语警告表达的话语结构入手，指出一个完整的警告言语行为包含了警示（alert/point out）、告知（inform）和指示（instruct）三个较为简单的次级行为。而这种完整的行为结构反映到语言表层，即一个理想化警告言语行为的话语模式（idealised warning model）应当包括：指出风险的标记词、对风险或不利后果的告知语以及如何规避风险的指示语三个部分。Carstens 的研究对警告言语行为的内部组织结构分析有着很大的启发，他的理想化警告语模式也对后续描摹警告言语行为的语言表现形式提供了很大的借鉴。

Judy，Elizabeth，Kathryn，Wendy & Mark（2003）通过心理实验的方法，探讨了语义、声响和语音变量三者在判定八个英语警告信号词（如"危险""注意""不要"等）之间的关系。实验表明，英语警告信号词的语义、声响和语音变量相互关联，都会对受试者判断警告的紧急程度产生影响。

Wogalter & Eric（2010）运用会话分析的手段，从警告话语是否由说话人直接传达为视点，对警告话语的顺应性回应做出考察。通过定量分析后发现，间接警告在回应的顺从性上与直接警告相差不大，因此，警告对象对警告指令的顺从与否与警告者使用直接或间接的警告表达形式并不直接相关。

综上可以看出，一方面，国外学界在不断实践、扩展并修正以 Austin 和 Searle 为代表的早期言语行为理论框架，并在此基础上推进、深化对警告言语行为的认识，使得警告言语行为的构成性规则不断细化，同时也更加明晰警告言语行为在语用功能、行为模式上的复杂性；另一方面，研究者们也打破了言语行为理论通过自省语料的语言哲学研究方式，尝试从日常语料入手，把对警告言语行为的逻辑构拟落实到对具体语言表现手段的分析考察上，使得我们能够从大量语言事实中挖掘证据、发现共性，为警告言语行为的语言学及汉语研究提供理论支持和保障。

（二）国内警告范畴研究现状

1. 理论研究

汉语学界针对警告范畴的研究起步相对较晚，主要是在言语行为理论引介之后将该理论与汉语警告事实相结合展开研究。从言语行为理论出发最先对汉语警告进行专题研究的是侯召溪（2007），他对现代汉语警告言语行为的定义更偏向于 Searle 的"断言"用法，认为警告是说话人对听话人进行提醒，使警惕某种不利后果。同时他将警告言语行为从传播媒介上分为口头警告和书面警告，并指出不利后果的来源主要有说话人自身和说话人以外的第三方或外部客观情况两类。何意德（2012）依照 Austin 的言语行为三分模式，从言后行为的角度依据取效结果把警告分为警告成功与警告失败两类，并对取效成功与否的语境进行了细化和描写。武星（2012）从会话结构的角度，详细考察了现代汉语的制止警告应答语，借鉴功能语法、认知语法的相关理论描写了制止警告应答语的类型，解释了制止警告应答语的特点并揭示了其规律，同时也试图对这种出现在应答语位置上的句子取消其警告功能的条件加以解析。刘晨阳（2017）对现代汉语警告言语行为进行了系统性研究，在 Searle 的理论框架下详细构拟了现代汉语警告言语行为的构成性规则，在此基础上讨论了现代汉语警告言语行为的基本语言表现形式，提出了使用不同语言表现形式的交际策略，并通过框架语义学、构式语法等理论对警告言语行为的认知机制和一些特殊构式的形成过程加以解释。

此外，基于 Searle 的间接言语行为理论，由于现代汉语中一些规约性间接警告言语行为在语言表现形式上往往具有一定的特殊标记，且受传统句法学注重描写、分析句法形式的影响，国内研究者也开展了大量针对现代汉语特殊警告句式的个案研究，着重描摹这类间接警告的句法表现形式并解释警告语力的生成机制，较有代表性的如：

周继圣（2000）通过对比"让/叫"字句与"你/你们＋再＋VP"两种格式，指出两类句式都是表层语义和深层语义完全对立的格式，且都对口语的交际环境要求极强，只能作为回应行为出现。同时二者的区别在于，"让/叫"字句需要伴随着可能影响对方人身、财产安全的激烈惩罚行为，而"你/你们＋再＋VP"句则并不一定采取具体攻击性行为，语力上是向对方表示警告和威胁。

刘宗保（2011）也通过对"叫/让"句进行句法语义解析，认为这类句式固定用来传达警告义，分析了这类句式的句法语义特点和伴随行为的语义类型，并从历时的角度探讨了这类句式的形成原因。

李欣夏（2013）在前人研究的基础上认为，"叫/让"句的句式义是表达说话者禁止对方反预期行为的情感，也即是一种表态言语行为；但李文也将该构式与"你敢 VP"和"你再 VP"句并置为"反义威胁语"，也即认为，该句式仍蕴含着一定的指令意图，同时在比较了三者语势程度差异后指出"敢"字句、"再"字句和"叫/让"句之间形成了一个三级递进的反义威胁语序列，警告力度逐次增强。

周启红（2014）将"有 X 好 VP 的"作为一个构式加以考察，指出该结构包括原因/条件和结果两个分句，构式义蕴含了完整的假设关系，表示对听话人的警告或威胁。同时从历时的角度指出该结构是从"有 X 好 VP"演变而来，构式的形成是语法化的结果。

颜君鸿（2014）对"看（N）+ 不 + NP"结构进行了研究，考察了该结构的句法、语义特征，指出当 N 为第一人称时否定副词"不"为羡余成分，此时结构表达警告的语用功能，并从历时角度对该格式的历时变化进行了梳理，同时与相似结构"瞧 N 不 VP"与"当心/小心/留神/注意 + 不/别 + VP"进行了对比。

尹海良（2015b）同样对"（看我）不 VP + NP"这一否定结构的肯定识解展开研究，指出该构式的语用功能有警示与威吓、惩罚与飙狠、预估与告诫三种，同时分析了该构式组成成分的句法、语义、语用的互动和配列关系，并构拟了该构式的两条演化路径，即含有否定词的是非问句与"不 VP……才怪"的复句简缩。

李祯（2015）以构式语法理论为基础，指出"NP + 敢 + VP"句具有警告、威胁的构式意义，同时从该构式的句法、语义、语用特征出发探讨了该构式的形成机制，认为构式义的产生基于的是其组成成分与构式整体之间的互动压制。

张晓璐（2016）主要对"小心 +（别）VP"构式的语义特征及形成机制进行了分类阐述，指出该构式具有提醒和警告两类语用功能，其中警告义用法在语义特征和句法形式上都有一定的选择限制,如警告句只存在于假设复句中,且不能独立使用作为警示语等。

王世凯(2018)继续对"有 X 好 VP(的)"构式进行了扩展研究,认为该构式的构式义为否定性主观推断,语用上传递警告语力,构式来源于反问构式,是原有构式脱落反问标记后重新分析的结果。

千勇(2018)对"S + V + 试试"构式的话语功能进行了考察,认为该构式在一定条件下可以表达警告义,在表达警告义时,该构式在语气、态度、情绪上都比其表尝试义和祈使义时更为强烈。

孙蕾(2018)在研究现代汉语的肯定形式的否定识解中讨论到了祈使语境下的"(我)让你 VP""(再)VP 试试"及"小心 VP"等格式,认为这些否定识解的语境中 VP 都会带来一定的消极后果,因此需要听话人通过一定的语用推理才能得出警示信息,这些句法结构均属于间接警告言语行为。

赵晓琦(2019)对"注意 XP"结构进行了研究,认为该结构基本义为提醒和警告两类,并从句法功能、语义特征、语用功能方面对该结构进行了详细阐述,同时对比了"注意 XP"与"小心 XP"的共性与特性。

孟艳丽(2021)从交际功能的角度把"敢 VP"句分为了表威胁与表警告的两类,认为表警告的"敢 VP"句在句类上表现为反问句及其省略形式,属于指令类言语行为,多用于互动、冲突性的对话语境之中。此外文章还指出,虽然表威胁与警告的"敢 VP"句字面形式相同,但二者在本质功能上既有交叉又有区别,处于一个连续统的两端,仍存在过渡地带。

以上无论是对现代汉语警告言语行为的理论建构还是个案研究,研究者都在西方既有研究成果的基础上结合了大量的汉语事实和研究特色,做出了不少针对现代汉语警告言语行为的重新分析,尝试借助认知语言学、语法化等相关理论对现代汉语警告言语行为的形成和取效进行全面解释,充实了现代汉语警告言语行为的研究基础,逐渐搭建起汉语特有的警告言语行为研究体系。

2. 应用研究

从应用性的角度出发，汉语研究者一方面针对特定媒介方式或机构性会话中的现代汉语警告言语行为展开深入考察和研究，试图从更为动态、全面的视角揭示警告言语行为在现代汉语交互过程中的使用情况与表现形式；另一方面，也有不少研究者从汉外对比的角度入手，通过考察汉语与俄语、英语等其他语言中警告言语行为在形式特征、实现手段等方面的异同，深化对汉语警告语言事实的认识，进而推动汉语警告的对外教学。

针对特定会话场合展开的代表性研究主要有：王彩丽（2005）通过对标牌告示语中的警告语进行认知语用分析，认为通过礼貌原则可以激活人们潜在的认知模式，进而加强警告语的语用力度和效果。裴少华（2010a）以中国外交部发言人的发言稿为研究对象，探讨了外交场合下现代汉语警告言语行为的特点、功能及实现模式，指出典型的外交警告言语行为应包括警告醒示语、危险/情况说明性辅助语和警告中心行为语三个部分。程庆玉（2012）对家庭纠纷调解中的警告言语行为进行研究，认为纠纷调解中使用的警告语仍是Searle 提出的"指令"功能句，并讨论了触发警告言语行为的具体语境。朱雪琴（2014）对烟盒上的警告语进行了分析，提出了烟盒警告语的体类结构，包括导引信息、告知信息、标识信息、帮助信息、增强信息和有害物质信息，并从系统功能语法理论的角度分析了烟盒警告语的意义与功能。孙艳芳（2017）注意到古代法律俗语里的一类警告义俗语，通过分析这些俗语对参与者提出的具体要求，总结出我国古代民众对于法律的消极态度和惧怕心理。张丽萍、周超（2017）也以纠纷调解中的警告言语行为为研究对象，但主要从会话分析的方法入手，探讨了警告言语行为在纠纷调解中的动态建构，包括警告的结构形式、语境特征和制约因素；尤其指出从调解话语的序列组织来看，警告言语行为的完成需要话轮的动态建构，既要综合使用语言形式和副语言手段，也要充分利用话轮转换的序列结构资源。

针对汉外对比及对外教学的研究主要有：刘少基（2002）、唐琳（2009）等针对俄语的警告言语行为进行了较为系统、全面的研究，同时在与现代汉语警告言语行为进行对比后发现，二者在表现形式和使用策略上有所不同，如俄语和汉语均会通过祈使句的句法形式传递直接警告，但俄语中还存在大量陈述句形式的直接警告，而现代汉语中陈述句往往并非直接警告的常见手段。裴少华（2010b）、于川（2011）、洪姗（2012）等则将汉语和英语的警告言语行为进行了对比，通过对英语警告言语行为的语言形式、使用语境、交际策略等进行系统描写和梳理，进而考察英汉交际者在实施警告行为时的语言和文化差异。同时这些汉英警告言语行为对比研究往往也通过设计问卷、模拟场景等方式，对中国、美国、澳大利亚大学生进行话语补全测试（Discourse Completion Tests，简称DTC），认为在进行当面口头警告时，汉英使用者都倾向使用间接言语行为的方式表达警告，不同的是汉语使用者多使用"建议""委婉暗示"等手段传达警告语力，而英语使用者多倾向于使用"请求"的方式。

针对现代汉语警告言语行为的应用性研究一定程度上有助于拓宽现代汉语警告范畴的研究广度，全面地发现现代汉语警告表达在各类媒介和交际情境中的语言表现。同时，从汉外对比的视角出发也有助于我们更深入地认识现代汉语警告范畴的语言特性及影响其产生的社会因素。

（三）相关范畴研究现状

由于警告行为的交际意图即促使对方改变当前行为，Searle也指出警告行为规约性地具有"指令"的用法和功能，因而一定程度上警告可以看作指令范畴的下位类型①，指令范畴的相关研究可以帮助我们更好地理解警告范畴的地位和功能。此外，威胁与警告在交际

---

① 至于Searle指出的警告言语行为的"断言"用法，我们认为二者分属两个不同的语力类别和语用范畴，后文在界定现代汉语警告范畴时会对此进行详细论述，因此这里就不对断言类言语行为的相关研究进行相应述评，特此说明。

意图上极为相近，前人对警告言语行为研究的难点也在于如何将二者相互区别，二者的边缘成员似乎也可以依靠"家族相似性"（family resemblance）产生一定程度的关联，形成警告与威胁在边界上的模糊地带，因此对威胁范畴的研究也有助于我们更好地对警告范畴进行界定。

1. 指令范畴研究

国外针对指令范畴的研究同样起始于 Austin 和 Searle 的言语行为理论，尤其是 Searle（1979）以指令为例归纳出了界定各类言语行为的构成性规则，同时也通过对指令言语行为的研究发展出了间接言语行为理论，某种程度上既深化了对于指令言语行为的认识，也推动了后世对于指令言语行为的全面探索。理论方面的研究如：Allan（1986）从准备条件、真诚条件、施为意图三个方面将指令言语行为进一步分为请求、疑问、要求、禁止四种下位类型，并分别列举了相应的施为动词；Vanderveken（1991）认为指令是人类五种基本行为的施为语力之一，英语中的典型句法表现是祈使句类，由此推导出请求、建议、推荐等下位指令类型的具体行为规则；Alston（2000）指出指令包括询问、请求、命令、禁止、建议等一系列次类，同时他认为指令与承诺都与说话人的义务相关，只不过义务的指向对象不同。应用方面的研究如：Fitch & Sanders（1994）从跨文化交际的视角讨论了不同文化背景下指令表达的不同语言形式及其转换规则；Puffer（2005）从指令内容、人际意义、语言综合手段等方面对日常课堂中教师的指令言语行为进行了专题考察；Vine（2009）从语境的复杂性上细致探讨了不同工作场合中指令言语行为的各类表达形式及其相应变体；Craven（2010）针对英国家庭饭桌上父母对子女的指令言语行为展开了分析，描述了指令的动态过程并归总了指令的应答类型；Saito（2011）运用话语分析的方法归总了日本男性领导在职场中指令言语行为的话语模式及话语风格。

国内的指令范畴研究主要集中在汉语指令言语行为的理论建构及对汉语指令句法表达手段的探讨两个方面。从言语行为角度入手的研究如：李军（1998a、1998b、2001、2003）通过系列研究对现代汉语的使役性言语行为展开详细分析，指出现代汉语中指令的话语模式主要分为醒示语、辅助语、核心行为语三部分，其中核心行为语是合格指令的必要条件，根据说话人的语用策略核心行为语可以进一步分为直接策略、规约性间接策略、非规约性间接策略三类；而定量统计分析表明，社会权力、社会距离、说话人对受话人顺从情况的预估、指令任务的难度、指令的利益性质、指令的内容等因素都会对说话人实施指令的方式产生影响。赵微（2005）对现代汉语的指令言语行为进行了整体性的系统研究，讨论了指令言语行为与迫切度之间的关系，创例性地将狭义指令言语行为分为情感性指令与实施性指令两类，并细致考察了施为动词、祈使句等直接指令手段及陈述或询问对方改变当前行为的能力等间接指令手段。樊小玲（2013）在对指令言语行为进行重新分析时，依据"指令的度"将指令言语行为分为强指令、一般指令和弱指令，从主体间关系、事情外部状态、心理因素三个维度解释了制约指令方式选择的因素，并分别从语法表现、语用规则两个方面对汉语指令言语行为系统进行了重新建构。从句法表达手段入手的研究主要集中在对汉语祈使句的探讨，早期句法学领域的成果也较为丰硕，如黎锦熙（1924）、吕叔湘（1942）、胡明扬（1981）、朱德熙（1982）、刘月华（1985）、常敬宇（1988）、贺阳（1992）、劲松（1992）、袁毓林（1993）、邢福义（1996）、张谊生（1997）、方霁（1999）、齐沪扬（2002）等。而将指令言语行为与祈使研究加以结合的主要有：王秀荣（2001b）将汉语祈使句与言语行为理论相结合，认为包括提醒、警告、威胁等在内的指令言语行为也都是一种祈使言语行为，可以通过祈使句的语言形式加以表达。孙慧增（2005）也直接将"祈使"处理为言语行为的一类，同时把交际双方的人际关系及准备动机、不利后果等因素纳入了言语行为的分类标准，并据此明确将警告等行为也归为"指令类"的祈使言语行为之中。尹相熙（2013）认为，"祈使"意味着"指令意义"，是表达指令言语行为的一种固定功能；而指令行为的交际意图是说话人试图使听话人做某事，因此指令行为的范围还可以包括"希望""诅咒"等，这些言语行为通常不需要也不必然使用祈使语气或祈使句，因此他认为，指令言语行为是一个更大的上位范畴概念，而祈使只是其中的一个下位子集。王丹荣（2017）则将"祈使"作为一个独立的语义范畴展开系统研究，但其指出，祈使范畴的特性之一即具有"指令性"，祈使行为的交际意图就是让祈使对象按照指令内容做某事，并依据指令语力的由强到弱依次将祈使范畴分为命令、提示、征询、乞求四个次范畴，从言外之的上将"祈使"与"指令"联结了起来。

可以看出，警告言语行为在交际意图上从属于指令言语行为，因此警告范畴一定程度上也就是指令范畴的下位范畴；而指令范畴最直接、最典型的语言表现手段就是各类祈使句，警告作为下位范畴之一也不例外，因此，警告范畴也就与祈使句之间也就产生了紧密交叠。国内外指令范畴的相关研究对于我们认识警告范畴的性质、考察警告范畴的语言表现手段具有重要的参考价值，也为我们厘清警告、指令、祈使三者之间的关系提供了较大帮助。

2. 威胁范畴研究

威胁行为与警告在交际意图上非常相近，在语言表现形式上也常常可以共用相同的韵律、句法手段加以表达，但二者本质上仍是两种不同语势强度的言语行为、归属两个不同的语用范畴。国外的威胁研究较有代表性的如：Fraser（1975）在区别英语的警告与威胁时就指出，二者在说话人对不利后果的责任度（speaker responsibility）和不利后果的严重程度（the degree of disadvantage to the hearer）上有区别，但如何界定"责任度"与"严重程度"，作者并没有给出一个明确的答案；Harris（1984）对法庭庭审中威胁言语行为的形式和功能进行了全面考察，指出话语中的肯定或否定因素、条件和结果出现的语序、不利后果的明示程度等都会影响对威胁言语行为的判定；Wierzbicka（1987）在对施为动词"威胁"进行释义时指出威胁言语行为可以被分解为三个密切相关的部分：如果听话人不做指定的某件事说话人就会实施某惩罚行为、说话人认定听话人不想被惩罚、听话人不想去做说话人指定的某件事；Nicoloff（1989）也指出，惩罚行为实施的可能性、惩罚行为需要听话人付出的代价或成本、交际双方对共享背景信息的了解程度等是判定威胁言语行为的必要条件。

国内代表性的威胁研究如：陆厚祥（2006）通过对中美大学生威胁言语行为进行问卷调查，总结了现代汉语威胁言语行为的实现模式、交际策略以及各种社会变量对实现模式和交际策略选择的影响。李娟（2007）借鉴会话分析理论对汉语对话中的威胁言语行为做了语用学分析，发现威胁有独立话轮、单邻对和多邻对三种话轮结构模式，同时在话轮内部又具体分析了威胁核心语、辅助语的表现形式。李柯慧（2012）较为系统、全面地归纳了现代汉语威胁言语行为的特点，概括了现代汉语威胁言语行为的构成性规则，并根据不同的标准对现代汉语威胁言语行为进行了不同层面的分类，同时分析了威胁的话语结构和交际策略。樊小玲（2013）在对指令性言语行为重新分析时也探讨了威胁言语行为与承诺言语行为之间的关系，不同于前人认为威胁是一种"承诺"或"承诺—指令"（commissive directive）的混合型言语行为，她指出，首先应该对威胁言语行为内部进行划分，其中一类针对听话人过去行为的"威胁"是承诺性的，而另一类针对听话人未来行为的"威胁"则是指令性而非承诺性的。

这些结论都从侧面验证了Searle言语行为分类体系的模糊性、复杂性，即语言事实中存在不少言语行为难以完全纳入其分类框架之中。同时，由于自然语言中威胁行为缺乏明确的施为动词实现自指，因此往往需要借助警告的施为动词在语言表层完成表达，即我们不会说出"*I threaten you not to say anything more/*我威胁你不许再说了"这样的句子，而只能通过"I warn you not to say anything more/我警告你不许再说了"的形式表达威胁。此外，日常交际中大量间接言语行为的存在，更需要我们结合具体交际语境进行语用推理，才能判定一个言语行为究竟是威胁还是警告，因此，对威胁范畴的专题研究也有助于我们更好地厘清警告范畴的边界。

（四）现有研究的不足

综上所述，国内外学界对警告及相关范畴的研究均具备了一定的理论基础和实践积累，呈现出全方位、多视角的研究态势，尤其在警告言语行为的相关研究上已经形成了一套相对完备的研究体系，为我们进一步扩展和深化对现代汉语警告范畴的探究提供了大量的支持。但同时，目前的研究也存在着以下三点不足：

一是对"警告"本身的界定并不明晰，这是目前警告范畴研究中最普遍也是最重要的问题。很多研究者基于通行工具书对言说动词"警告"的定义去理解作为言语行为的"警告"，很容易陷入定义含混等逻辑问题。此外，很多警告言语行为的研究完全依照Searle的理论框架去仿拟警告言语行为的构成性规则，但是否Searle从哲学层面出发制定的这样一套构成性规则本身没有缺陷？这套构成性规则是否足够对自然语言中所有的言语行为，包括警告言语行为加以限定？更进一步说，现代汉语的警告言语行为是否有自己特有的性质特征或形式表现，而无法直接套用以英语为基础搭设的构成性规则体系？这些关于范畴界定的基本问题，在现代汉语警告范畴的研究中很少被论及。界定的随意性实质上是对范畴性质的认识仍不够充分和完善的问题，因此现有的研究一定程度上仍需要一个修正性、补充性的理论予以支持。

二是缺乏一个完整、细致的语用范畴研究体系。言语行为理论起源于语言哲学研究，重视对行为本身的逻辑构拟，相对来说忽视对语言事实的全面考察和分析。而由于国内外研究侧重点的不同，目前学界对警告范畴的研究仍较缺乏理论建构与语言研究的相互融合：国外研究在言语行为理论的传统影响下，研究的侧重点都集中在"行为"上，着重从功能出发在逻辑结构上对警告言语行为加以分析；而国内研究在传统句法学影响下多偏重"言语"，在语言形式上着力对警告行为的表现手段进行描写，但对警告行为本身的界定和分类则较为粗略。这从国外警告范畴的研究成果多偏重理论构建、国内主要集中在警告句式的个案研究上即可看出。因此，两种研究范式均缺少理论建构与语言事实的紧密结合，从方法上难以对警告范畴本身做出形式与功能相匹配的系统梳理，这就表明一个语用范畴的体系建构需要一个完备的、统一的方法论予以支持。

三是文化、思维的不同及语言系统的差异会给范畴研究的适用性带来不少问题，以英语为主要研究对象的一些结论和成果，对现代汉语警告范畴的借鉴价值可能会比较有限。比如语言形式上英语有较完备的形态变化及词类标记，因此英语的规约化间接警告言语行为可以较为规整地加以描述；而汉语则因为自身的特性，即便是规约化间接警告言语行为也难以做到穷尽性考察。更为重要的是，因为文化习惯上的差异，影响英语和汉语警告言语行为的社会因素变量会有很大的不同，进而导致汉语警告的交际策略和交际原则也会与其他语言有不小的差异。因此，基于大量现代汉语的语言事实和思维方式，采取适合汉语分析和研究的路径对现代汉语警告范畴展开研究，才是正确的方法和取向。

三　研究重点

针对上述问题与不足，本书将通过理论框架建构和语言事实分析两方面相结合，方法上坚持意义、功能与形式并重的研究路径，全方位、多角度地对现代汉语警告范畴进行系统研究，以期完善和扩展警告范畴的理论研究和应用范围。本书将重点围绕以下内容展开：

一是充分阐释警告范畴的性质、特点和类别。本书将结合原型范畴理论、框架语义学、言语行为理论、会话分析理论等成果，对警告范畴的概念特征、构成要素及其相互关系、界定标准、分类体系进行详细描写与分析，以加强对现代汉语警告范畴及其形成过程的理解和认识。

二是总结警告范畴的现代汉语表现手段。警告范畴的表现手段形式多样、内容繁复，但核心交际意图及认知框架是相同的，即通过一系列显性或隐性的惩罚手段，促使警告对象认识错误、改变当前行为。本书将以警告范畴的认知框架及其对应的汉语语义框架为核心，把各种语音、词汇、句法手段集中起来，尽可能全面地描写现代汉语警告范畴的各种语言表现手段，同时分析各类手段之间的关联和差异，从而建立起现代汉语警告范畴的表达体系。

三是归纳各类警告表现手段的使用规则并解释成因。在构建现代汉语警告范畴表达体系之后，我们需要进一步弄清各种表现手段背后的制约因素及形成规律，什么情况下使用什么样的表达方式、这种使用分布是否具有一定的限制条件和倾向性规律、间接警告言语行为如何解读出警告语力，都需要我们进一步厘清背后的语用规则。此外，哪些制约因素导致了这样的形式差异和使用倾向、这些制约因素对使用分布的影响是否呈现出一定的规律，本书也将以语用学、社会语言学的相关理论为基础，结合统计学的研究手段和方法，给出相应的合理解释。

四是对现代汉语警告范畴中的一些特殊问题进行专题性研究。为了尽可能深入、全面探讨警告范畴的实现方式，本书也会对一些相关问题进一步展开专题研究，如典型规约性间接警告构式研究、警告言语行为的回应语研究等。

四 研究意义

本书的研究意义主要有以下三点：

一是从理论和方法上补充、丰富了现代汉语语用范畴的研究。以往对汉语语用范畴的研究多集中在指称范畴（夏俐萍，2013；陈平，2016）、指示范畴（陶原珂，2013；梁赟，2016）、预设范畴（彭有明，2006；王跃平，2014）等方面，而从语用范畴的视角出发对具体言语行为展开的系统研究较少。警告范畴是汉语语用范畴的重要组成部分，对现代汉语警告范畴的研究揭示了警告行为在现代汉语中的表达规律，一定程度上也是对更大外延的指令范畴研究的重要补充，对建构现代汉语语用范畴体系、扩展语用范畴研究的广度和深度都有着重要的作用。同时，通过对现代汉语警告范畴进行"从意义到形式"的描写和解释，也可以为现代汉语其他语用范畴的研究提供进一步的方法借鉴，加强对功能主义语言观的认识和验证。

二是有利于深化对现代汉语中警告问题的认识。警告行为是人们日常交际互动的重要行为之一，在一些特殊场合（如外交辞令、医患问诊、法院庭审等）有着不可替代的重要作用。对警告范畴的研究一直也受到国内外学者的关注，但总的来说对该范畴的认识至今没有达成一致，且现代汉语的警告研究大多跳过理论构建，直接从语言形式入手对警告范畴加以界定、分类，导致判定标准混乱、分类重叠、界定不一等各种问题。本书从警告行为的范畴化入手，首先对警告范畴进行理论建构，而后再对其语言表现手段进行系统描写和分类，尝试进行"语义—语用—句法"的接口研究，有利于加深我们对现代汉语警告范畴的语言事实的认识。

三是进一步满足实践应用领域的需要。警告言语行为本身就具有一定的面子威胁性，因而相较大多数指令行为来说，需要更强的交际策略以减轻人际的不礼貌性。针对警告范畴的研究在完成理论建构任务的同时，也可以为汉语的母语教学、二语教学提供一定程度的帮助和指导，有利于母语者及留学生在使用汉语表达警告时更好地根据不同的交际情景选用更为适当的表达方式，提升交际能力和语言使用能力，避免交际失误。同时，本书的成果也可以为中文信息处理、人工智能系统识别现代汉语警告言语行为提供一定的参考价值。

五　语料来源

本书的语料来源主要有以下几类：

一是北京大学现代汉语语料库（CCL）、北京语言大学汉语语料库（BCC）和北京口语语料库中整理出来的警告句语料，共15万字左右。

二是百度、谷歌等网络搜索引擎收集到的符合本书研究范围和要求的警告句语料。

三是对四部影视剧作品《我爱我家》《家有儿女Ⅱ》《编辑部的故事》《亮剑》剧本对话进行转写，从中穷尽性地筛选出警告句语料，转写的警告句语料字数共 8.5 万字左右①。需要指出的是，影视剧对话中的语法现象虽然与真实口语并不完全一致（陶红印、刘娅琼，2010），但虚构作品的对话多代表一种内化的话语模式，可以用来考察语用能力（Lakoff & Tannen，1984）。本书选取这四部影视剧作为语料来源，是因为四部影视剧基本都是以北京地方普通话为标准，且覆盖了日常生活中的主要交际场景和人物亲疏关系。所有语料以章为单位单独排列，均在例句后标明出处。

---

① 本书的研究目的并不在于完整描摹警告交际的全部会话过程，因此我们对剧本语料的转写并没有完全依照会话分析的转写系统（详见 Hutchby & Wooffitt，1998）进行操作，仅在必要的地方进行了标注。主要转写符号如下：
＝表示在一行话语的结束和另一行话语的开端表示没有间隔
(( )) 表示非语言的成分或转写者认为有关的非语言信息
(0.0) 表示以秒为单位的停顿或沉默，如 (2.4) 表示 2.4 秒的停顿或沉默
：表示声音的延长，冒号越多延长就越久
@ 表示笑声

第一章

警告范畴概述

在日常交际过程中，警告者依靠一定的惩罚手段作为保障，促使警告对象改变其当前行为的交际过程，就是警告行为。而人们通过主观认知对这种客观存在的警告行为进行抽象概括，在心智中稳定地固化出关于警告行为的认知表征（representation），就形成了警告范畴。本章我们首先从警告范畴的范畴化过程入手，分析警告范畴的构成要素及其相互关系，归总警告范畴的性质特征，为现代汉语警告范畴的界定、分类及其表现手段的研究提供背景基础。

第一节 警告的范畴化

范畴（category）是人类认识世界过程中最基本的认知工具。人们通过主观认知能力，把具有相似性的客观事物在心理世界中不断进行高度概括和归类，形成一个个相对独立的心理实体，以便人们对连续、模糊的外部世界进行清晰、明确地分类认识。这些被主观认知概括、切分出的心理实体就是范畴，而人类依据一定的认知规则和认知手段对客观世界进行概括、归类，最终划分出各类范畴的心理过程，就是范畴化（categorization）过程。范畴是范畴化的产物和结果，范畴化是范畴的形成过程，二者密不可分。

警告范畴（warning category）就是人们对客观世界中各类警告行为在主观认知上的抽象概括，把相似的警告行为在认知中不断与其他交际行为进行对比、区分、归类，进而抽象出关于警告行为的认知表征并存储在人们的心智之中，用以日后识别、判定警告行为的类属，这样就实现了警告行为的范畴化过程。

一 警告行为

警告行为是警告者为了改变警告对象正在持续或即将实施的行为，通过一定的惩罚手段作为保障，促使警告对象做出调整的交际行为。警告行为从产生到完成的过程往往要经历以下两个前后相接的阶段。

（一）引发阶段

交际意图是交际行为的核心，每一个交际行为的实施必定要由一定的交际意图推动。警告行为的交际意图就是让警告对象调整或改变当前行为，主动去做或不做某事。而警告者之所以要让警告对象做出改变，就是因为对方当前正在持续或即将实施的行为违反了警告者的心理预期，已经或即将使警告者利益受损。因此，一个警告行为的产生必然伴随着警告对象针对警告者的反预期（counter expectation）行为在先，我们将其称为警告对象的始发行为，该行为持续的过程也即警告行为的引发阶段。如：

（1）"妈妈，我数学考试卷子下来了。"女儿回来。
"考多少？"
"79。"
"怎么搞的？这么差？！"
"老师出题目偏，我们班长这次都才考了92……"
"你还好意思说？人家考92，你才70多！**我警告你，下礼拜不许看小说！不考到90以上，我把书橱锁起来！**"

（六六《王贵与安娜》）

上例中的警告者母亲之所以在最后的话轮实施警告，就是因为女儿的数学考试成绩并不理想，该始发行为违反了母亲的心理预期；如果女儿的成绩在 90 分以上，也就不会引起母亲最后的警告行为。因此，母亲希望通过警告行为使女儿改变学习状态、提高考试成绩，以实现交际意图。警告对象的始发行为是引发警告行为的必要条件，没有警告对象的始发行为也就不会产生相应的警告行为，二者之间具有时间上的先后关系及逻辑上的因果关系，共同构建起了一个警告行为完整的序列结构。

（二）施行阶段

警告者对始发行为的回应就是警告行为的施行阶段。从行为的内部结构来看，警告行为一般又可以进一步分解为指令和保证两个次级行为。

指令（direct）行为[①]。为了回应警告对象的始发行为并使其做出改变，警告者首先需要依靠一个指令行为表明交际意图，指示警告对象应该如何去做，从而调整其反预期行为以符合警告者预期。

保证（guarantee）行为。指令行为的顺利执行往往需要一定的强制手段（如交际双方的权势差、交际情境的情势差等）作为保障，因此，警告者还必须保证给予对方一定的惩罚，以防警告对象拒绝实施指令行为。保证行为作为警告行为的必要组成部分，是警告行为区别于一般指令行为的一个重要特征；如果警告行为只由单一的指令行为构成，那么警告行为在性质上就等同于指令行为，与要求（ask）、命令（order）等行为没有什么本质上的差别。

---

① 这里所说的"指令行为"与言语行为理论中的"指令言语行为"有所区别。从交际意图上看，二者都是让对方做或不做某事，但这里"指令行为"仅强调其交际意图而不做诸如"请求"（request）、"命令"（order）、"恳求"（plead）等内部区分，且包括非语言的表现手段（如文字、图画、表情、动作等），其外延范围比"指令言语行为"更为宽泛。

指令行为用于表明警告行为的交际意图，保证行为用于保障警告行为的交际意图，二者之间具有逻辑上的假设关系：指令行为针对警告对象提出需要其满足的必要条件，保证行为则指明不满足该条件就会产生的必然结果。也就是说，除非警告对象顺利完成指令行为中提出的要求，否则就要接受保证行为中警告者对其实施惩罚的不利后果。这种必要条件关系的唯一性、排他性一定程度上确保了警告行为交际意图的实现，所有的警告行为必然要由作为上述假设关系构件的指令行为和保证行为合力才能完成。

从表现手段来看，警告行为可以通过语言和非语言手段来实施。语言手段需要警告者综合运用韵律、词汇、句法等语言形式实施警告行为，如：

（2）刘　梅：没有好处，全是恶果，我想得非常清楚，我告诉你，这事儿你必须得跟我站在一起。

夏东海：梅梅，这事儿可以再商量。

刘　梅：**我告诉你夏东海，你必须得跟我站在一个统一战线上！你要敢在他面前松口，我就跟你翻脸！**

（《家有儿女Ⅱ》15）

例（2）中警告者刘梅首先通过祈使句的形式"你必须得跟我站在一个统一战线上"实施了指令行为，明确提出了需要夏东海执行的将来行为；然后通过条件复句"你要敢在他面前松口，我就跟你翻脸"实施了保证行为，明示（ostension）了假设关系及惩罚手段以保障指令的顺利执行，从而运用语言手段完成了让夏东海放弃继续"商量"、坚定跟自己保持同一立场的警告行为。

非语言手段主要包括符号、图像等书面形式及动作、表情、眼神等体态形式，如：

（3）夏东海：哎哎哎，您等会儿！

姥　姥：((停住，转身朝向夏东海))

夏东海：这我可不要！((把泳裤扔给姥姥))

姥　姥：拿着！((眼神从夏东海转向泳裤，把泳裤扔回给夏东海))

夏东海：我不要！((把泳裤扔回给姥姥))

姥　姥：拿着！((注视泳裤，把泳裤扔回给夏东海))

夏东海：((双手将泳裤抬至胸前，做出准备扔回给姥姥的动作)) ＝

姥　姥：＝((眼神从泳裤转向夏东海，同时伸出左手食指指向夏东海))

夏东海：那，那我就收下呗。((放下双手，停止扔泳裤的动作))

(《家有儿女Ⅱ》7)

例（3）中警告者姥姥综合利用了手势、眼神等非语言手段完成了警告：指向性的手势（deictic gesture）在冲突性语境中多用于地位较高的一方表达强势指责，以维护自己的话语权（侯艺源，2022）。姥姥指向夏东海的手势既表明了姥姥对夏东海始发行为"把泳裤扔回给自己"的不满和否定，进而用动作重申了自己前文"拿着"的指令；同时该手势也引发了保证行为，使夏东海根据话语权差异推理出如果自己不服从指令，还要继续把泳裤扔回来的话，姥姥将会利用岳母的身份对其实施指责等惩罚。此外，姥姥目光上的注视（gaze）从泳裤转向夏东海也可以用于引起对方注意（Kendon, 1995），使其重视自己的指令并关注潜在的惩罚，以保证警告行为的取效。

综上，警告行为无论是从其外部序列结构还是内部构成结构而言，都是一种较为复杂的交际行为类型。从外部序列来看，警告行为的产生必然要经过警告对象违反警告者预期的始发行为在先，因此一般不能用于交际的开端而只能处于回应的序列位置；从内部构成来看，警告行为必然蕴含着一个作为条件的指令行为和一个作为结果的保证行为，两部分构成的假设关系才能确保一个合格警告行为的施行。外部序列结构和内部构成结构规定了客观世界中警告行为发生的经验情境（situation），同时也共同组建起了警告行为的完整行为结构，按照该结构展开的交际行为才能实现警告的交际功能、满足警告的交际意图。

二 警告范畴

客观存在的各类语言或非语言警告行为，由于在交际过程中稳固地表现出上述特定的行为结构，且用于满足特定的交际意图，人们就可以依据它们结构、功能上的相似性，将这些表现形式各异但行为结构、交际功能相同的客观警告行为作为一个综合的整体进行完形（gestalt）感知[1]，从中抽象出该类行为的认知框架（cognitive frame）[2]及其区别于其他行为的属性（attribute）集束[3]（如"由对方反预期的始发行为引发""指令对方调整其始发行为""由惩罚手段

---

[1] "完形"的概念具体可参见 King & Wertheimer（2005）。简言之"完形"就是人们感知世界的一种心理方式，人们在进行感知活动时往往会依据一定的"完形原则"，以实现一定程度的"整体感知"（cholistic perception）；其中最重要的原则之一是"相似原则"，即相似的个体往往会被感知为同一个片段。范畴化的过程往往离不开"完形"的影响，Verschueren（1985）就指出定义"范畴"的三条重要标准包括"丰富的相互联系的属性集束""构建为原型范畴"以及"很强的完形感知潜力"。

[2] 关于"认知框架"可参见 Fillmore（1977a，1977b）。"认知框架"是一种表征各类具体而常见的情境（situation）知识的认知模型（cognitive model），被认知抽象表征的情境往往涉及多个概念主体及其相互关系，而关于这些情境的知识最终会被模式化为一些图式（schema）、脚本（script）等存储起来（Dirk Geeraerts 主编，邵军航、杨波译，2012：413）。"认知框架"中的各个概念会形成一个相互联系的整体，要理解其中的任何一个概念都必须理解该概念所在的整个体系；而当该整体中的任何一个概念用于某一次交际过程中时，所有的其他概念也都会在认知中被相应自动激活（activating），且交际者可以有选择性地对某个或某些概念进行凸显（highlighting）。警告行为是一种较为复杂的交际行为，从行为结构上看必然是由两个交际主体及若干个紧密联系的相关行为构成。因此一个完整的警告行为一定程度上也可以看作一种创设了特定的交际情境、在认知上高度抽象且类化的结果，即应被表征为一种认知框架。

[3] "认知框架"是一种实体的心理表征，而"属性"可以看作这种表征的描写工具而非实体的组成部分（Ungerer & Schmid，彭利贞、许国萍、赵微译，2009：46），二者是一体两面、互为表里的。

作为执行指令的保障"等），这样人们就在主观心智之中形成了关于警告行为的认知表征，也即警告行为范畴，是一种广义的警告范畴。

而警告行为作为一种重要的日常交际行为，语言手段是其最主要的实现方式。当认知中的警告行为范畴投射到语言系统中时，语言系统就会在心理词库、语法规则中选取相关的概念语词、句型句式等对其进行编码，将警告行为的认知框架通过语言单位对应转换成一系列有关警告行为认知表征的抽象命题（proposition）或定识（assumption）；这些命题或定识的集合就形成了警告行为的语义框架（semantic frame），即警告语用范畴[1]，这是一种狭义的警告范畴。相应地，语言体系中也会分化出一类特定的用于反映警告行为语义框架、表达警告行为交际意图的语言手段类型，即警告言语行为[2]。

---

[1] "语义框架"的相关概念可参见 Fillmore（1985）。简单来说，"语义框架"就是"认知框架"在语言系统的投射与反映，通过语言系统中相关的词汇概念、语法结构将认知框架汇集起的图式性知识（schematic knowledge）形式化为命题或定识，依靠命题或定识所指涉的概念语义将认知框架转码为语义框架。而之所以将这种抽象的"语义框架"称为"语用范畴"主要有两个原因：一是为了与以往语言范畴研究中的"语法范畴"（性、数、格、时、体、态等）、"语义范畴"（语气、情态、比较、工具等）加以区别。语法范畴和语义范畴在语言体系中往往都会依靠特定的语法形式来表达共同的语法意义（如形态变化、词类、句类等，严格地说狭义语法范畴必须具备词形变化的形式体现）；相较而言，语用范畴大多不通过固定、专属的语法形式加以表现（有些语言中的话题或焦点标记除外），往往需要通过语境的参与才能生成特定的语用意义，警告行为即是如此（自然语言中大多数间接警告通常就需要借助陈述句、感叹句等语气范畴手段，同时结合语境推理后临时生成警告意义）。二是由于警告行为的语义框架在语言系统中的直接实现形式就是一系列警告言语行为，我们针对该深层语义框架的研究也要围绕着表层的警告言语行为展开；而言语行为一直以来都是语用学研究中的核心语用范畴（胡易铸，2009），因此，我们还是将警告行为范畴在语言系统中划分出的特定类型定性为"警告语用范畴"。

[2] "警告言语行为"并不等同于"警告语用范畴"：警告言语行为是警告语用范畴的具体实现手段，作用在"言语"层面；而警告语用范畴是警告言语行为产生、组织、使用的抽象框架模式，作用在"语言"层面。另外，警告言语行为的研究注重对语言命题内容进行规则解析，相对来说忽视了交际主体之间、命题与主体之间、命题与语境之间的相互关系（Mey, 1993）；而警告语用范畴的研究建立在警告语义框架之上，而语义框架是对认知框架的语言编码，其关注的范围自然也包括了警告行为情境中的各种模式化的语境因素，因此研究范围更广。

警告行为范畴与警告语用范畴既有联系又有区别，二者之间依靠范畴层级间的类属关系（type-of relationship）构成上下位范畴：警告行为范畴作为上位范畴（superordinate category）在外延上包含警告语用范畴，与警告语用范畴共享一些普遍的基本属性；警告语用范畴作为下位范畴（subordinate category）是警告行为范畴在语言系统中的特定类属，与其在非语言系统中的实现方式相比又展现出一些专有的特殊属性。我们可以通过图示的方式进一步说明警告范畴的层级系统及范畴化过程：

警告行为范畴 ⟷ 警告行为 ｛非言语形式：书面表达、体态表达等
（广义警告范畴）　　　　　　　语言形式：警告言语行为 ⟷ 警告语用范畴
　　　　　　　　　　　　　　　　　　　　　　　　　　　（狭义警告范畴）

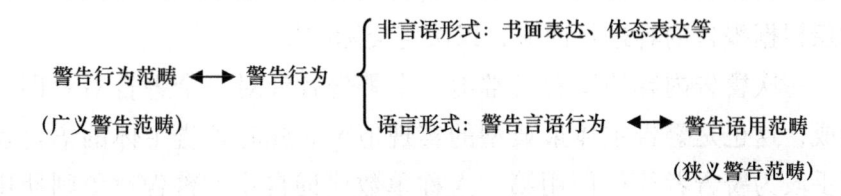

图1-1　警告范畴系统图示

由图1-1可知，广义的警告行为范畴就是对各类客观存在的警告行为进行完形感知、属性抽象后，形成一定的认知框架存储在主观心智中的表征结果；警告行为借助语言手段加以实施、形成警告言语行为时，警告行为的认知框架在语言系统中会被语言单位重新组织、转化为描述警告行为情境的语义框架，即狭义的警告语用范畴。"警告行为范畴"与"警告行为""警告语用范畴"与"警告言语行为"之间互为表里：两组概念中前者是后者的抽象框架模式，后者是前者的具体实现手段。

第二节　警告范畴的构成要素

无论是警告行为范畴还是警告语用范畴，本质上都是对各类客观警告行为的主观抽象概括；因此，警告行为的认知框架或语义框

架实质上就是对警告行为结构所反映的警告情境知识进行模式化、形式化的产物,通过对警告行为结构的构成要素进一步分解就得到了警告范畴的构成要素。根据前文对警告行为序列结构和构成结构的系统解析,我们可以在警告范畴内部归总出警告主体、警告原因、警告内容三个基本的构成要素。

一 警告主体

警告主体就是警告内容的发出者和接收者,也即警告者和警告对象。警告者针对警告对象发出警告内容,以实现交际意图;警告对象根据警告内容进行回应,以决定交际结果。

一次警告内容的发起通常由一个警告者针对一个警告对象即时完成,这也是警告主体最典型的实现情况。此时警告主体的语言表现手段为警告者往往使用第一人称单数代词自指,警告对象则使用第二人称单数代词进行指称;由于语言经济性、交际现场性等原因的推动,警告者作为句子主语偶尔也会在语言形式上省略隐去。如果警告者通过体态语等非语言手段实施警告,则一般需要警告者与警告对象同时在场,由警告者展示出一定体态、警告对象观察相应体态来完成各自身份的标识。

有些情况下警告者与警告对象也可以是多人组成的群体。当警告者以群体身份出现时,其在语言手段中往往表现为第一人称复数代词的形式,或通过多人进行话轮合作共建(turn collaborative construction),如:

(4) 傅　老:怎么?你们要把我一棍子打死?还想挟私报复!

　　和　平:**您最好主动让贤,否则**((招手示意小凡说话,自己转身离开))

小　　凡：**否则我们实在不好意思再对您心慈手软了。**我宣布，立即恢复我每月一百块零花钱的经济待遇。

(《我爱我家》2)

例（4）中警告者由和平、小凡两人组成，因此作为警告内容必要组成部分的保证行为，其实施者也就相应变为了第一人称复数形式的"我们"。此外，整个警告内容由和平和小凡分别发布指令与保证，二人作为警告者共同完成了警告话轮的合作共建。而当警告对象由多人群体组成时，其语言手段也相应变为第二人称的复数形式加以表现，如：

（5）瞳瞳躲避着两个歹徒的夹击："**我警告你们，你们别胡来！我喊人啦！我喊人啦！**"歹徒袭击瞳瞳，瞳瞳极力躲避，但很难摆脱。

(白描《特区女记者》)

此外，警告者与警告对象也会以第三人称的形式出现在语言表达中，用于指称不在现场的某一方交际主体，形式上通常表现为使用第三人称单数或复数代词、指人名词（或短语）等，如：

（6）"说什么？""**她说如果你不娶她的话，她会将你人道毁灭的。**"朱宁看着翁信良脸上的伤痕，想起那句话。

(张小娴《卖海豚的女孩》)

（7）刘　　梅：**告诉你爸，不许再来了，再拿什么来我也不买。他要再拿东西来我就报警了，报110。**

刘　　星：((接过钱往兜里塞))

(《家有儿女Ⅱ》30)

例（6）、例（7）中分别使用了第三人称代词"她"、指人名词短语"你爸"表明了不在场的警告者与警告对象,但这种情况较为特殊:虽然从行为结构上看,不在场的警告主体并不影响警告行为的合法性,例(6)中虽然警告者不在现场但依然有明确的、符合语义框架的警告内容传递给警告对象,例(7)中虽然警告对象不在现场但警告者意识中依然有针对第三方且希望听话人向其传递的警告内容,因此单方的离场并不影响警告行为的产生与传播;但按照Austin(1962)的言语行为"三分说",这种警告表达是一种"言后行为"(perlocutionary act)缺失、结构不完整的言语行为,即警告者发出警告内容后并不能即时得到警告对象的回应,无法判定当次警告行为的取效与否。因此,从交际意图上看,第三人称指代警告主体的情况并不完全满足合格警告言语行为的必要条件,我们暂不将其纳入研究范围之列。

二 警告原因

警告原因即由警告对象发起的、违反警告者心理预期的始发行为,包括警告对象已然实施且仍将延续下去的持续行为,以及警告对象未曾实施但警告者预判其即将实施的行为趋势。警告原因引发警告内容,警告内容是对警告原因的回应。

警告原因虽然不是警告内容的构成成分,却参与组建了引发警告内容的序列结构,是完整警告行为的必要组成部分。因此,作为对警告行为结构的主观抽象概况,警告原因也是警告范畴的必要构成要素之一,其实现方式也可以分为语言手段和非语言手段两类,如:

(8)叶亦深看着两人对话了一会儿,此时插口说道:"是有地方出错了,索登局长。"索登局长进来时曾瞥了叶亦深两人一眼,但并未特别注意,此时叶亦深说话,索登便回过头来,盯着叶亦深。洛克南警长生气的道:"**我警告你,不准再乱说话,否则我真要将你逮捕起来。**"

(谢天《降妖》)

(9) 婉竹一进房就见到小虎坐在一本杂志上发呆，她好奇地悄悄走近去偷瞄……"啊！"一声可怖的尖叫后，婉竹猛然一把推开小虎，抢过杂志来心疼地又拍又擦的。"死小虎，你从哪里搜出来的？居然用你的臭屁股给我坐在上面！"她把杂志紧紧抱在胸口上，对着歪倒一旁的小虎破口大骂……**"我警告你，以后我的房间你不要给我乱翻喔，否则我就一脚踢你出去，知不知道？！"**

(古凌《另类灰姑娘》)

例（8）中引发警告行为的原因即警告对象叶亦深插嘴的始发行为，该语言手段的告知行为违反了警告者洛克南的心理预期。例（9）中警告原因是警告对象小虎"坐在一本杂志上"的非语言行为，该行为表明小虎未经允许翻动了警告者婉竹的房间，因此，警告者试图通过警告制止该行为将来再次发生。

三 警告内容

警告内容即由警告原因引发、警告者发起、需要警告对象接收并执行的具体行为要求，是警告范畴的核心要素，警告主体、警告原因要素均通过作用于警告内容要素上而产生紧密关联。同时，警告内容表达方式的差异会对警告对象接收及后续实施该内容产生一定程度的影响，也即警告内容制约了警告行为交际意图的实现与否，因此作为警告范畴的构成要素，警告内容也是需要我们全面、深入考察的重点对象。

警告内容，从内部结构上看，由警告者的指令内容和保证内容两个必要部分组成：指令内容用于表明警告对象需要完成的将来行为，保证内容用于告知警告对象无法完成指令内容的不利后果；指令内容是行为目的，保证内容是保障手段，二者之间具有排他性的必要条件假设关系。从实现方式上看，警告内容大体也可分为语言和非语言手段两类：语言手段形式多样，最典型的即指令和保证内容分别通过祈使句和条件复句的方式加以表现；非语言手段则通过警告者的各种书面形式和体态形式加以完成，尤其体态形式由于缺乏语言手段（包括书面语）的线性展开特征，往往需要警告对象根据动作、眼神、表情等手段的多重规约化意义并结合语境推理后解读出特定的警告交际意图。

值得注意的是，语言手段的实现方式中，警告者会根据交际需求选择仅通过单独的指令内容或保证内容来实施警告。如：

（10）"大家都挺关心你的，觉得你有点怪，于是就分析你来着。""**我警告你，马锐！**"马林生气愤地说，"**我不许你拿我去和你那帮狐朋狗友瞎议论。**""没议论，就是有点奇怪。"马锐笑着说。

（王朔《我是你爸爸》）

（11）朱海鹏说："挨老娘的打，背什么包袱？"方英达说："**我警告你，如果你在第三阶段不用尽全力，我要处分你。**"朱海鹏说："这些天。我和常师长都急白了几千根头发，怎么会不用心呢？"

（柳建伟《突出重围》）

例（10）中警告者马林生仅使用指令内容对警告对象马锐提出了警告，要求其不要在背后与朋友议论自己。因为警告者是警告对象的父亲，二人关系较为亲密，警告者即便不通过语言形式明示惩罚手段，警告对象也可以根据日常经验推测出如果不执行指令可能会发生的不利后果，从而自行补足保证内容。这种仅出现指令内容而隐去保证内容的情况往往是由语言经济性所导致的。例（11）中警告者方英达仅使用保证内容就对警告对象朱海鹏实施了警告，由于指令内容是保证内容的必要条件，因此，如果保证内容以条件复句的形式出现，复句前件命题在语义逻辑上往往就会构成指令内容的否命题，即排除指令得不到满足的情况；警告对象仅仅依靠保证内容也可以完成对具体指令内容的补充。该例中警告者即要求警告对象一定要在第三阶段用尽全力，否则就会对其实施处分的惩罚行为。这种仅出现保证内容而隐去指令内容的情况往往是由于语义之间的蕴含关系所推动的。

综上可知，警告主体、警告原因、警告内容三者相互关联、彼此制约，按照逻辑关系反映了完整的警告行为结构，共同在人们的认知心智中组合、建构出稳固的警告范畴。我们可以将警告范畴各构成要素之间的关系图示如图 1－2 所示①：

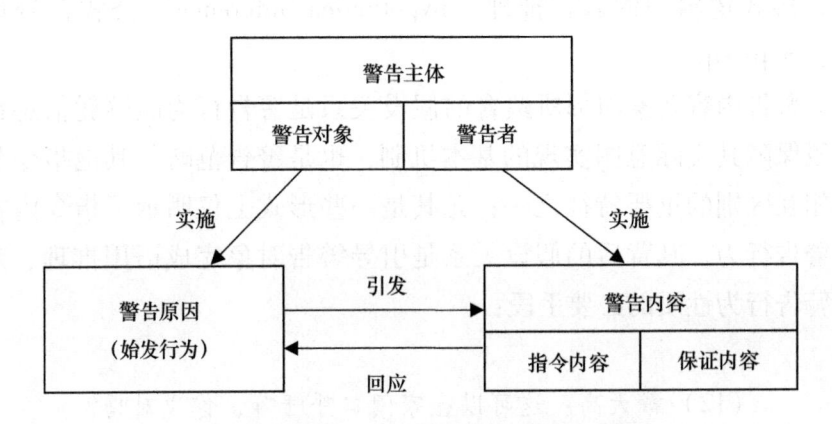

图 1－2　警告范畴认知框架及其构成要素图示

第三节　警告范畴的性质

警告主体、警告原因、警告内容三要素各自的特性往往会在警告范畴内部发生整合，使警告范畴表现出一定的范畴特征，即假设性、强制性、预设性。此外，范畴本身作为一种依靠原型成员为中心、家族相似性相互联系、边缘界限模糊的认知表征，其原型性特

---

① 该图示以 Fillmore（1977a）对"认知框架"的勾画为基础，略微进行了调整。

征也会在警告范畴上有所体现。

一　假设性

假设性是警告内容要素所固有的特性，指构成警告内容的指令内容与保证内容两部分之间具有一定的必要条件假设关系：指令内容的具体要求是警告对象必须满足的必要条件，保证内容的惩罚手段是假设警告对象无法满足必要条件时就会产生的可能结果。如果用 p 表示指令内容，q 表示保证内容，这种假设关系可通过形式逻辑中的假言推理（hypothetical inference）公式符号化为：¬ p→q。

警告内容要素内部所蕴含的假设关系是警告行为能够凭借惩罚手段保障其交际意图实现的基本机制，也是警告范畴与其他指令范畴相互区别的重要特征之一；尤其是一些形式上仅明示了指令内容的警告行为，其背后的假设关系是引导警告对象完成语用推理、判定警告行为性质的必要手段：

（12）戴天高：这可以在家门口呼吁嘛，你说对吗？
　　　戴明明：我就是要走向全世界嘛！我好不容易找着一个又浪漫又崇高的职业，**我告诉你，甭想拦着我**！
　　　戴天高：你说你刚认识那个迈::
　　　戴明明：迈克！
　　　戴天高：那个迈克几天哪你就要跟他走！

（《家有儿女Ⅱ》31）

例（12）中戴明明是戴天高的女儿，交际行为发生在下对上的权势关系之中，因此不符合命令等强指令言语行为的构成性规则[①]；

[①] 关于命令言语行为的构成性规则可参见何兆熊（2000：103）。其中命令言语行为的准备规则之一就是"说话人对听话人具有某种权威"。

但戴天高依旧可以从对话中感受到较强的指令语力，就是因为根据日常生活经验的背景语境可以推断，戴明明经常因为戴天高不听从自己的指令而任性离家出走，以此作为惩罚手段使戴天高遭受心理损失。因此，假如戴天高本次交际也不服从指令内容的话，依据假设关系推理的结果就是戴明明仍旧会采取类似的措施以造成不利后果，目的是保障戴天高满足自己的条件"甭想拦着我"。因此例（12）虽然在语言表层上没有使用施为动词"警告"且仅通过祈使句明示了指令内容，但根据二人共享的语境信息戴明明的话语依旧可以被解读为依靠惩罚手段保障指令实施的警告行为，双方认知中警告范畴的假设性特征即在补足保证内容、确定警告语力上发挥了关键性作用。

二 强制性

强制性也是警告内容要素所体现的另一重要特性，即指令内容得以执行、行为的交际意图得以实现均离不开保证内容作为强力保障，通过假设关系推理对警告对象的心理形成一定威慑，进而强化指令实施的强制性。警告内容要素中的保证内容是警告行为强制性的主要来源，也是警告行为区别于请求、建议、征询、乞求等弱指令行为的显著特性。

此外需要指出的是，保证内容之所以能够对警告对象造成心理威慑，一定程度上在于警告者所保证的惩罚手段是由自己（或在自己的影响下）实施的，因此，根据假设关系的逻辑推理这种惩罚手段在将来发生具有一定的必然性，警告对象无法对此加以规避，这样就使得指令内容的执行带有了强制性；而劝诫等指令行为虽然也会依靠劝诫者告知对方一定的不利后果作为保障手段促使其接受指令，但这些行为的不利后果往往是由第三方或劝诫对象自己造成的，因此对于劝诫对象而言，这种不利后果的产生就具有了一定的或然性、可控性，相较而言，指令的强制性就弱了一些。如：

（13）孟宇堂先拿出行动电话报警，完毕后才奔过来扶住他。耿雄谦扯出笑容，淡道："没事。终于知道被子弹打中是什么滋味。"他伸手推开他。没有伤及要害，他还挺得住。"喂！警察马上就来，我也叫了救护车，**你别动，否则血会流更多**。"耿雄谦手挥开他手："多事。"

（席绢《相思不曾闲》）

例（13）中不利后果"血会流更多"并非说话人孟宇堂所实施的惩罚行为，而是假设听话人耿雄谦不听从指令的话会导致的自损结果，因此，虽然整个话语结构表面上看同样是由指令内容和保证内容两部分组成，但实际上保证内容的施为主体与说话人身份并不一致，该行为也就不应视为警告而应看作强制力度更弱的劝诫。这种强制性的程度从耿雄谦的回应行为"多事"中也可得到验证：正是因为耿雄谦认为目前的伤害仍在自己可控、可承受的范围之内，自己作为不利后果的肇始者不太可能会出现孟宇堂所告知的假设情况，因此，指令内容被执行的强制性也就相应弱化递减[①]。

三　预设性

预设性与警告主体要素紧密相关。预设性主要有两方面的含义：一方面，指警告者对警告对象完成指令的能力具有一定的主观预设；另一方面，指警告者对警告内容的强制性程度具有一定的主观预设。

首先，警告者认为，警告对象有能力完成指令内容，这是警告行为得以取效的必然基础。如果警告者主观判定警告对象不具备完成指令的能力，那么即便警告对象实施了反预期的始发行为，警告者也不太可能依靠警告内容来实现其交际意图。因此，只要警告者

[①] 这里并不是说警告行为作为一种强指令行为，其指令内容必然会得到对方的强制执行：当警告对象质疑警告者实施惩罚内容的可能性、惩罚手段的施为力度甚至质疑警告行为本身的正当性时，往往就会出现拒绝性的警告回应。只是相对提醒、劝诫这种不利后果或然、可控的行为来说，警告行为的相对强制力度更大。关于影响警告行为接受情况的因素我们将在本书第七章中详细说明。

通过惩罚手段作为保障发起指令，就意味着警告者主观预设对方必定有能力执行指令内容的具体要求，也即警告行为具备实施并取效的现实性。

其次，警告者对警告内容的强制性程度也会形成主观预设。警告内容的实现要建立在惩罚手段对警告对象形成心理威慑的基础之上；而这种心理威慑如果要转化为执行指令的强制性，则要求警告对象能够顺利解读出指令内容与保证内容之间的假设关系。因此，警告者只有在预设交际双方共享并激活该假设关系的前提下，才能确保警告对象根据逻辑推理执行指令，进而保证警告内容的实现。在此基础上，警告者就需要对保证内容的惩罚手段进行主观预设，即根据自己对警告对象的了解预先评估该惩罚是否会对警告对象造成利益损失、损失程度是否能够强制其执行指令：如果警告者主观推断该惩罚手段不会对警告对象造成利益损失，那么警告内容也就失去了威慑力和强制性，本次警告行为也就无法取得应有的效力；如果惩罚手段会对警告对象造成损失、形成威慑，那么这种损失程度是否足够严重，促使警告对象在接受指令与接受惩罚的利弊权衡中选择前者，也是警告者需要提前完成的主观考量。

虽然警告行为最终的取效结果可能会与警告者的主观预设有所偏差，即出现警告对象拒绝执行指令的情况，但警告者对警告对象能力、警告内容强度的预设性也是警告行为得以产生和施行、通过何种方式加以表现的重要制约因素。

四　原型性

原型性是在家族相似性原则的基础上发展出来的范畴特性。原型范畴理论（Rosch，1975）指出，原型（prototype）是一个范畴中最典型、拥有最多共同基本属性、心智处理最容易的成员，人们心智中的认知范畴都是围绕着原型成员为中心、其他成员依靠与原型成员之间的家族相似性相互关联并形成聚合。因此在一个范畴内部，原型成员具有与其他成员最大的家族相似性联系，对于识别其他成员起着重要的参照作用。其他成员也依据与原型成员之间共享基本属性的多少、相似性程度的大小分为不同等级，典型性（typicality）从原型成员到边缘成员逐级递减，形成不同维度的连续统（continuum）。正是因为这些连续统的存在，不同范畴之间的边界也不是封闭的、截然分开的，而是模糊的、存在过渡地带的；相邻范畴的边缘成员依靠某些属性上的相似性可以将两个不同的范畴联结起来。

警告范畴中也存在最典型的原型成员，即完全符合警告的认知框架或语义框架、拥有最多基本属性的警告行为。以语言手段的实现方式来说，结构上能够完整体现警告主体、警告原因、警告内容三要素，符合"由对方反预期的始发行为引发""指令对方调整其始发行为""对方具备执行指令的能力""由惩罚手段作为执行指令的保障""惩罚手段将会对对方造成利益损失及心理威慑""指令与惩罚之间构成必要条件假设关系且由听说双方共享"等一系列命题、定识所描述的属性要求，这类警告言语行为即为典型的范畴原型成员。如：

（14）小天道："万一血本无归呢？""笑话！"小仙霍地跳起身道："古小天，**我警告你，赶快把这句话收回，并且郑重向我道歉，否则我就跟你绝交**。"小天已有经验。她只要连名带姓出笼，必定是真生气了。（李凉《江湖一担皮》）

以这类原型成员为参照，通过完形感知其他成员是否在结构或属性上与原型成员具有一定的家族相似性，人们就可以把所有表达警告交际意图的言语行为汇集起来，形成稳定的警告语用范畴。只不过范畴内的其他非典型成员虽然在深层语义框架上与原型成员相同，但会在表层形式上表现出一定的差异。如：

（15）夏　雪：咱家最近可老丢东西啊，是不是你偷的！
　　　夏　雨：炸小黄鱼可不是我偷的。

夏　雪：你不光偷了牛肉，你还偷了炸小黄鱼？

夏　雨：我没有！我没有！我没有！

夏　雪：好，你不告诉我对吧？**那我去告诉朵朵，说你是个小偷**！

夏　雨：哎:::姐！我跟你说还不行吗，只不过你得替我保密。

(《家有儿女Ⅱ》82)

上例中夏雪通过语言明示了惩罚手段"那我去告诉朵朵，说你是个小偷"，但其并非真的要去实施该惩罚，而是希望借此达到威慑夏雨的目的，促使其完成指令，即说出家中失窃的真相。夏雪的言语行为满足了原型成员的语义框架，与原型成员共享了相似的基本属性，可以归入警告语用范畴；但其表达形式与原型成员的相似之处仅在于共同具有保证内容，而缺失的指令内容只能通过对方结合前文语境、根据假设关系推理得知，因此，相较而言，这种语义框架完整但形式上有所缺损的言语行为就可以判定为非典型的警告范畴成员。

此外，还有一些言语行为虽然在表层形式上与原型成员相同，却在深层语义框架上与原型成员相异。如：

(16) "少爷，你不去打猎就别带枪。""谁说我不去打猎，今晚我就把猎物带回来。亚国，**我警告你，你不要向老太爷打小报告，否则我回来杀死你**！""少爷，你不要胡来……"亚国一直追出牧场，尤烈目露凶光，行动怪异。

(岑凯伦《八月樱桃》)

上例中尤烈的话表面上看虽然具备了完整的警告行为结构，甚至使用了施为动词"警告"；但该话语明显比警告的语势要强，原因就在于保证内容的惩罚手段对对方造成的损害过于严重，超出了原型成员保证内容的威慑程度。因此，这种形式上看似与警告范畴原型成员相同的言语行为，实际上并不满足警告范畴的语义框架而应隶属于强制性程度更深的威胁范畴。二者的范畴边界也就在"惩罚手段对对方造成利益损失及心理威慑"这一属性上形成认知的模糊地带。威胁范畴成员可以通过借用警告范畴原型成员的语言表达形式与之产生关联，也即警告范畴的边界是连续的、开放的，符合原型范畴的特征。

第四节　小结

本章主要在框架语义学和原型范畴理论的基础上，从对警告行为的解析入手，阐释了警告范畴的形成过程、构成要素、性质特征，完成了对警告范畴内涵的理论认识与总体建构。主要结论如下：

第一，警告行为是警告者为了改变警告对象当前反预期的始发行为，依靠一定的惩罚手段作为保障，指令警告对象对其做出调整或改变的交际行为。各类客观存在的语言或非语言警告行为经过人们主观心智的完形感知，将警告行为的情境知识抽象概括为一定的认知框架稳固下来，就形成了警告行为范畴，这是一种广义的警告范畴；当这种认知中的警告行为范畴投射到语言系统中时，语言系统就会选取相关语言单位等对其进行编码，将认知框架对应转换为一系列关于警告行为情境知识的抽象命题及定识，即警告行为的语义框架，这样就形成了警告语用范畴，这是一种狭义的警告范畴。警告行为范畴在外延上包含警告语用范畴，与警告语用范畴共享一些普遍的基本属性；警告语用范畴是警告行为范畴反映在语言系统中的特定类型，由于语言表达方式的多样性而衍生出一些专有的特殊属性。

第二，警告范畴内部大体由警告主体、警告原因、警告内容三个基本要素构成。警告主体是警告内容的发出者和接收者，也即警告者和警告对象：警告者针对警告对象发出警告内容，以实现交际意图；警告对象根据警告内容进行回应，以决定交际结果。警告原因是由警告对象发起的、违反警告者心理预期的始发行为。警告内容是由警告原因引发、警告者发起、需要警告对象接收并执行的具体行为要求，是警告范畴的核心要素，制约了警告行为交际意图的实现与否。警告内容包括指令内容和保证内容两个必要组成部分：指令内容用于表明警告对象需要完成的将来行为，保证内容用于告知警告对象无法完成指令内容的不利后果，二者之间具有逻辑上的必要条件假设关系。警告主体、警告原因、警告内容三者相互关联、彼此制约，共同在人们的认知心智中组构出了完整的警告范畴。

第三，警告范畴具有假设性、强制性、预设性、原型性四个范畴特性。假设性是指构成警告内容的指令内容与保证内容两部分之间所蕴含的假设关系：指令内容的具体要求是警告对象必须满足的必要条件，保证内容的惩罚手段是假设警告对象无法满足必要条件时就会产生的可能结果。强制性是指以假设关系推理为基础，保证内容会对警告对象的心理形成一定威慑，进而强化指令内容得以执行的强制力。预设性是指警告者对警告对象完成指令的能力、警告内容得以强制实现的可能性均具有一定的主观预设。原型性是指警告范畴是围绕着原型成员为中心、其他成员依靠与原型成员之间的家族相似性相互关联形成聚合。警告范畴内部成员之间地位并不平等，原型成员最典型、拥有最多共享基本属性，对于识别其他成员起着重要的参照作用；而其他成员与原型成员之间依据相似性程度的大小分为不同等级，边缘成员依靠家族相似性由原型成员不断向外辐射扩展。警告范畴的边界具有一定的开放性，与邻近范畴之间在某些属性维度上存在模糊过渡地带。

第 二 章

现代汉语警告范畴的界定及内部类型[①]

警告范畴在语言系统中的实现方式表现为一系列的警告言语行为，因此，经过语言单位编码转换、由表征警告行为的抽象命题或定识构成的警告语义框架一定程度上也就对应体现为制约警告言语行为的构成性规则。以警告言语行为的构成性规则为基础，不断梳理分析警告言语行为的区别性属性，我们就可以进一步整合出描述警告语义框架的属性集合，完成对警告范畴的界定。本章我们将从不同维度展开对现代汉语警告言语行为构成性规则的详细考察，通过引入交际主体关系及相关语境因素以完善传统言语行为理论研究的不足，进而归总出现代汉语警告范畴的界定标准，探究其内部的次级类型及相互关系，完成对现代汉语警告范畴的理论建构。

第一节 现代汉语警告范畴的界定

警告范畴在交际过程中要由一个个具体的警告言语行为加以实

[①] 本书研究和关注的重点为警告行为范畴在现代汉语系统中的具体表现，即狭义的警告语用范畴，如无特殊说明下文均使用"警告范畴"代指"警告语用范畴"。

现，各种具体的警告言语行为也就成了警告范畴内部的范畴成员。因此，对警告言语行为背后构成性规则的解析一定程度上也就能帮助我们确定警告范畴的语义框架，进而厘清警告范畴的属性和边界。构成性规则（constitutive rules）是创造或规定了某种社会行为的制约性规则，对行为的性质和类型具有决定性作用，违反了构成性规则的行为往往会不复存在或发生质的改变，如下棋规则、足球规则等。警告言语行为的实施和取效所遵守的就是构成性规则，违反了某些构成性规则我们就不能有效地实施警告言语行为，因此，从警告言语行为的构成性规则入手是我们对现代汉语警告范畴进行考察的起点和基础。

一　现代汉语警告言语行为的构成性规则

Searle（1969）以承诺言语行为为例，归纳并制定出了四组具有普遍意义、适用于各类言语行为的构成性规则，即命题内容规则（propositional content rules）、准备规则（preparatory rules）、诚意规则（sincerity rules）和根本规则（essential rules）。从这四组构成性规则出发，我们就可以对任何言语行为加以形式化界定，并据此划分出各种言语行为的类属。四组构成性规则也基本确定了一个言语行为必须满足的充分必要条件：凡是按照这些规则实施的行为就是一个合格的言语行为；反之，要想实施一个合格的言语行为就必须遵守这些规则。

但事实上，由于原型范畴的开放性及自然语言中大量间接言语行为的存在，使得许多邻近范畴的边缘成员难以仅仅依靠上述四组构成性规则加以限定和区分；尤其是 Searle 从哲学角度展开的研究过于强调对行为规则的内省性逻辑演绎，而忽视了交际语境对言语行为实施的重要影响。一旦考虑到交际主体之间的社会关系、文化背景下行为实施的可能性等语境因素，使用 Searle 的构成性规则就会产生一些无法界定或归属不清的结果：如 Mey（1993）就建议把交际双方相关的社会背景因素考虑进去，突出二者的相对权威以区分指令类中的"请求"与"命令"等言语行为；李捷、何自然、霍永寿（2011：52）也指出，应当把说话人的施为力度等因素纳入构成性规则体系之中，这样就可以更好地区分相近言语行为之间的语力差异。因此，上述四组构成性规则一旦进入到真实的语言使用中，某些语用变量的介入就会对其产生制约，乃至改变一个言语行为实际传递的语力类型。如果想要得到一套全面界定言语行为的构成性规则，我们还需要将语境中的一些区别性、关键性因素提取出来并加以形式化，以完成对 Searle 构成性规则的调整和补充。

（一）基本构成性规则

我们将 Searle 在哲学思辨基础上提出的四组构成性规则称为言语行为的基本构成性规则。就警告言语行为而言，Searle 提出的四组构成性规则仍具有一定的适用性，基本限定了警告言语行为得以成立所必须满足的充要条件。据此，我们将现代汉语警告言语行为的基本构成性规则构拟如下：

（Ⅰ）命题内容规则：

　　警告者提出一个警告对象需要完成的将来行为。

（Ⅱ）准备规则：

　　A. 警告对象当前正在持续或即将实施的行为违反了警告者的心理预期。
　　B. 警告对象有能力完成警告者提出的将来行为，且警告者也预设警告对象有能力完成该行为。
　　C. 警告者提出的将来行为是符合自己心理预期但违反警告对象心理预期的。
　　D. 警告者预设双方共享并激活一定的假设关系：除非警告对象能够完成该将来行为，否则警告者就会对其施以惩罚。

(Ⅲ) 诚意规则：

警告者真诚地希望警告对象完成提出的将来行为。

(Ⅳ) 根本规则：

警告者依靠保证的惩罚手段促使警告对象完成指令，调整或改变当前行为。

上述四组规则基本还原了警告言语行为的完整行为结构，也涵盖了构成一个合格警告言语行为的全部要素：四组规则均涉及警告者与警告对象两个警告主体，其中命题内容规则涉及警告者的指令内容；准备规则涉及警告原因和语力保障，即警告对象的始发行为和警告者的保证内容；诚意规则涉及警告者的心理状态；根本规则是警告言语行为交际意图的本质体现。整个警告言语行为就是由以上多个部分按照时间和逻辑顺序共同组成，反映在语言表层上往往也能看出四组规则对警告言语行为语言表现形式的建构作用。如：

(1)"你把她拐到什么地方去了？""我拐她？"黎之伟仰起头来，又纵声大笑了。"哈哈哈！不知道谁在拐谁呢！""**我警告你**！"阿奇双眼圆睁，满脸怒容，他伸出拳头来，似乎想揍他，又勉强地按捺住了。"**你离她远一点！你敢招惹她，我不会饶你！**"

（琼瑶《却上心头》）

上例中警告者阿奇为了阻止警告对象黎之伟与其女友继续接触而发起了警告言语行为。命题内容规则表现为警告者使用了祈使句"你离她远一点"言及了警告对象需要实施的将来行为。准备规则表现为：黎之伟在阿奇实施警告前已然发生了与其女友的暧昧状态且可能持续下去，这一始发行为违反了阿奇的心理预期；黎之伟作为心智成熟的成年人具有停止暧昧关系的控制力，并且阿奇也相信黎之伟有能力完成指令；停止暧昧关系这一将来行为是符合阿奇利益但违背黎之伟当下心理预期的，一般情况下黎之伟不会主动自觉顺从，因此需要一定的惩罚手段予以保证；条件复句"你敢招惹她，我不会饶你"及具身动作"伸出拳头""似乎想揍他"等明示了阿奇所预设的假设关系及相应的惩罚手段，从而引导黎之伟完成假言推理并对黎之伟造成心理威慑。此外，阿奇真诚地希望黎之伟完成指令，并依靠假设的惩罚手段促使黎之伟停止暧昧状态，体现了诚意规则和根本规则。

通过归总、整合上述四组抽象命题及定识作为警告言语行为的基本构成性规则，实际上就在一定程度上搭建起了警告言语行为在现代汉语系统中的语义框架，划定了现代汉语警告言语行为区别于其他言语行为的边界：只有在语义上满足上述所有基本构成性规则的前提下，一个合格的警告言语行为才能得以成立，进而传递警告的交际意图。而如果语义上违反了相应的基本构成性规则，那么该言语行为则无法被识别为合格的警告言语行为，即便其语言表层形式与警告言语行为相似或相同，也只能归属于语力相近的其他言语行为。如：

(2) 舅公是一个六十多岁的商人，由于天生的脾气和教养，做人十分谨慎，甚至警告他们别用电话，除了较特殊的场合。"你们年轻人，千万别在电话里谈论政治和时局。"满头灰发的舅公说，他说话的样子很紧张，"要不是美国国旗我们不可能平安地住在这。可能当局已经收去，用来驻军了，那我们要上哪儿去呢？博雅，还有旦儿、健儿，你们年轻人，**我警告你们，还有你们妇道人家，要记住我们生活在什么时代。**"

(林语堂《风声鹤唳》)

(3) 姚宓郑重声明:"书是捐赠的,妈妈决不肯拿钱。""给的不是书价,有别的名目,反正你们收下就完了。**我警告你,姚宓,你以后得多吃鸡鸭鱼肉,你再瘦下去,就变成鬼了。**你太抠门儿,你在省钱给妈妈买补药。"

(杨绛《洗澡》)

例(2)虽然在语言形式上与警告言语行为相似,说话人使用了施为动词"警告"及祈使句"要记住我们生活在什么时代",且交际意图也是为了使对方完成提出的要求,语义上满足了命题内容规则及诚意规则,但其准备规则与根本规则都与警告言语行为不符:从准备规则来看,首先听话人并没有反预期的始发行为在先,进而引发说话人发起本次"警告";其次既然没有反预期的始发行为,那么说话人指令的将来行为"记住生活的时代"也就无所谓是否违反听话人的预期;再次说话人并没有明示或暗示任何自己可能实施的惩罚,因此也就不需要对方调用假设关系进行推理。从根本规则来看,说话人的指令既没有依靠假设的惩罚手段加以保障,指令内容也并非试图改变对方的当前行为,因此该言语行为并非警告,而应属于指令程度较弱的提醒言语行为[①],将句中的施为动词"警告"更换为"提醒"而句义不变即可侧面证明。例(3)从语言形式来看,则与警告言语行为完全相同,说话人甚至使用了条件复句以明示假设关系,且前件分句"你再瘦下去"也表明了对方有反预期行为在先,但从语义上看,该言语行为也仅与警告言语行为的命题内

---

① 这里的"提醒"就相当于 Searle(1979)指出"警告(warn)"的"断言"用法。此外,《现代汉语词典(第7版)》(2016)也在"警告"词条下列有"提醒;使警惕"的义项,可见,主流观点一直认为,"提醒"应当是警告言语行为的一种规约化用法或功能。但实际上通过分析可知,提醒言语行为的基本构成性规则与警告言语行为并不相同,准备规则上并不需要有违反对方预期的始发行为在先,且指令内容一定对对方有利;根本规则上也并不需要保证惩罚手段以强制指令的执行。因此既然二者构成性规则不同,也就意味着"提醒"应该是与"警告"地位平等、相互独立的一类言语行为,而非警告言语行为所固有的一种次级功能。

容规则及诚意规则相同，而违反了相应的准备规则和根本规则：准备规则上，明示的假设关系所带来的不利后果"（你）就变成鬼了"不是由说话人实施的惩罚手段，而是由对方自己造成的身体损伤；根本规则上，说话人也不是通过保证自己实施的惩罚手段去促使对方完成指令，因此，该例也非警告，而应属于指令程度较弱的劝诫言语行为，同样将句中施为动词替换为"劝"或"告诉"也完全不会引起语义的变更。

由上可见，对基本构成性规则的细致分析可以帮助我们更加明晰地认识到警告和与其相近的言语行为在深层语义上的联系与区别，从而指导我们依靠基本构成性规则更好地确定警告范畴的边界。但正如前文所述，基本构成性规则更多的只是基于哲学思辨对警告言语行为的限定条件进行解构；而如果我们将视线转向更为动态的语言事实，那么仅仅依靠上述四组规则去判定警告言语行为就会产生新的局限，实际上，现代汉语的互动交际中仍存在不少深层语义上完全符合上述规则但实际并不用于传递警告语力的言语行为。因此，仅以 Searle 的分析模式为参照对警告言语行为加以描写和界定是不够的。警告言语行为作为一种社会交互行为，不仅需要我们考虑其自身的内部结构，还需要我们将外围的交际主体的主观情态、交际语境的社会文化背景等影响因素纳入考察的范围，从更全面的语用范畴视角对上述基本构成性规则加以补充。

（二）补充构成性规则

补充构成性规则是从语境中抽象概括出来的、制约言语行为类型的关键语用变量，它们能够从外部介入基本构成性规则在语言交际中的实际取效，进而改变一个言语行为的语力类型，形成对基本构成性规则的补充。因此，补充构成性规则实质上也起到了确定言语行为类属的作用，是构成性规则中不可缺少的重要部分。

警告言语行为的补充构成性规则主要与交际主体的主观情态及

社会文化背景知识两个语境因素紧密相关①。交际主体的主观情态主要涉及警告者的立场设置（stance positioning）与动力情态（dynamic modality）；语境中双方共享的社会文化背景知识一定程度上可以帮助甄别惩罚手段的施为力度，进而明确指令的强制性、影响警告言语行为的判定。我们将结合具体的语言事实，分别从警告者的立场设置与惩罚手段的施为力度两个维度完成对补充构成性规则的构建。

1. 反同盟的立场设置

从互动语言学的角度看，警告言语行为作为一种交际行为也要遵循一定的互动规则。互动交际中除了传递和交换命题信息之外，最重要的就是交际双方还要表达各自对于对方及命题信息的感觉、态度、价值判断或评估（Biber，2006），即表达相应的"立场"（stance）。其中，警告者对于警告对象的立场设置也制约着警告言语行为的判定。

Du Bois（2007）指出，会话序列中的立场设置就是交际主体的一方在认识、情感、道义等层面同时对自己和对方进行定位，并衡量双方立场之间的关系是否一致的行为。主体立场之间一致就是同盟（alignment）关系，对立则是反同盟（disalignment）关系。基于上述理论可知，警告言语行为是由警告对象反预期的始发行为所引发的，因此警告者对该始发行为的情感、态度、价值判断等必然与警告对象相对立，警告者对警告对象的立场设置也就必然处于反同盟的关系之中；而这种由始发行为所带来的反同盟立场设置反映在警告言语行为中，就是警告者指令警告对象实施的将来行为在语义上一定是从自己角度出发、维护自身利益而不顾对方利益的。这种警告者立场设置的反同盟性也就解释了汉语事实中有些言语行为虽

---

① 交际主体双方的社会关系（权势关系、社会距离等）、指令内容本身的任务难度等语境因素也会对警告言语行为的实施产生影响，但这些因素往往只作用在语言表层的表现手段上，而不会在深层语义上影响警告言语行为的性质。如上对下或下对上均可实施警告言语行为，只是不同的权势关系会决定使用直接还是间接方式、是否需要明示惩罚手段等。关于这些语用手段对警告言语行为的调控作用我们会在第六章中详细讨论。

然语义上满足了所有警告言语行为的基本构成性规则，但语感上仍难以将其归入其中的原因，如：

（4）"你就算想省钱，也不能这样糟蹋自己！鸡蛋总要保证一个的！不然身体会坏掉！""我吃啊！我早上吃过了，不能一天吃俩吧？""那好，我今天没吃，你拿一个鸡蛋给我吃。"海萍尴尬了："今天早上刚好把最后一个吃完了。我出去买吧！""姐姐！你骗谁？你还当我小孩子？**我警告你！我以后不定期来抽查你的晚饭，你要是再被我抓到光吃白面，我就告诉妈去！我让妈不把欢欢给你送来了。**孩子跟着你不是受苦吗？"

（六六《蜗居》）

例（4）与例（3）相比，假设的惩罚手段"我就告诉妈去"是由警告者亲自实施的，看似填补了准备规则与根本规则的缺陷，应当归属于警告言语行为；然而该例中条件复句所隐含的指令内容"不要继续只吃白面"虽然是违反对方心理预期的将来行为（根据前文可知符合对方预期的行为应该是"为了省钱而继续吃白面"），但实际却不会产生损害对方利益的结果，反而说话人是希望通过指令内容来减少对方可能造成的身体损伤。因此，说话人虽然为了促使听话人实施指令而保证了一定的惩罚手段，但与例（3）一样，该例中说话人在情感定位上与听话人却是保持一致的，说话人的立场设置并非反同盟关系而是同盟关系，因而该例也应看作劝诫言语行为而非警告。

相较而言，警告言语行为在交际意图上就是警告者为了维护自身利益而发起指令，其行为动机必然不会从对方利益出发、避免对方利益受损，因此，警告言语行为的指令内容一定是利己而非利人的，警告者对警告对象的情感立场（affect stance）也必定是敌意的、反同盟的。如：

（5）安娜冷笑一声，她对佐治的信心，已开始动摇了："以前，我姐姐曾见你在中环和女孩拍拖，你又不肯承认，难道我的姐姐会冤枉你吗？真岂有此理。佐治，**我警告你，如果你敢做出对不起我的事，我就不会饶恕你**，你知道吗？"

（岑凯伦《合家欢》）

上例中隐含的指令内容"不要做对不起我的事"，就是说话人完全为自身利益考虑而发起的，属于合格的警告言语行为。因此，通过关注交际主体心理状态这一语境因素，补充警告者反同盟的立场设置作为构成性规则，可以帮助我们进一步明晰警告言语行为的边界和性质。

2. 相对轻微的惩罚手段

具有相同言外之的（illocutionary point）的言语行为在语势上也会表现出不同程度的强度或力度，我们称之为该言语行为的施为力度。比如言外之的均是阐述说话人认为真实的情况，发誓行为"我发誓我朋友没有偷钱"就比猜测行为"我猜测我朋友没有偷钱"所表达的信仰程度要强烈得多（何兆熊，2000：104）。言语行为的施为力度与施为者的动力情态[1]密切相关，施为者有可能去实施的、会成为现实的行为自然比施为者不太可能去实施的、不太会变成现实的行为施为力度更强。此外，施为力度也与特定社会文化背景下行为本身所具有的绝对强加度（absolute ranking of imposition）紧密相关，比如丢失钱包的旅客向陌生人借数目较大的钱不还，相对来说就比向别人借点零钱而不还的行为强加度要高得多（何兆熊，2000：229）。

警告者假设的惩罚手段与其对警告对象的心理威慑程度直接相

---

[1] 谢佳玲（2002）指出，动力情态"表达说话者对一个事件成真的可能性或必要性的观点或态度，与能力或意愿的意义相关"。有关动力情态的相关论述也可具体参看彭利贞（2005）。

关，是警告言语行为最为关键的语力保障，因此考察惩罚手段在语境中的施为力度也是我们构拟补充构成性规则的重要部分，有助于我们将满足上述所有构成性规则的威胁言语行为与警告言语行为加以区别，如：

(6) 赵　刚：那是以前，现在我是代理团长，我不同意你去！

李云龙：放屁！你少给老子摆团长的架子！我给你敬礼是给你面子，啊，让你高兴高兴，你还认真啦？我告诉你，你同意也罢，不同意也罢，**我非去不可**！把我惹急了，老子就**不认你这个代理团长啦**！

赵　刚：老子还不认你呢！((摔酒瓶))

(《亮剑》16)

(7) 钱伯钧：开炮！为什么不开炮！

炮　兵：长官，那，那是团长！

钱伯钧：楚云飞现在已经不是我的团长啦！**赶快开炮，要不然我就毙了你**！((举枪))

炮　兵：((装炮弹，准备开炮))

(《亮剑》9)

上述两例在语义上均符合警告言语行为的四组基本构成性规则，且说话人都是为了维护自身利益而发起指令，设置了与对方的反同盟立场，满足了补充构成性规则；但语感上显然例（6）对对方的威慑程度要弱于例（7），从后续对方的回应中也可以得到取效上的验证：例（6）中听话人并没有接受指令而是进行了反驳"老子还不认你呢"，例（7）中听话人则迅速接受了指令并准备加以实施。原因就在于两例中说话人所假设的惩罚手段施为力度有所不同：例（6）是施为力度相对轻微的警告，而例（7）是相对严重的威胁。

假设的惩罚手段作为一种说话人保证性的言语行为，如何将其施为力度加以量化也与说话人的动力情态和社会文化背景下该惩罚本身的强加度两个因素有关,我们将这两个因素排列组合后大体上会出现以下四种情况:

第一,可能性小且强加度低。这种情况下说话人往往没有能力或意愿实施假设的惩罚,惩罚手段实现的可能性较小。同时,从社会文化背景来看,该惩罚手段对听话人造成的损失并不严重,相对而言是轻微、临时、易修复的,也即惩罚手段的绝对强加度较低。以上信息听说双方均可通过背景语境共享,依靠这类惩罚手段作为语力保障的言语行为一般是警告而非威胁。如:

(8) 刘　星:妈,您还真有点儿欣喜若狂啊,您真像我亲妈。

　　刘　梅:我告诉你刘星,我正式通知你,这次你跟我们单位的叔叔阿姨一块儿去黄山,**你要敢不听话,哎你要敢到处乱跑,我就敢贴一张邮票把你给寄回来你信不信?**

(《家有儿女Ⅱ》23)

由于现实生活中不太可能发生邮寄活人的行为①,且以社会文化标准来看停止一次旅游并不会对听话人造成过于严重的利益损失,因此该例中惩罚手段实施的可能性很小且强加度较低,并不会带给听话人过强的心理威慑,整个话语应当归属于警告言语行为。

第二,可能性小但强加度高。这种情况下说话人通常也不具备实施惩罚的能力或意愿,但社会文化语境却赋予该惩罚手段较高的绝对强加度,语义上往往表现为说话人会依靠一定的暴力手段造成对方身体、心理、财产等方面的重大损失(如致残、致死、限制人身自由、

---

① 即便从会话含义(implicature)的角度来说,一般情况下也不太会发生旅游途中母亲让一个未成年孩子自己回家的行为。因此,作为母亲的刘梅在这里只是试图以此假设后果对儿子刘星形成心理威慑,促使其完成隐含指令"要听话,不要到处乱跑",在旅游过程中服从自己安排、不添麻烦,而非真的意欲在将来兑现该惩罚。

损毁名誉、伤害亲朋、破产失业等），且损害的结果多是长久的、不可逆的。然而听话人通过共享语境可以推断出惩罚实施的可能性较小，因此即使惩罚本身的损害较大，但不会发生的事情也就不会造成利益损失，所以这种言语行为也应看作威慑程度较轻的警告。如：

(9) 夏　雪：哎！**你们两个出门以后把门关上，如果你们俩再敢来烦我们俩的话，看我不掐断你们俩的脖子！**
　　刘　星：啊我好怕啊，小雨我的脖子还在吗？

(《家有儿女Ⅱ》49)

夏雪所保证的惩罚手段"掐断你们俩的脖子"虽然会导致严重甚至丧生的不利后果，但刘星根据二人之间姐弟关系的背景信息及当下的动态交际情境即可推知，夏雪在动力情态上并不具备实施该惩罚的意愿，且对于一个普通女孩子来说，也并不具备兑现该惩罚的能力。这种情况下的惩罚手段基本上是一种无效的语力保障，从刘星的回应话语也可验证该惩罚并没有取得实质性的威慑效果，施为力度较弱，因此就决定了带有这类惩罚手段的话语也属于警告言语行为。

第三，可能性大但强加度低。与上一类型刚好相反，这种情况下，说话人动力情态较强，作为假设后果的惩罚手段成为现实的可能性较大，但社会文化背景中该惩罚手段的绝对强加度较低，并不会对听话人造成严重的利益损失。这样就给听话人留下了选择的空间：如前文所述，指令内容是违反听话人心理预期甚至会带来利益损失的行为，惩罚手段同样也是，既然如此，那么一旦听话人权衡利弊后认为后者程度更轻，惩罚手段就会再次失去威慑性，使整个话语沦为施为力度较弱的警告言语行为。大部分情况下说话人还是会依靠自己能够实施的惩罚手段作为指令的保障，且不会对听话人造成严重损害以使其完全成指令，因此日常交际中这种类型的惩罚手段用例最多，且多为警告言语行为。如：

(10) 林　宁：哎呦，哎呦（（假装喊疼））

　　　林　爸：（（从林宁裤子里翻出垫在屁股上的海绵））难怪你说你准备好了，说！哪儿来的！

　　　林　宁：（（眼神躲避，摇头））不知道。

　　　林　爸：你说不说！**你要不说我还打屁股**！现在没海绵了。

(《家有儿女Ⅱ》19)

由对话可以看出，林宁爸爸已然对林宁实施了"打屁股"的惩罚行为，因此必然具备继续对其实施该惩罚的能力和意愿；但该惩罚只不过是日常生活中家长对孩子"犯错"后的轻微体罚，社会文化背景下并不会对听话人的身体造成严重损伤，且听话人根据以往的生活经验也可推知类似的惩罚会带来怎样的后果。主流标准下这类惩罚手段的不利程度较轻，因此，即便说话人的动力情态较强、假设后果实现的可能性较大，但综合来看，这类惩罚手段的施为力度仍不会太高，整个话语一般也不会被听话人解读为语势更强的威胁言语行为。

第四，可能性大且强加度高。这种情况下说话人的动力情态、惩罚本身的绝对强加度均较高，即说话人假设的惩罚手段极具成为现实的可能性，且在社会文化背景下该惩罚行为会对听话人的利益造成较为严重、不易修复的损害。这类惩罚手段的施为力度相对最强，因此以该类惩罚手段作为语力保障的话语其指令的强制力度也较为强烈，应归属于威胁言语行为。如：

(11) 士　兵：好汉爷您高抬贵手啊，要不然回去我没法向我们楚团长交待啊。

　　　二当家：（（开枪打士兵脚前石头））再他妈啰嗦我崩了你的脑袋！滚！都给我滚！

士　兵：((转身逃走))

(《亮剑》14)

例（11）中二当家已然实施了开枪的警示行为，且对于被缴械的士兵来说二当家在实力上占据绝对优势，因此在动力情态上说话人具备了实施假设惩罚的能力和意愿；从社会文化背景知识来看，惩罚手段"崩了脑袋"是一种致命的不利后果，会给听话人造成极为严重的利益损失。因而综合来看，这类惩罚手段对听话人造成的心理威慑较大，在施为力度上与前三种类型形成明显的分化，整个话语也就属于语势更强的威胁言语行为。

综上所述，我们可以通过整合相关语境制约因素的方式，将惩罚手段的施为力度做出上述形式化的区分，进而借助关键性语用变量来完善、补充警告言语行为的构成性规则：当说话人假设的惩罚手段施为力度相对轻微、可划归为前三种类型时，该言语行为一般可判定为警告言语行为；而当说话人保证的惩罚手段施为力度相对严重、属于第四种类型时，该言语行为则往往判定为威胁言语行为。

需要指出的是，上述针对惩罚手段施为力度的解析仍然只是一种相对理想化的操作模式，实际交互过程中如何对惩罚手段的施为力度尤其是不利后果的严重程度加以判断，仍需要交际双方引入更多、更为具体的语境信息进行关联推理（relevant inference）[①] 而后才能最终完成对警告言语行为的甄别。特别是对于数量最多的第三种类型，有些惩罚手段虽然参照相对客观的社会文化标准来看施为力度较弱、不利后果轻微，但实际上交际双方依据对彼此的相互了解等共享语境信息均可从主观上判断，说话人表达的惩罚手段会使

[①] 关联理论（Relevance Theory）认为，人类的互动交际是在动态、在线的"明示—推理"模式（ostensive-inferential communication）下展开的，其中听话人的语用推理是一种"关联推理"，是听话人结合认知语境（cognitive context）在大脑中进行的非实证性、自发的验证心理假设的过程。关于关联推理的操作过程我们会在第五章详细论述，具体可参看 Sperber & Wilson（1986）。

听话人蒙受较为严重的利益损失。这种情况下说话人的动力情态和假设后果的不利程度两个因素又都满足了第四种类型的要求，因此从听话人的角度来说就有可能会感受到说话人的威胁语力而非警告。如：

（12）刘　星：哟，那你们可得想清楚了。
　　　夏　雪：嘿！我想清楚什么呀？
　　　刘　星：老妈现在正在家等着我们回去汇报呢，**如果你们答应带我们去，我们肯定不说，要不然的话，呵，这场悲剧可就避免不了咯。**
　　　夏　雪：你想威胁我对吧。

（《家有儿女Ⅱ》53）

上例中刘星具备实施"告密"惩罚的能力和意愿，但社会文化背景下该惩罚至多引起家长的一顿管教，客观上不会对夏雪造成严重的利益损失，因此，看上去刘星似乎只是实施了一次警告行为。然而从最后的话轮中可以看出，作为刘星的受话者夏雪显然将他的话语解读出了程度更深的"威胁"语力，原因就在于"告密"（由此引发家长对其有所改观）是夏雪主观认定的、对其心理损害较为严重的惩罚手段，且刘星和夏雪作为交际主体也都共享该信息（尤其刘星作为说话人，正是因为知晓"告密"行为对夏雪的心理威慑程度较重才会选择其作为假设的惩罚手段，以迫使夏雪配合达到自己的交际目的），因此，从夏雪的视角来看，刘星是故意言明了一个对夏雪威慑程度较高、施为力度较强的惩罚手段以保证其接受指令，对夏雪而言在二人特定的共享语境之内，该言语行为就属于威胁言语行为。

此外，说话人有时在语言表层形式上还会使用模糊语（fuzziness）作为惩罚手段，如"要你好看""后果自负"等；或通过省略惩罚手段（包括说话人故意省略和被对方强行打断）、仅发出指令内容的方式，提示听话人自行推理出具体的不利后果。这种情况下就更需要听话人调用双方共知的语境信息主观判断惩罚手段的施为力度，进而界定言语行为的语力类型。如：

(13) 三三一边笑，一边还用眼去比量耿荻，不怀好意极了。再看耿荻时，大家发现她有点心虚，虽然嘴里还占着三三上风："**我警告你三三，再这么下流，我就不跟你客气了。**"事后大家都背着耿荻问三三，她到底明白了什么。三三收起她一贯的胡闹态度，对女孩们低声说："耿荻可能是个男的。"

（严歌苓《穗子物语》）

(14) 卢友文用力把小双一推，松了手。小双站立不住，差一点摔到地板上去，我慌忙抱住了她。她忍耐着，倔强的忍受着这一切，身子却在我手臂里剧烈的颤抖。卢友文仍然站在我们面前，高得像一座铁塔，他的声音撕裂般地狂叫着："小双！**我警告你！永远不要嘲笑我的写作！永远不要嘲笑我的写作！**"小双颤巍巍地从我怀抱里站起来，立刻显出满面的沮丧和懊悔。

（琼瑶《在水一方》）

例（13）中虽然耿荻没有明确表明将会实施何种惩罚手段，但结合二人亲密朋友的权势关系及二人共享的日常生活经验等语境信息可知，耿荻即便选择明示具体的惩罚手段，一般情况下也不太可能会有意愿对三三造成严重的利益损害，因此相应的言语行为也就只是警告而非威胁。例（14）中虽然省略了惩罚手段的表达，但根据前文"卢友文用力把小双一推"的情势背景及小双日常被卢友文家暴的共享经验可以推断，如果小双继续评价卢友文的写作可能会被其继续施暴，该惩罚手段从社会标准来看就会对小双的身体和心理造成较为严重的损害，且卢友文具备实施家暴的能力和意愿，因此该言语行为就属于语势较重的威胁而非警告。

由此可知，惩罚手段的施为力度本质上是综合了交际主体的主观情态与共享背景知识等语境因素、由听话人完成关联推理后所判定的主观结果，这与相对客观的、以行为结构逻辑为基础而构拟出的基本构成性规则有所不同。当两个言语行为无法依靠基本规则及立场设置的补充规则区分指令的语势强弱时，我们就需要引入惩罚手段的施为力度作为补充进一步对警告言语行为加以限定：威胁言语行为的惩罚手段导致的不利后果相对严重，且说话人具备实施惩罚的能力和意愿，因而对对方的心理威慑程度较高，惩罚手段的施为力度较强；警告言语行为的惩罚手段造成的不利后果相对轻微，且说话人通常不具备实施惩罚的能力和意愿，因而对对方的心理威慑程度较低，惩罚手段的施为力度较弱。

二 现代汉语警告言语行为与相关言语行为的区别

从警告言语行为内部结构和外部语境的双重视角出发，我们已经构拟出了较为全面、系统的警告言语行为构成性规则。通过这种将语义框架命题化、形式化的方式，我们可以更为方便、细致地将警告与其他相关言语行为加以对比和区分，进而深化对警告范畴性质的认识和理解。前文已经讨论了警告与部分言语行为之间的异同，这里我们将以上述构成性规则为依据，进一步详细比较警告与相关言语行为之间的关联和差异，以更加明确化的手段厘清警告范畴的边界。

（一）警告与指令言语行为的区别

按照 Searle（1979）的言语行为分类体系及其对指令言语行为的界定标准，警告与指令言语行为之间具有明显的上下位关系：警告言语行为的言外之的都是说话人试图使对方做或不做某事，适从向上都是使客观世界与说话人的话语内容相符，心理状态都表达了说话人想要对方做或不做某事的愿望，符合 Searle 对指令言语行为的类属划分；但以上三个维度所涵盖的具体行为类型极为广泛，警告言语行为在此核心要求的基础上又具备了一系列的特殊属性，才制约其成了一种特定的指令言语行为类型。因此，指令言语行为是上位类型，在外延范围上包含下位的警告言语行为，二者共同拥有指令言语行为的全部属性，同时警告言语行为在其复杂的行为结构制约下又发展出了诸多的限定条件，主要体现在以下两个构成性规则上。

（Ⅰ）基本构成性规则：

准备规则：指令言语行为并不必然由对方的反预期始发行为所引起；

指令对方完成的将来行为无所谓是否违反对方的心理预期；

指令言语行为不必然要求对方激活共享的假设关系。

根本规则：指令言语行为并不必然依靠假设的惩罚手段保障指令的执行。

（Ⅱ）补充构成性规则：

指令言语行为无需指令者反同盟的立场设置；
指令言语行为没有对语力保障手段的施为力度做出要求。

以最典型的指令言语行为——命令言语行为为例①，命令言语行为本身可以作为会话序列的始发行为，也即由命令者开启对话，不需要由对方的不当行为作为引发原因；命令对方实施的将来行为往往对方事先并不存在心理预期，也无所谓是否违反预期；同时，命令言语行为一般依靠的是命令者对对方的身份或地位优势以保障指

---

① 王丹荣（2017）指出，命令是人们认知经验中最为凸显的祈使（指令）行为，构成了祈使（指令）范畴的原型成员，其他成员以其为参照，根据家族相似性汇集在一起。

令的执行，并不需要对方做出假言推理，也无须通过保证惩罚手段的方式来达到交际目的。因此，命令言语行为在语境中也就无所谓双方立场是否一致、语力保障手段是否具备适当施为力度等条件加以限制。如：

（15）李成亮拿起电话对着话筒："你来一下。"秘书从外边走进来。李成亮向秘书吩咐："**给报社牟思萱打电话，问问他**，早就打过招呼不让记者随便接触金先生，他们报社记者为什么要擅自介入外事活动？**让他尽快给我个答复**。"秘书："明白了。"

（白描《特区女记者》）

相应地，如果一个"命令"是由对方的反预期始发行为所引发、指令的将来行为违反了对方的心理预期、说话人保证了一定的惩罚手段并调动了对方的共享假设关系进行推理、语境中双方是反同盟立场且惩罚手段的施为力度相对轻微，那么这种"命令"就满足了所有警告言语行为的构成性规则，在交际中即便使用了"命令"作为施为动词但依旧传递的是"警告"语力。如：

（16）琳达死命地抱着她的戒指，就是不舍那颗钻戒……郝韫礼在经过她身旁时，低声警告道："**我命令你立刻交出戒指，否则回国后，我马上让你从模特儿界消失。**"琳达这才含着眼泪，心不甘情不愿脱下戒指。

（董妮《红狮之吻》）

（二）警告与提醒言语行为的区别

指令言语行为内部的不同下位类型在边界上往往存在一定程度的过渡交叠，仍需要我们进一步将警告言语行为与其他语力相近的指令言语行为相互区别。根据 Searle（1979）对施为动词"警告"的研究，其"指令"与"断言"两种用法之间的差异就首先值得我们关注。如前文所述，我们认为，Searle 指出的"指令"类用法与警告言语行为的交际意图相符，即通过某种保障手段要求对方做或不做某事；而"断言"类用法实际上传递的是"提醒"语力，也即试图告知对方某个信息以引起对方的注意，并不强制要求对方为此做出相应的反应。因此，两种用法的言外之的有着本质上的差别，"断言"类用法应当看作一类独立的，与"警告"类平行的提醒言语行为，而非隶属于警告言语行为的一种次级交际功能。从构成性规则来看，提醒言语行为与警告在深层语义上有着较大的区别。

（Ⅰ）基本构成性规则：

  准备规则：提醒言语行为并非由对方的反预期始发行为所引起；
      提醒者提及的将来行为并不违反对方的心理预期；
      提醒者并不要求对方激活共享的假设关系。
  根本规则：提醒言语行为并不依靠假设的惩罚手段作为语力保障。

（Ⅱ）补充构成性规则：

  提醒者与对方的立场设置是同盟性的；
  提醒言语行为没有对语力保障手段的施为力度做出要求。

  与命令言语行为类似，提醒言语行为也可以作为会话序列的始发行为开启对话，而不是由对方的反预期行为所引起，因此提醒者往往不需要指令对方改变当前行为，只是通过告知对方某信息以促使对方关注，并希望对方实施一定的将来行为以规避利益损失。该交际意图无须通过保证任何惩罚手段（及适当的施为力度）、引导对方进行假设关系推理的方式强制对方实现，且由于提醒者的目的在于维护对方利益，因此提示的将来行为通常符合对方的心理预期，双方在情感立场上具有一致性、同盟性。如：

（17）雨终于停了，我心却长有云雨，于是把那条自制饰物悬胸，电话响。是老张，听到他主动打来的电话，不禁心头放下一块大石，血脉也流动起来。他若无其事地说："**今天与造币厂的人开会，我提醒你一声**。""我记得。"我亦装作什么都没发生过。"一会儿见。"

（亦舒《我的前半生》）

同样，语言事实中也存在不少借用提醒言语行为的表现形式来实施警告的用例，造成了两种言语行为边界上的模糊性。此时"提醒"话语在语义上往往会突破上述构成性规则差异的限制，转而满足所有警告言语行为的制约条件。如：

（18）陈济世漠然放下电话。许光杰那冰冷的声音犹在耳边。"吃得下就要担得起！拿人钱财，替人消灾。你自己的麻烦自己解决。我爱莫能助，**但我提醒你，千万不要攀扯到鸿胜头上来，否则休怪我们翻脸。**"连马氏也见死不救，陈济世进退两难。

（无极《脑域感应》）

(三) 警告与劝诫言语行为的区别

Austin（1962）指出施为动词"警告"（warn）所能指称的言语行为包括"提醒""劝诫（告诫）""警告"三个"运用式"话语构

成的系列①，因而除了提醒以外，劝诫与警告也是语力上较为接近的两类指令类言语行为，需要我们详加比对。相较提醒而言，劝诫言语行为在构成性规则上与警告更为接近：二者均是由对方反预期的始发行为所引起，交际意图均在于通过指令促使对方调整或改变当前行为，且说话人在发布指令时均预设了对方有能力实施指令，指令内容往往会违反对方心理预期；说话人也必须依靠一定的保障手段对对方造成心理威慑，从而促使指令内容取效。而二者的不同主要表现在语力保障手段的施为主体及交际双方的立场设置两个方面。

（Ⅰ）基本构成性规则：

准备规则：劝诫言语行为假设的不利后果并非由劝诫者造成，而往往是由第三方或对方自己所导致的。
根本规则：劝诫言语行为并不依靠劝诫者的惩罚手段作为语力保障。

（Ⅱ）补充构成性规则：

劝诫者与对方的立场设置是同盟性的；
劝诫言语行为没有对语力保障手段的施为力度做出要求。

如前文所述，劝诫言语行为的语力保障手段一般是劝诫者通过假设关系明示或暗示对方一定的不利后果，但该不利后果均不是由劝诫者所致的惩罚，劝诫者仅起到告知对方不利后果信息、提请对方注意的作用；此外与提醒相同，劝诫者希望对方停止反预期行为持续下去以减少对对方造成的利益损失，因此，劝诫者在互动过程中的情感定位也与对方具有一致性，交际双方在立场设置上是同盟

---

① 参见［英］J. L. 奥斯汀著《如何以言行事——1955 年哈佛大学威廉·詹姆斯讲座》，杨玉成、赵京超译，商务印书馆 2013 年版，第 143 页。

关系而非反同盟关系。

汉语事实中有不少劝诫言语行为在语言表层上通过施为动词"警告"加以实施，同样也有不少警告言语行为借助"劝""奉劝"等施为动词出现在日常交际过程中。如何判别两种指令力度有所差别的言语行为，所依据的根本就是从深层语义上对二者进行构成性规则的细致辨析，而不能仅凭表层形式做出定论，如：

（19）苏淳觉得事态严重了，原来以为海萍只是闹着玩儿的，现在发现她全情投入了，把赌博当成了生活的全部，这样下去要成瘾的。"够了海萍，玩玩就算了。**你要真把这个当事业，以后会很惨的。我警告你，每次买不许超过 10 块，你不能把身家性命都押上**，听见没有？"

（六六《蜗居》）

（20）将军甲："我非问不可。"
　　孙　膑：**"我劝你还是不问的好，否则，杖刑的滋味不好受。"**
　　将军甲："就是死刑，我也得问个明白。"
　　孙　膑："来人，杖刑三十。"

（张智胜、张辉力执导电视剧《孙子兵法与三十六计》6）

例（19）中的假设后果"以后会很惨"不是说话人所引起的，且说话人是为了对方以后的生活考虑、维护对方切身利益而发起指令，因此虽然表面上使用了"警告"作为施为动词，但传递的却是语势稍弱的劝诫语力，将句中的"我警告你"换成"我劝你"依旧成立。相反，例（20）中的假设后果"杖刑"是由说话人亲自发令所引发的惩罚行为，且说话人是为了不让己方利益受损而制止对方继续问话，情感立场上与对方相互对立，因此虽然看似通过"我劝你"表明了劝诫意图，但实际上却实施了语势更强的警告言语行为，将话轮开头的"我劝你"替换为"我警告你"依然语力不变。

(四) 警告与威胁言语行为的区别

警告与威胁言语行为之间的区别我们在前文讨论惩罚手段施为力度的补充规则时已有所涉及，这里我们将结合警告言语行为所有构成性规则的细则，进一步从侧面补充对汉语威胁言语行为的认识，并全面考察二者之间的关联与差异。

威胁言语行为本身是一个结构和功能都极为复杂的交际行为，兼具承诺和指令两类截然不同的言外之力（樊小玲，2013：106）。根据这种内部语力上的分野，我们将分别展开两类威胁言语行为与警告言语行为在构成性规则上的对比。

1. 警告与承诺类威胁的区别

承诺类威胁言语行为的交际意图在于威胁者通过话语形式表明自己将在未来对对方实施某种惩罚并对该惩罚行为负责，而并非要求对方对其已然完成的始发行为做出调整或改变，因此该惩罚行为其上位类型属于 Searle 言语行为分类体系中的承诺类而非指令类[①]，与警告言语行为在本质上有着明显的区别。如：

（21）如果我不是真正地那么爱他，我就不会如此痛苦……他骂得太过分了，由于他骂得太厉害，我也不想再为自己做徒劳的分辩。泪水沿着我的面颊滚下来，他冷笑着说："你别猫哭耗子了，我不会被你的眼泪所欺骗！我告诉你，陆依萍，我何书桓也不是好欺侮的，**你所加诸我身上的耻辱，我也一定要报复给你！你等着瞧吧！**"说完这几句话，他忽然狠狠地抽了我两耳光。

（琼瑶《烟雨濛濛》）

[①] 在 Searle (1979) 的分类体系中，"威胁"（threaten）被明确归入"承诺类"（commissive）的下位类型中，只不过是一种"特殊的"承诺言语行为，即威胁违反了承诺言语行为准备规则中"说话人所承诺的事是符合听话人意愿的"这一细则。

上例中由于陆依萍对何书桓所实施的反预期始发行为"加诸耻辱"已然完结且不会持续下去（因为陆依萍已经在复仇何书桓的过程中"真正地爱他"了），而何书桓所言及的惩罚行为"报复"也不能使对方感受到心理威慑后去改变已然完结的事实，因此这里何书桓的话语实际上就是告知对方自己将要兑现的承诺并真心实意地做出保证，不需要强制陆依萍做出任何回应，后续的"抽耳光"行为也即时验证了何书桓话语的承诺语力。

这种承诺类威胁与警告言语行为除了都是由对方的反预期始发行为所引发、交际双方在立场设置上反同盟这两方面之外，二者在其他的构成性规则上均呈现出较大的不同。

（Ⅰ）基本构成性规则：

命题内容规则：威胁者并不提出对方要去实施的将来行为，而是提出自己要去实施的将来行为。

准备规则：威胁言语行为由对方的反预期始发行为所引发，但该始发行为已然完结且未来不会持续下去；

威胁言语行为并不要求对方激活共享的假设关系。

诚意规则：威胁者并不希望对方实施某将来行为，而是真诚地想要实施自己提出的将来行为。

根本规则：威胁者并非是依靠惩罚手段促使对方改变其当前行为，而是试图通过话语使自己承担起实施将来行为的责任和义务。

（Ⅱ）补充构成性规则：

威胁言语行为所承诺的将来行为（即惩罚手段）施为力度相对严重而非相对轻微。

2. 警告与指令类威胁的区别

还有一部分威胁言语行为在交际意图上与警告一样属于指令类，都是威胁者依靠一定的惩罚手段要求对方做或不做某事，但这种指令类威胁言语行为内部仍然可以根据准备规则上的差异进一步细分出两种次类。

一类是有些指令性威胁在准备规则中并不要求对方有反预期的始发行为在先，说话人只是为了谋取自身利益而意图损害对方利益，依靠相对严重的惩罚手段作为语力保障并调用听话人共享的假设关系完成推理，进而使对方顺从指令。如：

（22）家住市荷花坪中天建筑开发公司商住楼女个体户李少英提着钱袋匆匆回家。当她行至自己住宅二楼时，突然被尾随而至的刑满释放者贾新波用刀抵住胸口："**把钱交出来，不然就捅死你！**"瞬即抢走了她刚从市农行湖北分理处取来的 3.1 万元现金、两张合计 2 万元的存折及脖子上的金项链。

（《人民日报》1998－01－06）

上例中威胁对象事先并没有实施任何针对威胁者的不当行为，无所谓是否违反了威胁者的心理预期。整个话语只是威胁者意欲损害对方利益而假设较为严重的惩罚手段，进而通过对对方造成心理威慑使其顺从指令。威胁者的话语在会话序列中是始发行为而非回应行为，这就与警告言语行为在互动交际中必然处于回应位置的特性产生了分化，因此这类指令类威胁首先就可以依靠该准备规则与警告相互区别。

（Ⅰ）基本构成性规则：

准备规则：威胁言语行为并非由对方的反预期始发行为所引发。

(Ⅱ) 补充构成性规则：

　　威胁言语行为所依靠的惩罚手段施为力度相对严重。

另一类指令性威胁则也是由对方的反预期始发行为所引起的，此时警告言语行为的基本构成性规则完全适用于这类指令性威胁，且威胁者也同时满足了反同盟立场设置的补充规则要求。如：

　　（23）他捂住滴血的伤口，强忍着剧痛，在坎坷不平的泥泞路上追击歹徒。歹徒返身扬起带血的尖刀狂叫："**再追，老子就捅死你！**"吴宏权使出全身力气冲了上去，一个"抱膝压腹"，将歹徒撂倒在地。

（《人民日报》1998-01-06）

　　上例中威胁者的话语是由对方的始发行为所引发，即对方持续追捕威胁者使其利益受损，违反了威胁者的心理预期。威胁者通过语言形式明示了假设关系及惩罚手段"老子就捅死你"，社会文化背景下该惩罚手段的绝对强加度较高且威胁者具备实施该惩罚行为的能力，但没有即时兑现"致对方死亡"的保证，因此，交际意图上威胁者并非真心意欲去实施承诺，而是希望通过告知严重的假设后果以形成足够的心理威慑，从而使对方通过假设推理执行"放弃追捕"的必要条件，达到指令的目的。这类指令性威胁就是我们前文详细辨析过的威胁言语行为次类，与警告言语行为的差别仅体现在惩罚手段施为力度的强弱上。

补充构成性规则：

　　威胁言语行为所依靠的惩罚手段施为力度相对严重。

　　综上，我们从制约言语行为语义框架的构成性规则出发，综合对比了警告言语行为与其上位类属的指令及相关同类言语行为提醒、劝诫、威胁之间的区别，一定程度上检验了警告言语行为构成性规则构拟的合理性，明确了警告言语行为的边界及其与邻近言语行为之间的关系，从而帮助我们更好地整合警告范畴的界定标准。我们将警告与相关言语行为之间的联系与区别总结如表 2-1 所示：

表 2-1　　警告言语行为与相关言语行为构成性规则对比

构成性规则 言语行为	基本规则				补充规则	
	准备规则			根本规则		
	由对方反预期始发行为引发	指令内容违反对方心理预期	激活共享假设关系	依靠惩罚手段（言者实施）保障指令施行	立场设置反同盟	惩罚手段施为力度相对轻微
指令	±	±	Ø	Ø	Ø	Ø
提醒	−	−	−	Ø	−	Ø
劝诫	+	−	+	−	−	Ø
威胁①	±	+	+	+	+	−
警告	+	+	+	+	+	+

注：为了突出各言语行为间显著差异，本表将所对比的构成性规则进行了相应简化。+ 表示符合该标准，− 表示不符合该标准，± 表示兼有符合与不符合的情况，Ø 表示此标准不适用于判定该行为。

三　现代汉语警告范畴的界定标准

通过上文对警告言语行为构成性规则的全面解析，我们基本上确定了合格的现代汉语警告言语行为所必须满足的充分必要条件。同时，基于警告与相关言语行为的深入对比，我们也更加清晰地认识到了警告言语行为所独有的特殊属性，厘清了警告与其他言语行为之间的边界。据此，我们就可以在警告言语行为构成性规则的基

---

① 由于该表对构成性规则进行了简化，因此这里的"威胁"言语行为特指指令类威胁，承诺类威胁无法在表中单独列出加以全面对比。

础上，进一步将具有区别性、关键性意义的规则加以归纳整合①，汇总出一个反映各类警告言语行为深层语义的属性集束，这样就通过一系列抽象命题、定识的方式建构起了警告行为的语义框架，而这个属性集束所描述、限定的语义框架也即我们确立现代汉语警告范畴的界定标准。我们将该界定标准整理如下：

表 2-2　　　　　　　现代汉语警告范畴的界定标准

核心标准	具体要求	范畴要素	
警告是由警告对象反预期始发行为所引发的回应行为	a. 警告对象的始发行为违反了警告者的心理预期 b. 警告对象的始发行为正在持续或即将发生	警告原因	警告主体
警告者指令警告对象实施或不实施某将来行为，以调整或改变其始发行为	c. 指令的将来行为符合警告者心理预期，但违反警告对象的心理预期 d. 警告者相信警告对象具备执行指令的能力 e. 指令内容表明警告者在情感定位上与警告对象及其始发行为相互对立，警告者与警告对象在立场设置上是反同盟关系	指令内容 警告内容	
警告者依靠保证的惩罚手段促使警告对象完成指令	f. 指令与惩罚之间构成假设关系，且由交际双方共享并激活 g. 惩罚手段由警告者实施或引发 h. 惩罚手段的施为力度相对轻微（综合警告者的动力情态及惩罚行为本身的绝对强加度双重因素）	保证内容	

---

①　我们这里需要制定的是警告范畴的界定标准，而非全面、系统地描述警告言语行为的制约条件，因此我们在警告言语行为的构成性规则中仅选取了警告特有的、具有区别性作用的部分规则进一步汇总整合，概括出限定警告范畴的语义属性。从前文与其他相关言语行为的对比中即可看出，警告与各类相关言语行为在诸如命题内容规则、诚意规则等部分差别不大，大多是说话人在话语的语义内容上指涉一个指令、真诚希望对方完成该指令。因此相较准备规则、根本规则、补充规则来说，命题内容规则、诚意规则等往往不构成警告与提醒、劝诫、威胁（指令类）等相关言语行为的区别性属性，我们在建构警告范畴的界定标准时也就相应地有所取舍后再加以归总。

表 2-2 所示的核心标准和具体要求即通过一系列抽象命题及定识的方式勾画了警告范畴的语义框架，也揭示了警告范畴区别于其他相关范畴的属性集束，同时还反映了警告范畴各属性与构成要素之间的对应关联。根据此标准，我们就可以判定警告范畴的成员性质并进一步明晰警告范畴的边界：如果一个成员在语义上的所有属性均符合、满足上述界定标准，那么我们就可以将其视为警告言语行为、划入警告范畴的类属；同时，所有警告范畴的成员在语义属性上也均需满足上述标准，并通过一定的表层手段将这些属性在交际过程中体现出来。如：

(24) "你什么时候搭上他的？" "刚认识。" "嘿！你真儿戏，看见人家长得好看，一副吃软饭的样子，就拉上了，他还叫你的名字"，金源凶巴巴地说：**"我警告你，不准和这种不明来历的人来往，你若给他打电话我先打你。"** "你不是要我认识有钱人吗？"

（岑凯伦《小星星》）

根据表 2-2，首先三类核心标准在金源的话语中均得到了满足：话语是在对方与他人交往的始发行为后展开的回应（警告原因），为了使对方改变该始发行为金源发出指令要求对方停止与他人的过度往来（指令内容），且话语依靠明示的惩罚手段对对方造成心理威慑，从而保障指令语力的取效（保证内容）。其次，八项具体要求在金源的话语中也得到了充分体现：对方与别人交往的始发行为违反了金源的心理预期（要求 a），且该行为未来还有持续下去的可能性（要求 b），因此金源发出指令禁止二人继续来往，该指令符合金源的预期但违背了对方预期（要求 c），从最后的反问"你不是要我认识有钱人吗"即可看出该指令与警告对象预期不符；金源相信对方有能力断绝与他人的联系（要求 d），指令内容是为了维护自己的情感关系、心理利益而发出的，交际双方处于相互对立的反同盟立场之中（要求 e），从金源前文对对方的负面评价语"真儿戏""吃软饭的样子"也可得到验证；条件复句"你若给他打电话我先打你"表明了指令内容与惩罚手段之间的假设关系，由此激活对方进行假言推理，促使其执行指令（要求 f）；假设的惩罚手段是由金源亲自实施的（要求 g），且实现的可能性较高，但由于交际双方之间的亲昵关系，该惩罚手段"打你"在此日常经验的背景信息下只会解读为一种玩笑式的打闹，不会对对方造成严重的、难以修复的身体损害，因此属于"可能性大但强加度低"的轻微惩罚，施为力度相对较弱（要求 h）。通过以上参照比对各项界定标准的形式化操作方法，我们即可明确地判断该例在深层语义上符合所有警告范畴的属性要求，展现了完整的警告语义框架，因而属于警告范畴的内部成员。

但是，由于范畴内部各成员之间依靠家族相似性建立联系，成员地位并不均等，从原型成员到边缘成员在典型性上有着较大差别，因此，上述以深层语义为基础的界定标准一旦进入到语言的表层形式中，范畴成员的判定就仍会具有一定的模糊性。尤其是范畴的边缘成员在语言多义性、含混性、经济性等因素的影响下，必然会与邻近范畴的边缘成员在某些属性上产生一定程度的交叠，造成警告范畴与相关邻近范畴之间产生过渡地带。最显著的就是由于惩罚手段的施为力度往往需要结合具体语境进行关联推理，因此，对施为力度强弱的判断不可避免地会带有一定的主观性。而如前文所述，一旦说话人在表层形式上使用了模糊语表达惩罚或直接省略了惩罚手段，就有可能引发听话人语力解读的多样性，导致警告与威胁范畴的边界产生连续性关联。

(25) "我本来就很安分。" "你不能一个人下山，念凡。"他叮咛，她个性急切，难保不会私自进城，"**如果你偷溜出寨，我会捉你回来**"。他警告，"**到时你就有苦头吃了**"。"你就只会<u>威胁</u>我。"她叉腰道，转身走向大门。

(陶陶《哎呀我的小娘子》)

上例中由于惩罚手段"有苦头吃"是一种模糊的语义表达，说话人并没有说明"苦头"具体指涉何种惩罚行为，而这种含混的表层形式就容易造成交际双方语义理解的不一致：说话人认为，自己是在实施"警告"，而听话人则将其解读为语势更强的"威胁"。问题的关键就在于说话人使用的语言表层形式（包括零形式）往往并不能引导或提示听话人进行精确的语用推理，进而导致表层形式与深层语义之间无法完全匹配。因此，对于表层形式明确的原型成员而言，上述界定标准基本完整反映了其深层语义框架，相应地，也就具备较强的可操作性；而对于表层形式模糊或缺损的边缘成员而言，上述界定标准并不能与其语言形式所反映出的语义内容完全对应（尤其是在"惩罚手段的施为力度相对轻微"这一具体要求上），因而也就需要交际主体适时调动语境因素、借助语用推理完成警告成员的判定。

更值得关注的是，自然语言中还存在不少非规约性间接言语行为（nonconventional indirect act），它们只在特定的语境中临时地传递警告语力，表层形式上似乎完全违反了上述界定标准，尤其是很多话语不能通过表层形式的概念意义直接反映或激活警告语义框架，而是需要对方完全依靠语用推理才能解读出相应的警告交际意图。这种非规约性间接警告言语行为比起直接警告言语行为、规约性间接警告言语行为（conventional warning indirect act）来说，范畴属性间的相似性程度、语力的规约化程度均较低，成员身份的判定在很大程度上完全受制于交际语境，因此也属于警告范畴的边缘成员，界定时需仔细加以辨析。如某些特定语境中叹词的使用：

（26）尼　克：那您把绳子还给我吧。
　　　刘　梅：嗨！还是不明白。
　　　尼　克：阿姨，您要是不把绳子还给我，就等于侵犯了我的人身自由！

第二章　现代汉语警告范畴的界定及内部类型　　79

　　　　刘　梅：**嗯？**（（眼睛瞪大；高曲折调））
　　　　尼　克：我现在马上要把这件事告诉警察局，我现在就告诉！
　　　　刘　梅：啊？

(《家有儿女Ⅱ》80)

（27）刘　梅：哎，小雪呢？小雪，快点儿！就等你一人儿了。
　　　　夏东海：小雪快点儿！小雪！
　　　　夏　雨：唉，你们女人真是麻烦。
　　　　刘　梅：**嗯？**（（目光斜视，皱眉；低曲折调））
　　　　夏　雨：呃∷算我没说。

(《家有儿女Ⅱ》30)

　　叹词"嗯"的概念意义多用来表示"没有想到的事情发生了，或者认为不应该是这样，含不相信的语气"（齐沪扬主编，2011：329），与警告的语义框架基本上没有关联。以上两例中同样都使用了"嗯"独立作为回应话轮，但所传递的语力却有着较大差别：例（26）中由于尼克是作为美国交换生首次来到中国，对中国的社会文化并不了解，因此认为，监护人刘梅没收他的攀岩绳、不让他在小区攀爬是侵犯人身自由的行为；这种认知上的误解让刘梅感到意外、违反了刘梅的心理预期，但由于二人相对疏远的社会关系及文化背景差异等语境因素制约，这里的"嗯"并不足以激活警告的语义框架、强制对方去完成指令，而只能是其表达意外的概念意义用法，从最后的话轮重复使用了表"惊疑"的"啊"也可以进一步验证"嗯"的话语功能与之相似。而例（27）中的"嗯"则在表意外用法的基础上进一步表达了对夏雨前一话轮的否定，蕴含的会话含义即指令夏雨不该有这种想法；原因就在于二人之间是相对亲密的母子关系，共享的日常经验也表明刘梅具有对夏雨实施惩罚的可能，这些语境信息综合在一起就可以激活对方认知中的假设关系进行推理，一定程度上还原出警告的语义框架，从后续夏雨的回应话轮"算我没说"也可验证其成功接收到了警告语力，而非仅仅解读出了"嗯"表意外的交际功能。由此可知，以叹词"嗯"为代表的非规约性间接言语行为在概念意义上并不必然与警告发生关联，只是在特定的语境因素制约下才能"浮现"（emerging）出警告语力，临时地具备警告范畴的成员身份。这类非规约性间接警告言语行为难以仅仅凭借上述界定标准加以判别，也是一类特殊的边缘成员。

综上，通过归总出警告范畴的界定标准作为形式化的参照依据，我们就可以相对清楚、合理地判断警告范畴成员的性质和类属，并根据家族相似性原则按照共有属性的多少或强弱厘清成员间的典型性差别。虽然受到范畴原型性的影响和约束，警告范畴的边缘成员与其他邻近范畴之间的边界并非截然二分，但总的来说，该界定标准对于反映警告行为的语义框架、以符合该标准的原型成员为中心构建警告范畴成员的内部体系，都具有一定的理论意义与实践价值。在完成了对警告范畴整体界定的基础上，我们才能进一步考察其内部成员的具体类型，探究不同成员深层语义与表层形式之间的互动关系。

第二节　现代汉语警告范畴的内部类型

现代汉语各类警告言语行为作为警告范畴的内部成员，尽管在交际过程中的实现方式各异，但主要可以从表达内容和表现形式两个方面加以分类统括。同时，不同内容类型和形式类型内部又可以根据施为力度的强弱、表层形式的字面意义与会话含义的一致程度等原则进一步加以细化和区分。

一　内容分类

根据警告内容是指令对方实施某将来行为还是制止对方实施某

将来行为，我们可以将警告范畴成员分为命令型[①]和禁止型两类；两类成员内部根据指令施为力度的强弱可以再各自区分出相应的强命令与弱命令、强禁止与弱禁止四种次级类型。

(一) 命令型警告

命令型警告言语行为是警告者依靠保证的惩罚手段指令警告对象实施某种将来行为的交际过程，引发警告的原因往往是警告对象当前没有实施警告者预期中应有的行为。根据指令力度的差异命令型警告内部又大体可分为强命令与弱命令两个次类。

强命令型警告往往表现为警告者对于警告对象具有绝对权威性，在权势、身份地位上高于警告对象，因而具备相对较高的动力情态；或是警告者假设的惩罚手段绝对强加度相对较大、对警告对象造成的不利后果略微严重[②]，往往也会加强指令的强制性。会话序列中，强命令型警告通常都能依靠其较强的施为力度促使对方接受指令内容，因此警告对象的后续回应话轮往往是顺从性回应。如：

(28) 交　警：我干吗非要知道你这车呀？我就知道你到路口行驶应该减速，知道不知道？你违反了路口行驶规定，按规定罚款二十到三十，严重的吊扣驾驶执照一到两个月，把本子拿出来。

　　　　司　机：((抬头，目光转向别处，毫无行动))

　　　　交　警：**快点儿啊！我告诉你，你要是妨碍我执行公务我可不客气了！**

[①] 这里的"命令"与前文提到的命令言语行为中的"命令"概念外延不同。命令言语行为中的"命令"是广义概念，包括促使对方做或不做某事；而这里"命令"仅指狭义概念，即指令对方做某事，与"禁止"是逻辑上的对立关系而非包含关系。

[②] 这里的绝对强加度"较大"、不利后果"严重"相比威胁言语行为的惩罚手段而言还是相对轻微的，只是在警告言语行为内部我们结合社会文化背景及双方的共享经验等语境信息进行的再度划分。

司　机：((掏驾驶证))行啊，我把本子给你。

(《编辑部的故事》9)

上例中作为警告者的交警想让司机交出驾照进行违章登记，属于指令对方做某事的命令型警告。交际双方是执法者与肇事者的社会关系，因此，交警在处理违章事故上对于司机具有绝对权威性，具备实施处罚的能力及意愿。此外，结合第一话轮提供的语境信息可知，假设的惩罚手段"我可不客气了"表明如果对方不服从指令的话警告者就会凭借法律赋予的权力强制执行前文所述甚至更为严重的处罚，这种行政处罚在社会文化背景下相对来说具有一定的绝对强加度，对警告对象会产生一定的利益损失及心理威慑，因此交警的话语属于指令力度相对较高的强命令型警告。肇事者在接收到这种强警告语力后也在第四话轮的回应中顺从了指令，与第一话轮交警只是单纯实施命令言语行为后得到的拒绝性回应（司机"毫无行动"）形成了显著对比。

弱命令型警告则相反，表现为警告者往往不具备对于警告对象的绝对权威性，在权势、身份地位上略低于警告对象或与对方平等；或是警告者保证的惩罚手段绝对强加度相对较低、对警告对象造成的不利后果相对轻微，弱化了指令的强制性。弱命令型警告在会话序列中的表现一般是警告对象在后续回应话轮中拒绝执行警告者的指令。如：

(29) 刘　梅：你先给我说清楚，你为什么藏那个不及格的数学卷子？

刘　星：成，**您想让我跟您说，您就得先说。**

刘　梅：嗯？

刘　星：**否则的话，我有权保持沉默。**

刘　梅：行，那你就保持沉默着吧，哪儿也甭想去！好好反思反思！

(《家有儿女Ⅱ》57)

上例中警告者刘星试图让母亲刘梅坦白谁是"告密者",也属于命令型警告。作为警告对象的儿子,刘星辈分地位较低,下对上实施警告在社会标准来看本身就逾越了传统规范,警告者的动力情态较弱,且假设的惩罚手段"我有权保持沉默"在文化背景下的绝对强加度也不高,对刘梅不会造成严重的心理威慑,从刘梅拒绝性的回应话轮"那你就保持沉默着吧"也可看出该惩罚手段并不足以保证刘梅顺从指令。因此,该例中刘星的话语只是一种语势较弱的命令型警告,并不能保障言语行为顺利取效。

(二) 禁止型警告

禁止型警告言语行为是警告者依靠惩罚手段作为语力保障对警告对象实施制止性指令,促使对方不去实施某个将来行为的交际过程。引发禁止型警告的原因往往是警告对象当前正在持续或即将实施的某种行为违反了警告者的心理预期。与命令型警告相同,禁止型警告内部也可以参照指令力度的强弱进一步分为强禁止与弱禁止两类。如:

(30) 王经理:他说啥呀?
　　　李秘书:那小子说马上就来。
　　　王经理:我说李秘书。
　　　李秘书:啊。
　　　王经理:有话我给你说头前儿啊,这里边儿就你一个人认识贾志新,**如果这次你再认错咯,你这业务科就别干了**,我豁出去得罪我二大爷了。
　　　李秘书:((点头,沉默))

(《我爱我家》7)

(31) 胡　三:哎,你就看着我死在人手里呀你。
　　　志　新:中国那么大,死一两个坏人也无所谓。
　　　胡　三:哎!志新,**你要是这么说的话,我今晚上就带着人上你们家找你去信不信?**
　　　志　新:哎?怎么着?

(《我爱我家》86)

以上两例都是警告者针对警告对象未来可能实施的不当行为加以制止的禁止型警告。例（30）中王经理在身份上对李秘书具有绝对权威性及实施惩罚的能力；且假设的惩罚手段"你这业务科就别干了"会造成对方失业，在社会文化背景下也具有一定的绝对强加度、对对方的心理威慑程度相对略重，因此，言后行为往往容易得到对方的顺从性回应，李秘书通过"点头""沉默"的方式表明对指令的接受，整个话语属于强禁止型警告。例（31）中胡三和志新是朋友关系，二人身份平等且体力相当，因此，胡三客观上并不具备对志新实施惩罚的绝对能力优势；同时胡三明示的惩罚手段"带人上你们家去找你去"只是朋友间的玩笑行为，社会标准下朋友间上门讨账也不会对志新造成过于严重的身体或心理威慑，且志新作为朋友也互明（mutual manifest）这些语境背景信息，因此并不在乎这种"惩罚"，从后续回应中的反问句"怎么着"即可看出，该惩罚手段并不会对禁止志新乱说话的行径奏效；从言后行为来看，警告者的话语也是一种弱禁止型警告。

二 形式分类

根据警告言语行为表层形式的字面意义（literal meaning）与会话含义（conversational implicature）之间是否对应一致，我们也可以将警告范畴成员划分为直接警告言语行为与间接警告言语行为两种类型。Searle（1979）的间接言语行为理论指出，人们在使用语言时往往是所说与所想之间有一定的距离，当一个言语行为只实施了一种言外行为且与命题意义吻合时，该言语行为就是直接言语行为；当一个言语行为同时实施了首要和次要两种言外行为，其中次要言外行为（secondary illocutionary act）与话语的字面意义吻合且首要言外行为（primary illocutionary act）体现说话人真正的交际意图时，该言语行为就是间接言语行为。

（一）直接警告

直接警告是言语行为表层形式的字面意义与会话含义一致，能够通过表层形式自身的概念意义获知并解读出警告语力和交际意图的言语行为。一般来说，直接言语行为在语言表层往往以出现相应的行事成分为标志，Austin（1962）指出，显性施为句（explicit performatives）的行事成分包括充当主语的第一人称单数代词以及充当谓语的现在时态、陈述语气、主动语态的施为动词现代汉语，即"I +（hereby）VP（+you）"的句法形式。对应到警告言语行为上即表现为直接警告言语行为的表层形式中应出现行事成分"我警告你（们）"，尤其是自指性施为动词"警告"的使用往往可以从字面上明示出话语的警告意图。如：

（32）晓妍瞪视着他，噗哧一声笑了。笑完了，她又板起脸来，一本正经地说："**我警告你**，贺子健，以后你跟我订约会，敢迟到一分钟的话，我们之间就算完蛋！""是的，小姐。我遵命，小姐。"

（琼瑶《浪花》）

但由于"警告"作为施为动词在语义上本身会威胁到对方的面子，属于无礼性的描述性言说动词（徐默凡，2008），因此，礼貌原则往往会对明示交际意图的施为动词"警告"产生一定的压制。此外，更重要的是，由于语言的多义性、含混性等原因造成施为动词或行事成分在语义上并不必然与言语行为传递出的语力一一对应。如前文所述表层形式上使用施为动词"警告"也可能是在实施提醒、劝诫、威胁等相关言语行为，言语行为的语力本质上仍由其构成性规则所决定。这样就导致自然语言中发展出另外一些其他的形式手段用以直接传递警告的交际意图：

一种是选择使用一些与警告语力相近但面子威胁程度相对较低的其他言说动词替换"警告"作为施为动词，常见的如"告诉""（跟你／你们）说"等：

（33）圆　圆：我是不是应该考虑一些，个人问题？
　　　　和　平：我揍死你我！**我告诉你啊**，今儿特殊，让你凑凑热闹，下回你再敢化妆我打死你我！

(《我爱我家》56)

(34) 戴明明：你讨厌！讨厌讨厌讨厌！

戴天高：再说再说再说！**我跟你说**，你要再说我可学刘梅教育刘星那样地收拾你！

戴明明：哼！

(《家有儿女Ⅱ》47)

另一种是形式上不使用显性的行事成分提示语力，而完全依靠句式意义传递警告的交际意图。这种情况下警告者在表层形式上选择的句式，其对应的概念意义即可反映出完整的警告语义框架[①]，表现为警告者往往通过祈使句[②]（或感叹句）与条件复句（或相应的紧缩复句）并用，或仅使用完整的选择复句、条件复句（或相应的紧缩复句）等形式，在字面意义上明示警告言语行为的构成性规则。这样，对方就可以仅凭借对句子字面意义的识解直接从命题层面中解读出警告意图。如：

(35) 圆　圆：对门儿那家，摆了满满一大桌子好吃的，招呼咱去呐！小桂阿姨！

和　平：赶紧赶紧！我告诉你，就吃沙拉，沙拉最好。((三人齐欲跑下))

傅　老：都给我回来！我宣布，啊，从今天起，谁也

[①] 由于警告原因往往直接体现在警告对象的始发话轮中，且警告者的指令内容会在概念意义上蕴含警告原因，因此，警告原因要素通常也就不会作为警告话语本身独立的组成部分出现在表层形式中。我们这里在分析"完整警告语义框架"时暂且只考虑警告言语行为字面形式所反映的警告内容（指令内容和保证内容）要素是否完整。

[②] 这里的"祈使句"特指字面意义要求某人做或不做某事的直接祈使句，而不包括字面意义不表祈使而会话含义表祈使的间接祈使句（如反问句等）。如无特殊说明后文中的"祈使句"均特指直接祈使句。

不准到对门儿去!为什么?啊,不为什么,**就是不准去。若是非要想去的话,很简单,干脆就不要回来了!**

(《我爱我家》49)

(36) 夏 雪:就应该把你这块臭石头丢到花园里去。

夏 雨:**你要对我的石头不客气,我就对你不客气!**

夏 雪:爸,你看他。

(《家有儿女Ⅱ》11)

上述两例均没有出现行事成分或明确的施为动词提示警告语力,但都通过句子的字面意义直接反映出了警告语义框架,都是直接警告言语行为。例(35)中警告者使用了祈使句和条件复句并用的话语模式,祈使句用来明示指令,条件复句用来强制保证,通过两种句式的命题意义完整还原了警告的行为结构,因此无须任何明示语力的形式手段对方也能直接感受到话语的警告意图。例(36)中条件复句的形式明示了假设关系及相应的惩罚手段,作为前件的条件分句在命题意义上假设了与警告者真实意图相反的指令内容,根据形式逻辑中"对当关系"(opposition)的原则"逆否命题与原命题同真同假",我们即可"扩充"(enrichment)出警告者夏雨试图使夏雪"不要扔他的石头"的真实指令意图[1],进而还原出完整的警

---

[1] 以例(36)为例,夏雨警告句的原命题是"如果你对我的石头不客气,那么我就对你不客气",根据对当关系推理,该原命题的逆否命题"如果你让我对你客气,那么你就对我的石头客气"也为真,进而推理出警告者的交际意图是指令警告对象不要扔他的石头、对他的石头"客气"一点。关联理论认为,对当关系推理的过程是形式逻辑的演绎,即警告对象可以从记忆或知识中直接提取、快速扩展得出结论,而不需要调动交际语境因素进行动态语用推理。因此这种逻辑推理只是警告对象理解话语时的信息扩充,是话语"明说"(explicature)的部分而不是"暗含"(implicature)的内容,"暗含"是需要警告对象进行现场语境演绎(contextual deductions)的过程。因此依据关联理论,我们仍将这种仅需依靠逻辑信息扩充的条件复句看作直接警告言语行为,而将需要调用交际语境信息进行动态、临时语用推理的表层形式处理为间接警告言语行为。关于间接警告言语行为的推理过程在下文第四、五章中还会详细论述。

告语义框架。

以上无论是通过行事成分提示语力还是句式意义反映语力，一定程度上话语的字面意义与警告的会话含义均相互一致，都属于可以凭借表层形式的字面意义本身而无须通过动态语用推理获知警告语力的直接言语行为。

（二）间接警告

间接警告是言语行为表层形式的字面意义与会话含义不一致，不能够直接通过表层形式的概念意义解读出警告语力的言语行为。间接警告言语行为在语言表现手段上往往不具有标记警告语力的行事成分，且只能以表层形式的字面意义为基础，引入一定的现场语境信息进行实时、在线的动态语用推理，最终获取话语背后的警告语力。Searle（1979）依据字面意义与会话含义之间不一致的程度，也即二者之间对应关联的固化程度，将间接言语行为内部进一步分为规约性间接言语行为与非规约性间接言语行为，据此我们也可以将间接警告言语行为划分出规约性间接警告与非规约性间接警告两个次类。

1. 规约性间接警告

规约性间接警告言语行为是在多数语境中传递警告的会话含义，而在部分特定语境中也使用字面意义的间接警告言语行为。语言使用的"规约"（convention）把某些固定的语言表层形式与警告的交际意图紧密联系起来，由于规约的作用，警告对象可以轻易、准确地从警告者的字面意义推断出其话语背后间接的警告语力，字面意义与会话含义之间一定程度上存在稳固的、约定俗成的对应关系。

Searle（1979）通过对规约性间接请求言语行为的研究，总结出了四条规约性间接言语行为的语力来源和施为规律。这四条规律同构成性规则一样具有一定的普适性，对于现代汉语中的规约性间接警告言语行为而言，警告语力则主要来源于警告对象调动语用推理完成对完整警告语义框架的填充：警告者通过表层形式的字面意义明示部分语义框架，而后引导警告对象提取语境信息激活完整的语义框架，进而实现对警告语力的解读。因此，规约性间接警告言语行为在字面意义上均不能反映出完整的警告语义框架：要么仅涉及警告内容的指令部分，而简省了假设惩罚手段的保证内容；要么仅涉及警告内容的保证部分，而简省了对警告对象的指令内容。表层形式上规约性间接警告言语行为也不同于直接警告言语行为，所使用的句式往往表现出一定的特殊性，大多可以抽象出一些半封闭的框式结构，如仅涉及指令内容的"敢 VP"句、"再 VP"句、"V 什么 V"句等，以及仅涉及保证内容的口头计数、"看我（不）VP 你"句、"你 VP 试试"句等。如：

(37) 夏　雪：你们说我应该遵守诺言吗？
　　　夏东海：应该。
　　　刘　梅：当然。
　　　夏　雪：如果这个诺言是隐瞒父母？
　　　夏东海：不行！
　　　刘　梅：**你敢！**

（《家有儿女Ⅱ》5）

(38) 刘　梅：干吗？我找你谈谈，上书房。
　　　刘　星：我不去。
　　　刘　梅：**我数了啊，一，二 =**
　　　刘　星：= 我去还不行嘛！
　　　刘　梅：还想当影帝呢，喊！

（《家有儿女Ⅱ》15）

例（37）中由于情态动词"敢"本身具有"有胆量做某事"的语义特征，使得承前省略的 VP"隐瞒父母"就附带了［－常规］［＋风险］的语义特征，因此警告者通过指出该行为的非常规性、高风险性，试图使警告对象意识到实施该行为的不利性，进而达到促使警告对象放弃实施该行为的目的。同时，夏雪通过刘梅与自己的母女关系及日常生活经验，即时进行语用推理就可推断出如果不听从刘梅的指令后续就有可能会受到一定的惩罚。历时考察也发现这种"敢 VP"句来源于完整条件复句"你敢 VP$_1$，我就 VP$_2$ 你"的形式简省，经过高频使用后警告者仅通过明示前件的条件分句"你敢 VP"即可引导警告对象激活完整的假设条件关系、填补相应的惩罚手段，完成警告语力的解读。例（38）中刘梅的计数行为是特定社会文化语境中规约化的间接警告，虽然字面意义上刘梅只是正在实施从一数向后自然计数的行为，并没有明示任何的惩罚手段，但在社会文化背景下，家长"从一数到三"实际上是促使孩子要迅速认识到当前行为的错误并加以调整，否则就会在计数结束后受到一定的惩罚。因此，家长对孩子的口头计数行为已经与保证的惩罚手段发展出了相对固定的关联，言及"我数啦""我数到三"等话语即激活了对方"如果计数结束前还不完成指令，就要受到一定惩罚"的假设条件关系，计数行为的字面意义与警告语力之间的已经实现了相对稳固的对应，是规约性的间接警告言语行为。

需要指出的是，虽然规约性间接警告言语行为的字面意义与会话含义之间关联紧密，但这种对应关系并不像直接警告言语行为一样完全固化，在脱离了适当的警告语境、处于临时的其他语境中规约性间接警告的表层形式仍具有其字面意义的用法。我们仍以"敢 VP"句与口头计数为例：

（39）"你不给人家调工资，还扣发朱兆年的工资，叫人家吃啥？""厂里的钱都是工人劳动挣的，不做贡献和无故旷工的人白拿钱，厂里工人吃啥？"这件事传出去，有人问李万春："**你敢顶撞专员，就不怕？**"他说："我啥也不怕！"

（《人民日报》1984-04-12）

（40）天尊步步进逼于凌厉的攻势间，开口笑道："加油啊！可千万别扫我的兴，捱不了三拳两脚！""一，二，三……"他每打出一招，并同时数数，意在调侃赤龙，及至数到五十时，赞道："好，不愧为地球的统治者，能挡过我五十击，也大是不错了，看你还能挡得住多少招！"

（无极《生死诀》）

上两例中的"敢VP"句与口头计数行为均是其原本的字面意义，例（39）的"你敢顶撞专员"就只是陈述一件对方已然完成的事实，用于间接表达说话人的惊异之情而非警告；例（40）也只是字面意义上的单纯计数，从后文的"及至数到五十时"即可验证，说话人并没有试图指令对方做某事的交际意图。这种规约性间接警告根据用例频率统计，其字面意义的用法相较警告含义的用例而言往往占比较少，多数规约性间接警告实际上仍处于规约化（conventionalization）的中间阶段，一定程度上可以看作同一表层形式、多种话语功能的语用构式（construction），只是在日常交际过程中表层形式对其中较为规约化的警告功能及其共现语境表现出更为明显的选择倾向。

2. 非规约性间接警告

与规约性间接警告言语行为相反，非规约性间接警告言语行为是在部分临时语境中实施警告语力，而在多数规约化语境中表达字面意义的警告言语行为。非规约性间接警告的字面意义与会话含义之间没有约定俗成的对应关系，警告语力的解读完全依赖语境因素的临时参与和介入，脱离该适当语境后即不复存在。根据字面意义所指涉的具体内容，非规约性间接警告言语行为内部也有不同的具体类型。

一类与规约性间接警告类似，这种非规约性间接警告在字面意义上仅涉及警告语义框架的指令内容或保证内容，需要警告对象结合语境还原出简省的部分。但不同的是，这种非规约性间接警告在表层形式上不使用特殊句式表达会话含义，而仅通过独立使用常规祈使句或陈述句①的方式来传递警告意图。独立使用的祈使句、陈述句在字面意义上并不能反映完整的警告语义框架，多数语境下规约性地用于实施一般的指令（祈使句）或阐述（陈述句）言语行为，与警告语力的规约化程度较低，因此就需要我们临时调用语境信息推理出整个话语是否蕴含着必要条件的假设关系，进而判定其是否应归属于警告言语行为。如：

（41）刘　梅：哎哎哎，**把门给我关上。**（（语气平缓，句末平调））

　　　刘　星：不关。

　　　刘　梅：嘿，**你给我关上！**（（音量增大，句末强降调））

　　　刘　星：我就不关，哼！

（《家有儿女Ⅱ》50）

（42）方　刚：没什么好解释的啊。

　　　刘　星：哼，看来你是不见棺材不掉泪呀。

　　　夏　雨：他要给你点儿颜色看看了。

　　　方　刚：怎么着？还想动手啊。

　　　夏　雨：**他可是练过的。**

　　　刘　星：**一个拳头就够，我打人可疼啊。**

　　　方　刚：哟，怎么着刘星，你还想打人啊？

（《家有儿女Ⅱ》21）

例（41）通过比较第一和第三话轮可以看出，两个话轮中都有一个独立使用的祈使句，从字面意义上看两句都表达了相同的"关

---

① 这里的"陈述句"特指排除前文直接警告言语行为所使用的选择复句、条件复句（及相应紧缩复句）的其他陈述语气单句或复句，只要结构和语义完整、能够独立作为话轮构建单位（turn-constructional unit，简称 TCU）使用即可。

门"指令，表层形式上均没有明确指出后续的惩罚手段。一般语境下这种祈使句往往如第一话轮所示，没有对方的始发行为引发，刘梅只是单纯实施了字面意义的命令言语行为，没有特定的会话含义。指令的执行并不需要假设的惩罚手段作为保障，而是依靠母亲的身份权威，此时说话人语气上往往较为平缓，韵律往往表现为平调。而第三话轮虽然是相同的指令内容，但此时刘梅的祈使句已经是由第二话轮刘星反预期的拒绝行为所引起的，且刘梅如果试图让指令取效就不能如同第一话轮一样仅仅依靠身份权威，而必须借助施为力度更强的惩罚手段作为语力保障。因此，根据双方共享的日常生活经验，第三话轮中刘梅的祈使句就是一个依靠一定的隐含惩罚以强化指令执行的警告言语行为，而并非仅仅字面意义上的命令功能，从韵律上的音量增大、句末强降调等副语言手段也可侧面加以验证。例（42）通过比较第五和第六话轮可以看出，两个话轮的陈述句从字面意义上看均是告知了对方一个未知的新信息。不同的是第五话轮中陈述句指涉的信息与说话人无关，夏雨只是作为第三方客观陈述了一个事实，这种情况即一般语境下的陈述句用法，仅实施了字面意义的阐述言语行为，不包含其他的会话含义；而第六话轮中刘星的陈述句则言及了自己具备"打人"的能力，结合语境可知该陈述句是由第一和第四话轮中方刚反预期的始发行为所引起的，因此在该语境下刘星的话语实际上是明示了一定的惩罚手段以威慑对方，从而促使方刚激活共享的假设关系还原出避免惩罚的指令内容"必须好好解释"并加以执行，也即表达了警告的会话含义。以上两例中警告语力的解读与祈使句、陈述句的字面意义之间没有必然的对应关系，需要警告对象结合特定的语境信息及共享的假设关系推理出警告者"暗含"（implicature）的指令内容或惩罚手段，补足完整的警告语义框架，才能间接达到警告的目的。

另一类非规约性间接警告在字面意义上往往指涉警告原因要素，即警告者通过陈述某个观点为自己实施警告提供一定的理据支持，强化警告的合理性。表层形式上也表现为使用陈述句规约性地告知对方某观点信息,并不必然传递警告语力。但在非常规语境中,当警告言语行为构成性规则得到满足的语境条件下,这类陈述句就可以引导对方由告知信息推理出完整的假设关系,进而获知话语背后深层的警告含义。如:

(43)陈大妈:哎哟老傅啊,这可是新班子上任抓的头一项工作,您能眼瞅着不帮忙让那姓于的在一边看笑话?今儿个可是您老做主把她给选下去了,也是您老人家做主让我挑起了这副重担,您不参赛谁参赛?您不支持谁支持啊?

傅　老:要不,我就先试试?

陈大妈:哎,这就对喽。**唱好唱不好那是水平问题,唱不唱那可是态度问题**!人家萨马兰奇讲话,重在参与!

傅　老:哎对对对对。

(《我爱我家》51)

上例中陈大妈第三话轮使用的陈述句孤立来看,字面意义上只是表明自己的观点,告知傅老对于其不参加唱歌比赛的想法;但结合具体语境可知,傅老不参加比赛的始发行为可能导致陈大妈的居委工作受到阻力、难以推行,是违反陈大妈心理预期的,所以才引发了陈大妈陈述观点的行为。陈大妈向傅老明示了自己要求其参赛的理由"能力不是问题,态度才是问题",也间接隐含了傅老不参赛可能会被认为是"态度有问题"的不利后果。通过这种心理威慑手段陈大妈希望能够引导傅老认真考虑第一话轮的指令"积极参赛",并以陈述理由的字面意义为契机推动傅老还原出话语背后的假设关系,完成警告含义的识解。这类言明观点和理由的陈述句在一般交际过程中也仅用于表达字面意义,实施提供新信息功能的阐述言语行为。而在特定的语境条件下,这些阐述类话语则为警告者的指令提供了一定的理据和解释,需要警告对象结合语境推理出蕴含的后续惩罚,进而完成真正会话含义的解读。这种情况下陈述句的字面意义与警告语力之间也没有形成规约化的关联，因而也属于非规约性间接警告言语行为。

此外，还有一类较为特殊的表层形式如称谓词、叹词等，在单独使用形成一个独立话轮时，特定语境中也可以临时用来传递警告语力，而脱离其字面意义的招呼或表态功能。如：

(44) 刘　星：他还说我是他最亲最亲的人！
　　　夏　雪：刘星，我看出来了，你亲爸对你可真亲呐。
　　　夏东海：**小雪！**

（《家有儿女Ⅱ》40）

(45) 夏　雨：妈，这到底是不是陨石啊？
　　　刘　梅：我看看，哎呦，它确实::
　　　夏　雨：((盯着刘梅，微笑))
　　　刘　梅：是一块普通的石头。
　　　夏　雨：您也这么认为，您的脑袋也是=
　　　刘　梅：=嗯？
　　　夏　雨：(0.6) 不是石头。

（《家有儿女Ⅱ》11）

从字面意义来看，称谓词、叹词在多数语境中用于招呼应答或表态等功能；但如上述两例所示，称谓词和叹词在适当语境中也可以临时传递警告意图。在警告对象反预期始发行为的引发下，警告者通过独立使用称谓词、叹词等手段可以达到引起对方注意的基本交际功能，进而促使对方联系语境进一步注意并认识到自己始发行为的不当、感知到警告者的负面情态，并根据双方的权势差、社会距离等背景信息推断出可能遭受到的后续惩罚，达到制止警告对象的目的。这种情况下，警告语力的取效也完全依赖于特定语境下的语用推理，称谓词、叹词的字面意义与警告的会话含义之间并不具有稳定的对应关系。

综上，我们可以将警告范畴成员的内部类型总结如下：

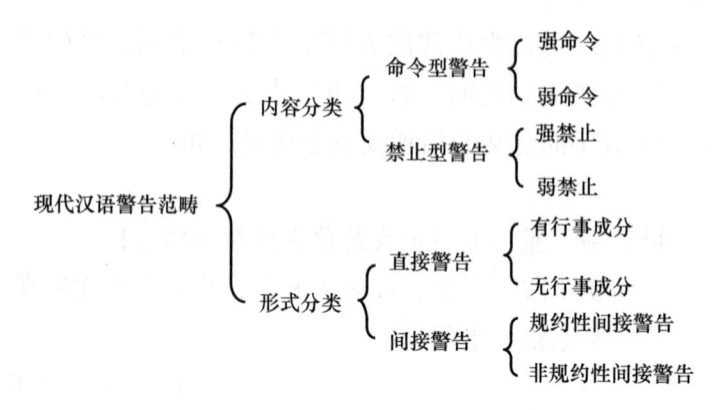

```
                          ┌ 命令型警告 ┌ 强命令
                ┌ 内容分类 ┤            └ 弱命令
                │         └ 禁止型警告 ┌ 强禁止
现代汉语警告范畴 ┤                      └ 弱禁止
                │         ┌ 直接警告   ┌ 有行事成分
                └ 形式分类 ┤            └ 无行事成分
                          └ 间接警告   ┌ 规约性间接警告
                                       └ 非规约性间接警告
```

图2-1　现代汉语警告范畴的内部分类

我们所关注的重点是现代汉语警告范畴语言表现形式的内部差别。根据字面意义与会话含义之间对应的规约化程度，我们可以建构起"直接警告—规约性间接警告—非规约性间接警告"这样一个规约化程度由高到低的连续统。处于连续统两端的警告言语行为都具有相对显豁的区分标准：直接警告言语行为的字面意义与警告语力在所有语境下均形成稳固的对应关系，警告对象可以直接通过字面意义而完全无须调动语用推理就能识解警告语力；非规约性间接警告的字面意义与警告语力之间尚未形成固定的对应关联，警告对象必须完全结合语境信息进行即时性动态语用推理，才能实现警告语力的解读。而规约性间接警告则处于规约化过程的中间阶段，字面意义与警告语力之间在多数语境中存在约定俗成的对应，仅在特定语境中用作字面意义解读。此外，规约性间接警告的内部成员之间也存在着一定的规约化程度差异：越趋向非规约性间接警告的一端其规约化程度越低，如"叫/让你VP""有你好VP的"句中也有相当数量的承诺类威胁言语行为用例；越趋向直接警告的一端其规约化程度越高，如"敢VP""再VP"句则几乎只用于警告言语行为。

第三节　小结

本章主要从言语行为理论出发，对警告范畴的界定标准及内部类型展开了全面分析与考察。通过归纳警告言语行为的各类构成性规则，我们进一步概括总结了警告范畴的语义框架及界定标准；根据警告言语行为的内容和形式特点，我们明确划分了警告范畴内部成员的具体下位类型。具体结论如下：

第一，警告范畴在交际过程中要由一个个具体的警告言语行为加以实现，因此对于各类警告言语行为背后构成性规则的解析一定程度上也就能帮助我们确定警告范畴的语义框架，进而厘清警告范畴的属性和边界。其中，基本构成性规则主要从行为结构的逻辑演绎出发，反映了人们认知经验中的各构成要素的内在关系，包括命题内容规则、准备规则、诚意规则和根本规则四组；而补充构成性规则主要从交际主体和交际情境出发，在交际主体的主观情态、双方之间的相互关系及语境的社会文化制约因素等方面完善了对完整警告情境的还原，是对基本构成性规则的调和性补充，包括警告者的立场表达、惩罚手段的施为力度两组规则。各类构成性规则所规定的具体内容就是判定所有警告范畴成员所必须具备的充分必要条件，相关的指令、提醒、劝诫、威胁等言语行为也都在不同的具体规则上与警告言语行为表现出相应的区别。

第二，通过对警告言语行为所有构成性规则的归纳整合，我们制定了警告范畴的界定标准，包括三项核心要求和对应的八项具体细则。这一界定标准实际上也就是由一系列抽象命题及定识组成的警告范畴属性集束，而这一属性集束所描述、限定的也正是现代汉语警告范畴的语义框架。如果一个成员的所有属性均符合、满足该界定标准，那么我们就可以将其视为警告言语行为、划入警告范畴的类属。同时，所有警告范畴的成员在范畴属性上也均需满足该界定标准，并通过一定的语言表现手段将这些属性在交际过程中体现出来。此外，由于一些具体细则在认知上的模糊性，警告范畴的边缘成员也就与相关邻近范畴的边缘成员通过家族相似性建立了一定的关联，尤其是由于惩罚手段施为力度的量级连续统，导致警告范畴与威胁范畴的边界之间形成了一定的过渡地带。

第三，警告范畴内部根据内容和形式差别可以进一步将范畴成员划分为不同的次级类型。内容上根据警告者是否要求警告对象实施某将来行为可以分为命令型警告和禁止型警告，两种类型内部还可以根据指令内容施为力度的强弱再各自分出强命令与弱命令、强禁止与弱禁止四个次类；形式上根据字面意义与会话含义之间的规约化程度可以分为直接警告、规约性间接警告和非规约性间接警告，三者之间警告语力的规约化程度由高到低依次递减，且各自表现出一些典型的表层形式选择倾向。

第三章

现代汉语警告范畴的直接表现手段

作为警告范畴在语言系统中的实现方式，现代汉语警告言语行为的语言表现手段繁复多样，根据表层形式是否能够规约化地反映话语语力我们将警告言语行为分为直接和间接两种类型，每种言语行为内部表达警告语力的方式各有特点，并呈现出一些规律性的差异和共性。本章将梳理现代汉语中直接警告言语行为的语言表现手段和话语结构模式，探讨直接警告言语行为在现代汉语系统中的使用规律。

Blum-Kulka 等（1989）将一个言语行为所在话语的完整结构分为引发语（alerters）、辅助语步（supportive moves）与核心行为（head acts）三个部分。其中，引发语往往是一些称谓词或引起注意的语言形式，由于交际的现场性往往可以省略；辅助语步是提供原因、宣泄情感等辅助调节语力的部分，即便省略也不会影响言语行为的性质，可以看作对言语行为进行外部调节（external modification）的手段；核心行为则是话语中直接表达交际意图的部分，决定着言语行为的性质。以警告言语行为为例，日常交际中一个完整警告言语行为的话语结构往往如表 3-1 所示：

表 3–1　　　　　　　　警告言语行为的完整话语结构

引发语	辅助语步	核心行为
老傅	找谁不找谁的，是听你的还是听我的？	我告诉你，要再这样，我不找你了，坐下！（《我爱我家》80）

上述三个部分中，引发语和辅助语步只是帮助建构警告言语行为表层形式的调和性手段①，而核心行为才是决定整个话语警告意图的必要部分。如表 3–1 所示，引发语仅起到指明警告对象并引起其注意的功能，省去后完全不影响警告言语行为的正常实施和取效；辅助语步则起到了强化警告语力的作用，参与构建了整个警告话语，但如果仅保留辅助语步、省去后续的核心行为，那么针对警告对象的反问（"是听你的还是听我的"）也有可能是在实施对听话人的责怨、批评等其他言语行为，而非必然传递警告语力；核心行为中警告者对指令内容（"坐下"）和惩罚手段（"我不找你了"）及二者之间的假设关系均加以明示，警告言语行为的构成性规则才在表层形式上得以充分反映，构成了该言语行为与其他言语行为之间的本质差别。因此，日常交际过程中常出现省略引发语或辅助语步的情况，但核心行为在表层形式的话语结构中不能省略，如：

（1）夏　雨：哎呀，妈，还是我告诉您答案吧。
　　　刘　星：**小雨，你要说我跟你断绝兄弟关系。**（引发

---

① 需要指出的是，间接警告言语行为中尤其是一些非规约性的间接警告，在表层形式上可能会仅使用独立的称谓词、叹词或陈述警告理由等形式，字面意义上，也可能只是为了实现引起警告对象关注、告知对方新信息等基本功能，形式上看应当属于引发语或辅助语步。但间接警告言语行为本身就是字面意义不能直接反映会话含义的一种表现手段，表层形式大多起到提示对方进行语用推理的作用，交际意图上仍然传递了警告语力，因此，间接警告言语行为的表现手段从功能上看都宜归属为核心行为，而不应仅从形式上判定为引发语或辅助语步，尤其应注意这些称谓词、叹词或陈述警告理由等形式是独立形成话轮还是与其他语句共同出现。

语+核心行为）

　　　　夏　雨：妈，还是您自己猜吧。

（《家有儿女Ⅱ》41）

　（2）张秘书：瞧您说的。那要不您再喝点儿水，再等等？

　　　　刘　总：**什么？我还等？我等到什么时候啊？我已经等他两天了，我告诉你，他要是再不回来，你看见没有，我逮什么我抄什么你信不信。**（辅助语步+核心行为）

　　　　张秘书：别别别，你别这样。

（《家有儿女Ⅱ》42）

　　此外，除了通过使用辅助语步对语力进行外部调节之外，说话人往往也会使用一定的词汇或句法手段调整核心行为，如使用加强语（upgraders）或弱化语（downgraders）等形式进一步对话语语力进行内部调节（internal modification）。因此核心行为是整个警告言语行为话语结构的中心部分，针对现代汉语警告范畴各类语言表现手段的研究我们也将重点关注和考察核心行为的表层形式特点。

　　同时，作为一个从话语功能角度划分出来组构部分，核心行为内部的话语结构也具有一定的复杂性。Carstens（2002）就指出核心行为部分的警告话语也表现出一些稳固的话语结构模式，理想化的警告话语模式应当包括警示、指示和告知三个次级语段：警示语往往是对警告意图进行明示或断言（assertion）的信号语（a signal word or label），在现代汉语中即表现为用以提示警告语力的行事成分；指示语是针对警告对象做或不做某事以避免危险的指令（an instruction on what to do or not to do to avoid the hazard），在现代汉语中典型的表现是各种形式的祈使句；告知语主要是对警告对象无法顺从指令的后果（reference to the consequence of failure to comply）进行描述，现代汉语中典型的表现是明示惩罚手段的选择复句、条件复句（及相应的紧缩复句）①。警示语、指示语和告知语三个部分共同使用在深层语义上基本就完整反映了警告语义框架，字面意义上可以明确地解读出话语的警告语力和交际意图。依据上述话语结构模式的分析，我们认为，现代汉语中直接警告言语行为内部最典型的话语结构即完全由以上三个部分组成。如：

（3）"我警告你！我要保有我自己的隐私权，不准你再未经过我允许就随意窥视我脑中的想法。如果你敢再犯一次的话，我永远永远都不会原谅你！"她咬牙切齿道。

（乔兰仪《独角兽的新娘》）

上例中开头的"我警告你"是明示语力的行事成分，是整个警告言语行为的警示语部分；"我要保有我自己的隐私权，不准你再未经过我允许就随意窥视我脑中的想法"是指出具体禁止性指令内容的指示语部分；最后"如果你敢再犯一次的话，我永远永远都不会原谅你"言及了保证的惩罚手段，是告知语部分。三个组构部分在具体表层形式上都表现出不同的语言特征，同时在日常使用过程中也会排列组合出其他不同的话语结构模式类型，下面我们就分别对直接警告核心行为内部各组构部分的语言表现手段及相应的话语结构模式展开进一步详细的描写和分析。

---

① 这里所说的"典型的表现"是针对直接警告言语行为而言，即通过句子的字面意义即可直接解读出指令内容和保证内容的表层形式，其中祈使句和条件复句是现代汉语中最典型、占比最多的指示语和告知语的表现手段。而"非典型的表现"即指示语和告知语依靠一些规约性句式［如"敢 VP""再 VP""看我（不）VP 你"等］或非规约性句式（如一般的陈述句等），用以间接表现，需要警告对象借助语用推理才能对相应部分的指令义、保证义进行解读。

第一节 警示语的语言表现手段

直接警告言语行为中核心行为的警示语就是 Austin（1962）所说的行事成分，句法形式一般表现为"第一人称代词 + 施为动词 + 第二人称代词"，在整个言语行为中起到提示行为类型、明确语力的作用。其中，施为动词是一个言语行为中行事力量显示手段（illocutionary force indicating devices）的重要部分，可以在实施自身行事行为的同时另外实施一个描述性言语行为，即通过动词本身的概念意义对该行事行为进行命名、指称，直接把行事行为的交际意图明示出来（Verschueren, 1999）。因此，施为动词及其所构成的行事成分一定程度上就可以作为判定直接言语行为的一个显著形式标记。我们将首先对警示语中施为动词的语言表现手段展开分析[①]。

一 施为动词"警告"

对于警告言语行为而言，现代汉语中对应的言说动词"警告"显然应当是最典型的施为动词，直接反映和指称警告言语行为的语力及交际意图。我们首先将各类辞书中对动词"警告"的释义大体汇总如下：

[①] 行事成分中施为动词的主语和宾语我们在第一章介绍警告主体要素时已有所涉及，基本要求为施为动词的主语必须是第一人称的警告者、宾语必须是第二人称的警告对象，主、宾语均排除第三人称的情况。这里我们就不再对此问题重复进行论述，仅分析施为动词的语言表层形式。

表 3-2　　　　　　　　动词"警告"的词典释义汇总

词典	释义
《现代汉语词典》（第 7 版）	1. 提醒；使警惕 2. 对有错误或不正当行为的人、团体、国家提出告诫，使认识所应负的责任
《现代汉语大词典》	用严厉的话告诫、提醒
《汉语大词典》	1. 告诫，使警觉 2. 对有错误或不当行为的人、团体、国家提出告诫，使认识所应负的责任
《当代汉语词典》	告诫，使警惕
《现代汉语规范词典》（第 3 版）	告诫，使警惕或正视
《牛津高阶英汉双解词典》（第 7 版）	1. to tell sb about sth, especially sth dangerous or unpleasant that is likely to happen, so that they can avoid it. 提醒注意（可能发生的事）；使警惕 2. to strongly advise sb to do or not to do sth in order to avoid danger or punishment. 劝告（使有所防备）；警告；告诫
《牛津现代英汉双解大词典》（第 12 版）	1. inform of a possible danger, problem, etc. 警告（有危险） 2. give cautionary advice about actions or conduct to. 告诫；提醒
《朗文当代高级英语辞典》（第 6 版）	1. to tell someone that something bad or dangerous may happen, so that they can avoid it or prevent it. 警告，告诫；提醒 2. to tell someone about something before it happens so that they are not worried or surprised by it. 预先通知（某人以免其担忧或惊讶）
《朗文当代高级英语辞典》（第 6 版）	1. to tell someone that something bad or dangerous may happen, so that they can avoid it or prevent it. 警告，告诫；提醒 2. to tell someone about something before it happens so that they are not worried or surprised by it. 预先通知（某人以免其担忧或惊讶）

综合以上多部工具书对动词"警告"的定义①，我们基本可以将"警告"分解出"警告对象存在错误或不当""警告者指示警告对象做或不做某事""警告对象需要为错误负责""警告对象需要保持警惕"等语义特征，这些语义特征基本上都满足了警告言语行为构成性规则的具体内容。因此，一般来说，直接警告言语行为的行事成分以"警告"作为施为动词，能够实现对语力类型及交际意图的自指。如：

（4）阿木清楚地知道，摩木土把这艘船骗入海港，就是为了劫走这些奴隶。"现在上岸！**我警告你们：**你们全是我的俘虏！谁想自杀或者逃跑，对你们不客气！"

（《人民日报》1963-09-24）

但是，如前文所述，由于表层形式的有限性与深层语义的无限性之间存在着不对称的对应关系，因此，施为动词与言语行为类型之间也就不存在规整的一一对应。此外，范畴边界的模糊性与连续性导致警告范畴与邻近范畴的边界之间往往存在着一定的过渡地带，这也就为处于两个范畴过渡地带的边缘成员在表层形式上相互借用施为动词或行事成分提供可能。

一方面，核心行为的警示语中出现施为动词"警告"并不一定实施了警告言语行为，提醒、劝诫、威胁等言语行为均可借助"警告"传递相应的交际意图。如：

（5）姚老先生说："世界上的虫子之多，非你二人之力所

---

① 如前文所述，工具书的释义是用自然语言去定义自然语言，而不是通过元语言去解释目标语言；但自然语言在数量、形式上的局限必然会导致出现意会释义或循环释义等现象。第二章中我们也已经通过构成性规则的辨析对警告和提醒、劝诫言语行为加以区别，三者实际上是语力不同的独立交际行为，因此，这里对施为动词"警告"语义特征的归总我们也相应地避免了"提醒"或"告诫"等释义义项。

能消灭得完的。**我警告你们，我大去之后，会有战争发生，是中国历史上前所未有的。**"木兰问："那我们怎么办？""那很可怕。你们会怎么样，只有天知道。"

（林语堂《京华烟云》）

（6）"我也痛心啊！说起来都是20年的同学了，怎么大家都完全背离了当年的理想了呢？""**我警告你！以后这种聚会，坚决不许你参加。不然迟早给带坏了。**这次都带二奶，到下次，搞不好换妻都没一定了！道德败坏。"

（六六《蜗居》）

（7）柯镇华沉吟了好一会儿，终于给她解开了绳子，不放心地威胁说："大话别说过了，钱到手了再说。**我警告你，要是敢耍花招，我柯镇华是认识你，就怕我手里的斧子不认识你！**"

（《冬至》30）

以上三例核心行为中虽然都出现了"警告"作为施为动词的行事成分，但实际上分别实施了提醒、劝诫、威胁语力。现代汉语的词汇体系中没有将作为动词的"警告"与作为言语行为的"提醒""劝诫"用严格的概念意义加以区分，以致"提醒""劝诫"经常会被作为义项之一列入"警告"词条内，说话人在实施提醒、劝诫言语行为时也常常会混用施为动词"警告"加以指称。而动词"威胁"无法在语言使用中完成对行事行为的自指，即现代汉语中不能通过"我威胁你"这样的行事成分来指称威胁言语行为本身，因而说话人往往也就会借助其他言语行为的表层形式，尤其是同样施为力度较强、范畴边界有所交叠的"警告"来实施威胁言语行为。

另一方面，警告言语行为有时也可以通过"提醒""劝（诫）"等其他相关言语行为的自指性施为动词构成其行事成分。如：

（8）"既然妈咪对我的事情一清二楚，那么你对我交往的对象没有意见？"他深信两老一定对冯惊艳的声名有所耳闻。

"我只要你尽快完成婚姻大事,让我们卸下责任,至于你想娶谁,随你高兴就行。不过**我提醒你**,休想拿人头糊弄我们,若是决定要她,结婚日期尽快给我订好,否则你别怪我替你另找对象。"她下最后通牒。

(连清《恶女方程式》)

(9)"不行吗?"大家各凭本事,哪有人像他这么无赖,他想怎样就怎么。"**我劝你**,最好不要再轻易尝试的好,否则被我逮到了,我会把整栋屋子的人都叫起来,让他们看看你这个贵宾在搞什么把戏。"

(艾佟《无赖戏红妆》)

以上两例都是通过语言表层形式明示了假设关系及惩罚手段的警告言语行为,但行事成分中却使用了施为动词"提醒"和"劝"替代对警告语力的指称。可以看出,施为动词"警告"或行事成分"我警告你(们)"通常情况下可以作为典型直接警告言语行为的形式标记,完成对直接警告言语行为的判定。但该形式标记并不构成界定直接警告言语行为的充要条件,只是一种倾向性的表层形式特征,实际使用中还是应当从深层语义的角度出发,以构成性规则为基准,以施为动词或行事成分等形式标记为参照,进而确定直接警告言语行为的性质。

二 施为动词的选择和隐现

除了上述借用相关邻近言语行为的施为动词之外,更多的情况下施为动词"警告"往往会连同其所在的行事成分一起在表层形式中隐去,或是以施为力度更弱的言说动词"告诉""(跟你)说"构成新的行事成分替换出现。Verschueren(1999)就指出诸如 swear(诅咒)、slander(诽谤)、threaten(威胁)等言说动词所描述的行为或概念意义中固有一定的负面评价,而说话人往往却不希望这些负面评价流露出来,因此就造成了行事行为与对行事行为的描述、指称之间产生了一定的评价距离,导致这些言说动词往往不能用在行事成分中充当施为动词,实现语力的自指。徐默凡(2008)也依据施为动词在表层形式上的隐现规律对现代汉语的言说动词进行了重新分类,并将这类在深层语义上可以明示而在语言习惯上往往不允许出现在表层形式中的言说动词称为"描述性言说动词","警告"就是其中之一。因此,言说动词"警告"在概念意义上固有说话人对对方及其始发行为的负面评价,就使得其作为施为动词在语言表层形式上产生了内隐或虚化的可能。

(一) 施为动词的隐含

描述性言说动词是否需要在表层形式上自由出现,取决于该动词语义对听话人的面子威胁程度及说话人自身的修辞性意图。根据 Brown & Levinson(1978)的面子保全理论(Face-saving Theory),如果施为动词所指涉的言语行为不会固然威胁到听话人面子或对听话人有利,那么该施为动词及相应的行事成分往往可以在显性施为句的表层形式中自由出现,如"欢迎""感谢"等;反之,如果施为动词所指涉的言语行为固然地带有威胁听话人面子的性质,如"挖苦""批评"等,那么这些施为动词及相应的行事成分则只能在深层语义上实现自指,在交际过程中往往不会明示。而警告言语行为的指令内容是违反对方心理预期的,相应地,施为动词"警告"在语义上也是直接损害对方消极面子(negative face)的手段,是不礼貌的形式表现。礼貌原则指出社会交往中往往需要照顾对方的消极面子、维系交际双方良好的社会关系,因此,说话人一般不会选择在表层形式上明示无礼性施为动词,以免违反礼貌原则。此外,徐默凡(2008)指出,一般来说,明确或强调语力、增加正式程度等修辞意图决定了自指性言说动词的明示性,而省力、随意等修辞效果决定了自指性言说动词的隐没性。因此,当说话人在一些交际情境下需要强调警告语力的正式性、明确性时,往往明示语力的修辞意图会压倒礼貌原则,施为动词"警告"就会在语言表层形式中得以使用;而当说话人追求礼貌、照顾面子的意图压倒明示语力的修辞意图时，施为动词往往就会内隐在深层语义之中。日常交际中，互动双方的权势差因素往往就会对说话人的修辞意图产生一定的影响。如：

(10) 傅　老：首先是开源节流，在家庭日常开支方面要从严控制，第一步是要大幅度削减支出，比如小凡和圆圆的零花钱。第二步＝

　　　小　凡：＝别呀，爸！我每月才100块零花钱，够干什么的呀！正想要求增加呢，怎么还削减呀！**您要真把我逼急了，我可敢上医院卖血去**！

　　　傅　老：不是这个意思嘛，你听我慢慢说。

(《我爱我家》1)

(11) 刘　梅：做作业了吗你？

　　　刘　星：做了。

　　　刘　梅：**哎我可警告你啊**，还有三天时间，你再不把那只鞋交出来，你看我怎么收拾你！

　　　刘　星：我那鞋就是丢了。

(《家有儿女Ⅱ》48)

在社会距离、指令内容的绝对强加度等因素保持一致的情况下，交际双方的权势关系如果是下对上，说话人则往往更需要维系双方关系的和谐，礼貌原则的修辞意图就会压倒明示语力的修辞意图，表层形式上往往就不会使用施为动词或行事成分指称警告语力，如例(10)。相反，如果双方是上对下的权势关系，说话人往往在身份、地位上具有一定的权威优势，交际时明示语力的表达需要则相对更为强烈，表层形式上出现施为动词或行事成分的倾向性也就更大，如例(11)。

(二) 施为动词的替换

说话人除了可以在表层形式上选择不使用无礼性施为动词"警

告"以减少对对方的面子威胁之外，往往还可以替换使用其他指令力度更为弱化的言说动词曲折地表达警告语力。在日常交际过程中，最为常见的是语义上较为虚化的言说动词"告诉""（跟你）说"，二者较之"提醒""劝"等施为动词而言字面意义上不表指令，因此对听话人消极面子的威胁程度也相对更低。如：

（12）和　平：不可能！按你说的你挨学校里头表扬得跟天仙似的，老师能请家长么？**我告诉你**，你爸爸下了班儿已经直接奔学校了，有什么事儿你赶紧坦白，省着你爸爸说出来你被动！

　　　　圆　圆：我坦白！（0.3）我没错误我坦白什么呀？你们说一个学生的主要任务是学习吧？

(《我爱我家》59)

（13）志　国：咱们就跟人套瓷呐，咱们就告诉他，咱们在他这公司里也不是没熟人，你那哥们儿叫胡胡胡＝

　　　　志　新：＝你怎么哪壶不开提哪壶呀！**我跟你说啊**，来了以后谁也不许提胡三儿，谁要敢提姓胡的我跟谁急！

(《我爱我家》86)

　　以上两例中施为动词"告诉""说"与话语所实施的警告语力之间没有指称关系，动词在字面意义上并不必然实施指令言语行为，警告语力主要由后续祈使句和条件复句加以实现，表层形式上即使删去行事成分也不影响整个话语的语力表达。因此相较动词"警告"而言，"告诉""说"可以不违背礼貌原则而自由出现，日常交际中的使用频率也更为频繁。此外，"我告诉你""我跟你说"在现代汉语长期使用过程中已经相对固定地具有明示警告意图的作用，成为一种警告言语行为的话语标记（discourse marker）成分（董秀芳，2010；张晶，2014）。因此，言说动词"告诉""（跟你）说"一定程度上也可以看作判定直接警告言语行为的形式标记，尤其是"我告诉你"在北京话口语中常常伴随一定的语流音变,语音形式上"告诉"仅省音为"告"(有时后加儿化)且重读,引进的后续话语基本均为表警告的核心行为,如:

(14)"**我告你**老蒋",我手点着老蒋,"你要松焉坏,跟我玩儿轮子,我叫你后悔生出来"。

(王朔《橡皮人》)

综上,施为动词"警告"及其构成的行事成分"我警告你"一般可以看作典型直接警告言语行为的表层形式构件及标记,但由于人际互动中维护面子的需要及礼貌原则的作用,施为动词"警告"在语言表层也往往会产生形式简省,或替换为其他指令力度更弱的形式变体。警示语部分并不构成实施直接警告言语行为的必要形式条件,有些情况下虽然说话人仅使用了警示语部分就完成了警告语力的传递,似乎警示语也可以用来独立实施警告言语行为,如:

(15)宝儿瞪着他,而他更气人地一通哈哈大笑,好不快乐。"**我警告你——**"她举起手指着他,正想好好警告他时却被打断。武浩天握住她的手,走回宅内。"你的警告已经够多了,没什么稀奇了。"

(孙慧菱《宝儿姑娘》)

上例虽然从表层形式来看警告者仅使用了"我警告你"的警示语就完成了警告言语行为的实施,警告对象也确实感受到了警告语力的存在,从回应话语"你的警告已经够多了"即可得到验证。但从话语的深层语义来看,仅使用警示语在字面意义的表达上并不完整,缺省的具体指令内容和惩罚手段仍需警告对象结合语境进行语用推理得知。警示语的孤立使用通常都是由会话过程中对方的故意打断造成的,实际上警告者还是试图想要表达一个形式完整、语义连贯的直接警告言语行为。因此，这种警示语独立使用的情况仅仅是表层形式上的缺省，深层语义框架上依旧是获得填充的，警示语起到定位触发并激活完整警告语义框架的作用，而非严格意义上仅依靠警示语部分完成施行的警告言语行为。

实际上，在现代汉语的日常对话中，施为动词或行事成分得以明示使用的情况并不多见，以四部影视剧对白为例，我们将340例直接警告言语行为中警示语部分的隐现情况简单统计如表3-3所示：

表3-3　　　　　　　　影视对白中警示语的隐现频率

表层形式		频数		占比	
有警示语	施为动词"警告"	65	6	19.1%	1.8%
	其他言说动词		59		17.3%
无警示语		275		80.9%	

从表3-3可以看出，日常对话中无警示语的用例远多于使用警示语的情况，前者（275例）是后者（65例）的四倍多；而从使用警示语的内部情况来看，出现"告诉""（跟你）说"等施为力度更弱的言说动词用例也远多于使用施为动词"警告"直接指称语力的情况，前者（59例）甚至是后者（6例）的近十倍之多。由此可知，在直接警告言语行为的日常使用中，警示语的隐含或替换是其无标记状态，而具有明示表层形式的反而是有标记的状态。此外，即便是使用警示语作为提示语力的手段，说话人也往往更倾向于使用面子威胁程度较低、语义虚化程度较高的施为动词以维系和谐的人际关系，相较明示语力的动机来说，交互过程中礼貌原则的修辞意图似乎更为重要。既然警示语只是直接警告言语行为表层形式中的可选部分而非必要的形式标记，这就需要我们进一步详细考察实际使用中无明示语力标记的指示语和告知语的语言表现手段及其形式特征。

第二节　指示语的语言表现手段

指示语部分是警告言语行为交际意图的落脚点，在直接警告言语行为中往往需要警告者通过明示的语言表层形式直接表达出具体的指令内容，句类上多选择使用祈使句或感叹句。此外，警告者还会通过一些标记性的词汇手段强化自身主观情态的表达，进而在指示语内部达到增强指令施为力度的交际功能。

一　指示语的句类选择

从话语功能的角度来说，指示语部分具有指出对方需要完成的将来行为的信息功能，同时又兼具一定的表达说话人主观情绪态度的情感功能，这是由警告言语行为指令对方调整其始发行为的基本构成性规则和反同盟立场设置的补充构成性规则所共同决定的。该信息功能在现代汉语体系中主要依靠祈使句的表现手段加以实现，而情感功能则主要体现为大多数承载信息功能的祈使句同时兼具感叹范畴的某些韵律特征。

（一）祈使句

指示语部分在深层语义上涉及警告者指令警告对象做或不做某事，反映了警告言语行为在交际过程中的信息交互功能。直接警告言语行为要求指示语在字面意义上能够直接体现警告者的具体指令内容，因此，在语言表层形式上，一般选择具有对应句类功能的祈使句来明示警告者意图。根据指令内容的促使与制止，指示语内部主要也表现为命令型和禁止型两类。如：

（16）洪七公：哎！不要打！你们这么好的武功！先让我死吧！

段南帝：臭要饭的！**我警告你！快点让开**！我要跟他拼个你死我活！

洪七公：你们不要再打了！先让我死吧！

（刘镇伟执导电影《东成西就》）

(17) 洪七公：表妹，我有很多优点！

七公表妹：哎！**我警告你啊！不准再说下去！也不准告诉别人我是你表妹**！看你这副丑样！呸！

洪七公：丑样？我什么地方丑了？

（刘镇伟执导电影《东成西就》）

例（16）是指令对方做某事的命令型祈使句，例（17）是指令对方不要做某事的禁止型祈使句，二者都通过表层形式的字面意义直接明示了警告者的指令内容。此外，实际使用中还有一些命令型和禁止型祈使句共现的情况，两种祈使句往往是从正反两方面指令对方实施同一行为，或是指令对方实施某复杂行为前后相继的两个次级行为。如：

(18) 陶乃志意识到，这是阶级敌人为了逃避改造而施放的糖弹。他义正辞严地说："你少来这套！我警告你，**今后只准你老老实实，不准你乱说乱动**！"这个家伙只好灰溜溜地走了。

（《人民日报》1977–11–29）

而一些规约性或非规约性的祈使句如"再VP"句、"还VP"句等，虽然在深层语义上也同样是传递指令意图，但从表层形式来看，整个话语的字面意义并不能直接解读出警告语力，因此，不在本章直接警告言语行为的讨论范围之内，我们将在下一章间接警告言语行为语言表现中再展开具体分析。

（二）感叹句

陈振宇、张莹（2018）指出，从句子结构组织看，陈述句、疑问句、祈使句都可以用来表达感叹，单独总结出某一类操作手段作为典型的感叹句非常困难。言语行为有信息交流、知识存储和调节关系、表达情态两个基本层次的功能，两个层次并不相互排斥而是相互融合的。陈述、疑问、祈使可以客观地承载信息功能的同时触发说话人的情感，但是，感叹的本质只是表达说话人强烈的情感或态度，一般情况下这种情感或态度总是需要附着在一个具体对象或事件上，因此感叹往往需要与其他三种句类共用命题层面的部分，在表达说话人情态的同时辅助强化命题层面的行为语力。

如前文所述，受反同盟立场设置的补充构成性规则制约，警告对象始发行为的反预期性往往会引发警告者强烈的负面情感定位，因此警告言语行为在信息功能上实施指令的同时往往还在情感功能上兼具感叹的性质，表层形式上则表现为警告言语行为中多数祈使句在传递指令信息的同时，还通过一些规约性的韵律手段兼表感叹。如：

(19) 刘　星：((试图挣脱往外跑))
　　　姥　姥：刘星！我可告诉你，**你哪儿也甭打算去！给我坐这儿！**
　　　刘　星：姥姥，他已经报警了，您放心我绝对不出去，我就是想回屋歇会儿。

(《家有儿女Ⅱ》2)

(20) 戴天高：这可以在家门口呼呼嘛，你说对吗？
　　　戴明明：我就是要走向全世界嘛！我好不容易找着一个又浪漫又崇高的职业，我告诉你，**甭想拦着我！**

(《家有儿女Ⅱ》31)

上述两例中说话人都通过韵律上的句尾强降调及高调阶、宽调域的语调形式使得祈使句具有了表达警告者强烈不满的感叹功能。我们把以上两句对白的影视原声语图通过 Praat 软件绘制如下：

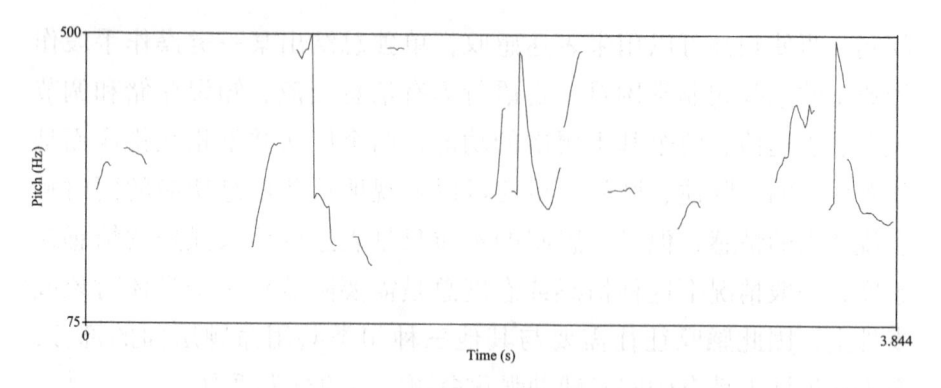

图 3−1　例（19）警告句音高曲拱

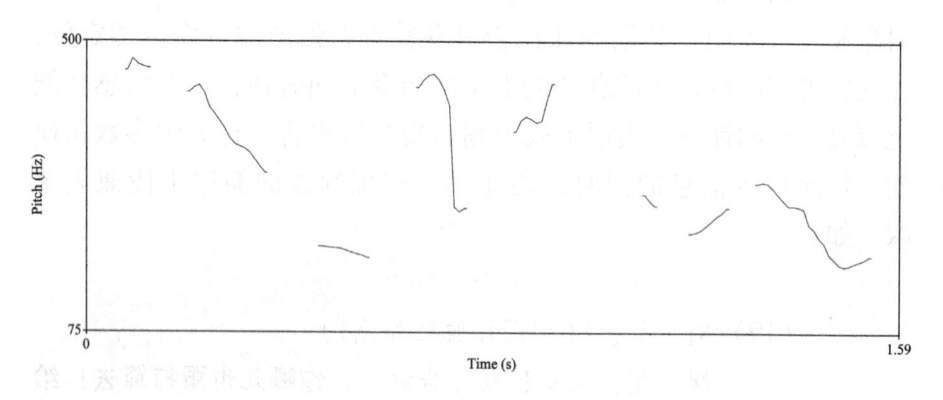

图 3−2　例（20）警告句音高曲拱

　　从以上两幅语图可以看出，两例中祈使句的语调音高在句尾都呈现出明显的下降走向，例（19）中祈使句"你哪儿也甭打算去"的句尾振动频率从 474Hz 降到了 255Hz；"给我坐这儿"从 496Hz 降到了 224Hz。例（20）中祈使句"甭想拦着我"句尾振动频率则从 424Hz 降至 189Hz。且两例中警告者的调阶均较高，振动频率上限基本都在 250Hz 以上；调域也较宽，例（19）中调域为 224Hz—496Hz，例（20）中为 174Hz—452Hz。赵元任（1928：78—123）指出语调的高低升降与说话人的主观情感密切相关，语调特征都蕴含着说话人较为复杂的情感色彩，如"高兴的时候或是不怕难为情的人容易用大一点的音程（即调域），不起劲或是怕难为情的时候就会把音程减少（曲线上下挤扁）"。王丹荣（2017）通过语音实验的手段也证明了祈使句中调阶的高低、调域的宽窄对说话人情感和语力强弱的表达具有一定的影响：调阶越高、调域越宽，说话人的情绪就越高、指令强度就越强。同时，该文的数据分析也表明，句尾的强降调走向及高调阶、宽调域是祈使句语调的主要模式，说明说话人在实施指令时也容易受主观情绪的影响，尤其在表达命令、劝阻、警告等强指令意图时更容易兼带表达强烈的主观情感。以上的韵律形式特征均表明，直接警告言语行为中的指示语往往也多具备表达说话人强烈情感的感叹功能，句类上也可通过依附于祈使功能上的感叹句加以实现。

二 指示语谓语结构的表现手段

指示语部分除了在句类选择上表现出一定的倾向性之外，谓语部分的句法层面上也往往会通过一些规约性的指令及情态表达手段共同构建警告语力。整体来说，指示语的谓语部分既表现出了一些一般祈使句共有的句法语义特征，也具有一些被交际意图所强制赋予的警告义特点。此外，由于警告言语行为自身的强指令性和负面情感功能，警告者通常还会使用一些词汇手段帮助强化自己的指令意图和主观情态，这些具有标记指令功能和主观情态的词汇手段主要包括多数禁止句中表否定的"别""不要""不许""少""甭"等和强调说话人主观情态的"可""千万""必须""一定"等，下面我们将分别对这些句法表现手段究竟如何与警告言语行为的指令意图和情态表达产生联系展开进一步考察。

（一）谓语中心语的句法语义特征

1. 谓语中心语的句法特征

由于直接警告言语行为的指示语部分在句类选择上多表现为兼表指令与感叹功能的祈使句，因此，一般现代汉语祈使句的句法语义特征对于直接警告言语行为来说也均适用。从句法结构来看，指示语的谓语中心语部分主要由动词性结构及形容词性结构充当，其中以动词性结构为主，在我们收集到的507例指示语用例中动词性结构谓语的共489例，占96.4%，常见的包括光杆形式、状中结构、述宾结构、述补结构、兼语结构等多种形式。如：

(21) 绍泉笑着说："他在学校里有个外号……"宗尧跳了起来，大叫："绍泉！我警告你，不许**说**！"

（琼瑶《月满西楼》）【光杆动词】

(22) "你对这坟墓似乎很感兴趣？""怎么样？""我警告你，不许**在这附近徘徊**，这是对墓中人不敬！"斐剑心中一颤，紫衣人此言大有蹊跷。

（陈青云《三皇圣君》）【状中结构】

(23) 曹译抓住她的手腕，用前所未有的冷峻语气对她说："我警告你，别**做出任何伤害她的事**。你怎么讽刺我无所谓，若一旦伤害到我心爱的人，别怪我不顾情面。"

（祁欢《桔梗情深》）【述宾结构】

(24) 她回头扔下几枚威力惊人的"菁雷弹"，爆炸声四起，"冷无尘，我警告你，**离我远一点**！"在呛人的烟硝味中，菁枫身子往上一跃，如黄鹤冲霄般，迅速消失在向晚的暮色里。

（林芷薇《情转八百年》）【述补结构】

(25) 严人龙怒气难消，"砰"一声巨响，一拳击在电梯内的钢板上，吓得林朝富直打哆嗦。"滚！马上滚离我视线，我警告你，这辈子都别**让我再看到你**，否则我就对你不客气，滚！"

（余水欢《罗拉四月情》）【兼语结构】

我们根据祈使句谓语部分是肯定形式还是否定形式，进一步将指示语的各种中心语结构类型统计如下：

表 3－4　　　　　　指示语部分的谓语中心语结构形式类型

句类＼形式	光杆形式	复杂形式			
		述宾结构	述补结构	状中结构	特殊结构①
肯定句	9 (8.5%)	33 (31.1%)	31 (29.2%)	25 (23.6%)	8 (7.6%)
否定句	93 (23.2%)	144 (35.9%)	20 (5.0%)	105 (26.2%)	39 (9.7%)
总计	102 (20.1%)	177 (34.9%)	51 (10.1%)	130 (25.6%)	47 (9.3%)

由表 3－4 可知，指示语的谓语中心语部分以各种复杂形式居多，而光杆动词充当谓语的用例只占总量的五分之一左右，这主要是因为指示语部分在深层语义上一般涉及警告者指令警告对象实施或不实施某种行为，句法结构上则往往要求能够反映完整的指令内容，因此表层形式上就多以复杂形式为主，而指涉简单动作的光杆动词形式则用例较少。

此外，从肯定和否定二分的角度看，否定形式的禁止句用例远远超过肯定形式的命令句用例，分别为 401 例（79.1%）和 106 例（20.9%），主要是由于警告言语行为是由警告对象反预期的始发行为所引发，警告者为了促使警告对象停止当前的始发行为而发出指令，所以句法形式上就往往多以禁止型的否定句为主；但肯定句和否定句在述补结构的用例占比上却表现出明显的例外，述补结构充当谓语时，肯定句占比（29.2%）是否定句（5.0%）的近乎六倍，造成这种情况的原因主要是述补结构中的补语类型以结果补语为主，否定性谓语结构对始发行为本身进行否定自然也就会对该行为造成的结果进行否定，因此往往也就不用选择再去明示始发行为造成的

---

① 由于兼语结构、连动结构甚至完整复句等形式在总体数量上占比不多，为了统计方便我们这里统一归入"特殊结构"一类。如无特殊说明，下文图表中的"特殊结构"均与此相同。

结果，表层形式上，相应也就不必使用述补结构。而肯定句的指令是警告者试图使对方实施某将来行为，因此，对将来行为达到的预期结果往往有一定的具体要求，相应地，表层形式上通常也就需要以明确的结果补语作为表现手段。

2. 谓语中心语的语义限制

从语义的选择限制来看，指示语部分的各类谓语中心语都符合一般祈使句谓语部分所具有的共性语义特征。无论是肯定形式还是否定形式，指示语的谓语中心语部分在概念意义上都指涉对方可自主掌控完成的动作、行为或状态，因此，各类指示语的动词或形容词性结构在语义上均具有［＋述人］、［＋可控］、［＋自主］特征（袁毓林，1993），而警告言语行为的性质又强制赋予了进入指示语部分的谓语中心语与一般祈使句谓语不同的语义特性。

首先在时体范畴上，肯定句中的谓语部分指称的均是警告者指令警告对象要去实施的将来行为，因此谓语中心语往往表现出［－已然］、［－延续］、［－完结］的语义特征。而否定句的谓语部分有些是指涉警告对象当下正在持续实施的始发行为，时体上往往具有［＋已然］、［＋延续］、［－完结］的语义特征；有些则是指涉警告者预判对方即将表现出的某反预期行为趋势，时体特征则表现为［－已然］、［－延续］、［－完结］。如：

(26) 患　者：((跟随志国进屋))

　　　志　国：这位同志，这位同志，您都跟了我一道了，您怎么还跟家里来了？你**赶紧出去**，您不出去我报警了我！

　　　患　者：您这儿是生活之友吧？杨柳北里十八号？

（《我爱我家》46）

(27) 刘　梅：哎呦，爸！

　　　爷　爷：谁也不要**再说了**啊！谁要再跟我说，我就跟谁急！

　　　夏东海：((上前准备说话))

爷　爷：再说！再说我就拿你撒气！喊！

(《家有儿女Ⅱ》84)

（28）刘　梅：刘星，我可告诉你，你可当的是学习委员，这学习成绩可是你树立威信的基础。

　　刘　星：那成，那我现在就学习去，我还宣布了啊，从今天开始，我每天学习到夜里十二点，谁也别**拦着我**，谁拦着我还真跟谁急！

　　所有人：((继续看电视，无人回应))

　　刘　星：嘿！还真没人拦着我。

(《家有儿女Ⅱ》73)

例（26）是肯定形式的命令句，警告者为了制止对方当下正在进行的跟踪行为而发出指令，试图使对方停止当前行为后主动去实施另一个新的行为"出去"。从时间副词"赶紧"作为修饰性状语可以看出，该行为在说话时还没有开始实施，因此也就不会是对方已然完成或正在持续的行为。后两例均是否定形式的禁止句，但两例中指示语谓语结构的时体特征也存在一定的细微差异：例（27）中"不要再说了啊"否定的是对方正在持续进行的已然行为，从时间副词"再"及刘梅前置话轮中的劝说行为即可验证，这类谓词性结构指涉的往往是已然发生的、对方持续实施但仍未完成的始发行为，警告者指令的目的即是制止该行为的延续和完成；而例（28）中的述宾结构"拦着我"是警告者根据交际语境预判对方可能会实施阻拦自己的行为，警告者试图阻止这种行为趋势演变为现实，从后续句"还真没人拦着我"即可验证刘星所否定的"拦着我"并不是对方［＋已然］的始发行为，而仅仅表现为一种未然的可能趋势，因此这种谓词性结构的时体特征也同肯定形式一样具有未然、非延续、未完成的语义特征。以上这些谓语结构孤立来看，在零语境的情况下并不具备上述这些时体特征，尤其是如（28）这类否定句中表现出的［－已然］和［－延续]特征,是由警告者对对方行为趋势的预判所决定的,与一般否定性祈使句的谓语语义特征并不相容,而是进入警告言语行为后被话语的深层警告语义所强制赋予的。

其次,由于警告言语行为的准备规则规定警告对象的始发行为必定是违反警告者心理预期的,因此,指示语中否定形式的谓词性结构在语义上往往还具有[-预期]特征,同时这种反预期行为必然会引发警告者后续保证实施一定的惩罚手段,对警告对象的利益造成损害,因此,这种反预期的始发行为往往也还会带有[+风险]的语义特征。而肯定形式的谓词性结构指涉的将来行为是警告者希望对方后续执行和实施的,因此对警告者来说该将来行为不具备反预期性,对警告对象来说相应地也就不具有高风险性。如:

(29)夏东海:晚一分钟下肚,精神就会受到极大的损害。迫不及待了,快吃吧!

刘　梅:停停停!谁也不许**吃**,吃我生气了啊!还没说完呢。火候得恰到好处炒出的菜它才能好看,瞧,我炒的这菜啊,红的红,绿的绿,白的白,黄的黄。

(《家有儿女Ⅱ》85)

(30)李冬宝:哎,你这话说的就有点儿不讲道理了。

何　必:我不讲道理?哼,我今天来呀,就是来跟你讲道理的,不但我要跟你讲,我还要拉上你们去法庭上去讲,我今天把话已经说到这儿了,你们必须**立即停止侵犯**,否则,一切后果由你们负责。

(《编辑部的故事》6)

例(29)是否定形式的禁止句,警告对象迫不及待想吃饭的行为趋势是警告者不希望发生、试图制止的,因此,"吃"虽然抽离语境来看无所谓是否反预期,但在否定性指示语中就会被强制赋予[-预期]的特征。同时警告言语行为的根本规则规定警告者依靠一定的惩罚手段保障指令的取效，如果警告对象无法顺从指令，即反预期始发行为继续延续的话，警告者就可能会通过一定的惩罚手段迫使警告对象顺从指令。因此，"吃"的反预期行为还被强制赋予了一定的风险性，后续告知语"吃我生气了啊"也明示了这种高风险行为的结果即刘梅可能会因此生气，进而会给大家带去一定的心理损失。例（30）是肯定形式的指令，警告者通过命令句明示警告对象应该实施的将来行为，因此该将来行为"立即停止侵犯"是符合警告者心理预期的，且不会引发警告者后续实施惩罚的风险，从后续关联词语"否则"引发的告知语中可以验证，即相反的"继续侵犯"行为才会导致警告者造成"后果自负"（控告编辑部）的高风险后果。由此可知，指示语谓语结构中肯定和否定形式在预期性、风险性两个语义特征上往往是相互对立的，肯定形式的将来行为即否定形式始发行为的对立面，因此，二者在以上两个语义特征上往往呈现出互补分布的格局。

综上，我们进一步将指示语部分谓语中心语的语义特征总结如下：

表3-5　　　　　　　指示语谓语中心语的语义特征

语义特征 句类形式	谓语结构自身意义			警告语力强制赋义				
				时体义			概念义	
	述人	可控	自主	已然	延续	完结	预期	风险
肯定形式	+	+	+	-	-	-	+	-
否定形式	+	+	+	±	±	-	-	+

（二）否定词的选择

相对于无标记的肯定性祈使句来说，否定性祈使句往往在表层形式上由一些否定词加以明示，展现出一些标记性特征。袁毓林（1993、2012）指出，祈使句的否定形式中常含有"别""甭""少""不要""不许"等明示否定意义的否定词，同时"小心""当心"

"注意"等隐含否定意义的动词也可以参与否定性祈使句的建构。就直接警告言语行为而言,以上两类否定词都会在禁止型指示语中有所涉及,只是在不同的句法环境中不同否定词的组合搭配、语义功能上均表现出一定的细微差别。

1. 明示性否定词

通过对语料的梳理我们发现,直接警告言语行为的指示语中共有五个常见的、明示否定意义的否定副词和动词,即"别""甭""少""不要""不许"。五个否定词之间概念意义非常接近,工具书中也常常相互之间循环释义,如《现代汉语词典》(第7版)(2016)中对各个词语的相关解释分别为:

> 别:【副】表示禁止或劝阻,跟"不要"的意思相同。
> 甭:【副】"不用"的合音,表示不需要或劝阻。
> 少:【副】别;不要(多用于命令或祈使)。
> 不要:【副】表示禁止和劝阻。
> 不许:【动】不允许。

概括来说,以上五个否定词在概念意义上均表示说话人对听话人的某种当前行为或行为趋势加以制止,但通过对具体语料的考察,我们发现不同的否定词在具体使用频率及与其他谓词性结构的组合搭配能力上都存在着一定差别,我们将其总结如下:

表3-6　　　　　　明示性否定词的使用频率与句法分布

否定词 后附成分	别	甭	少	不要	不许
形容词或 形容词性结构	7 (3.6%)	0 (0%)	0 (0%)	7 (6.2%)	0 (0%)

续表

否定词 后附成分		别	甭	少	不要	不许
动词或动词性结构	光杆动词	34 (17.4%)	3 (15%)	5 (17.2%)	24 (21.2%)	13 (29.5%)
	复杂动词结构 状中结构	54 (27.7%)	3 (15%)	11 (37.9%)	32 (28.3%)	5 (11.4%)
	述宾结构	70 (35.9%)	14 (70%)	11 (37.9%)	32 (28.3%)	17 (38.6%)
	述补结构	15 (7.7%)	0 (0%)	1 (3.5%)	4 (3.6%)	0 (0%)
	特殊结构	15 (7.7%)	0 (0%)	1 (3.5%)	14 (12.4%)	9 (20.5%)
总计		195 (100%)	20 (100%)	29 (100%)	113 (100%)	44 (100%)

从表3-6可以看出，否定词"别""不要"在使用频率上远远超过了"甭""少""不许"，且"别"和"不要"与后续谓词性结构的组合搭配能力相较来说也比其他三类更为丰富[①]，如：

(31) "你**别过分**，我警告你。""你没感觉，我改变很多了吗？""有。你还是那个傲慢、无礼加轻浮的男人，感觉太强烈了。"她是违心之论。

（萧心华《柔情心》）

(32) 话才说完，对方的头头"大姊"马上走到霭桐的面前，冷冷地命令道："我警告你，**不要以为自己长得漂亮，就可**

[①] 需要指出的是，这一结论只反映一种使用上的倾向性，受制于语料体裁的限制及语体差异的影响，各否定词在日常交际中的使用频率及组合搭配情况并不一定绝对符合此规律。如北京、天津等地的口语对话中"甭"的使用频率可能并不占少数；再如"甭""少""不许"也不是完全不能后附形容词性结构，实际使用中可以出现"你少得意""你也甭神气"之类符合组合规则的用例。

以勾引别人的男朋友。"

(艾佟《巧扮鸳鸯情》)

例（31）中否定词"别"后搭配光杆形容词"过分"，后附形容词往往带有［−积极］的情感意义特征，诸如此类还有"嚣张""狂妄"等概念意义上本身表达消极情感色彩的形容词及"得意""绝"等概念意义中性但带有说话人主观消极评价的形容词。例（32）中"不要"后附带因果复句，概念意义上明示了一个完整的禁止性行为，类似的还有一些兼语句、连动句、紧缩句、把字句等复杂结构形式。

此外，虽然上述否定词都在祈使句中传递道义情态（deontic modality），关涉对方不能做某事的必要和义务，但不同否定词所负载的道义情态程度仍表现出一定差别。其中"不许"是说话人对听话人强加一定的义务以阻止某将来事态的发生，社会因素上说话人往往对听话人具有一定的权威。因此，"不许"所具有的否定性程度往往最强，表现在语言表层形式上的一个验证就是作为动词的"不许"往往不能再被委婉性的评注副词"最好"所修饰，而其他四个否定词则均可与"最好"共现。如：

（33）a. 她还笑得出来吗？现在她不只气疯了，简直是气炸了！"我警告你，**你最好少管我的事**，现在我命令你掉头送我去上班！"她决定硬碰硬。

(乔楚《追求爱情不排队》)

b. "我警告你，**你最好别管我的事**，现在我命令你掉头送我去上班！"

c. "我警告你，**你最好不要管我的事**，现在我命令你掉头送我去上班！"

d. "我警告你，**你最好甭管我的事**，现在我命令你掉头送我去上班！"

e. *"我警告你,**你最好不许管我的事,**现在我命令你掉头送我去上班!"

上例即可看出,"最好"与"不许"在表层形式上的共现会导致语义上的矛盾。"最好"往往带有明示说话人意愿的主观意义,其前后的话语内容是说话人想要表达的理想化意愿和希望等,一定程度上可以看作一种主观性标记词(乐耀,2010);而"不许"在概念意义上的"许可义"必然带来一定的义务性、强制性,与"最好"的意愿性、希望义相冲突,使得"不许"不能在深层语义上与"最好"搭配组合,侧面表明"不许"在上述否定词中相对来说否定力度最强、指令程度最高,属于核心行为内部调节手段的强化性指令否定词。

而余下的"别""甭""不要""少"中,"少"带有强烈的主观情感,更强调说话人内心的主观评价,表示否定祈使义时语义强度又较高于"别""甭""不要"(王丹荣,2017)。表层形式上"少"经常在口语会话中与强化说话人主观强制义的语气成分"给我"共同使用,如:

(34)志 国:哎?谁说我爸形象差呀?那得分跟谁比,比蒙娜丽莎是差点,要比巴黎圣母院那敲钟的,那我爸还算美男子呢。

和 平:那还不是美一点,那=

傅 老:=吹吹捧捧那一套少**给我搞**!我自己长得什么样子我知道!再说,刚才画模特的时候,我当模特脖子已经转了筋,再说一会儿还要看《新闻联播》嘛。

(《我爱我家》60)

"给我"常用于引发强命令性的祈使句,含有极强的主观强制语气,表明说话人的意志且凸显语力的强势性,删去后句子主观强制义将大大减弱（尹海良，2014a）。通过对语料的考察发现，虽然"别""不要"有时也可以后附"给我"以加强说话人的指令力度与情感强度，但在使用频率上"少"却与三者呈现出明显的分化：在29例使用否定词"少"的指示语中，"少+给我VP"的用例共12例，占41.4%；而在195例使用否定词"别"与113例使用否定词"不要"的指示语中，"给我"出现的次数分别只有3次和2次，分别占1.5%、1.8%；20例使用"甭"的语例中甚至没有发现与"给我"共现的情况，共现率0%。语气成分"给我"的高频共现一定程度上也证明，否定副词"少"相较"别""甭""不要"来说带有更高的主观否定的情感强度，表达了警告者更强的道义情态与主观情感色彩。

　　明示性否定词的否定力度一定程度上影响着指示语的施为力度，进而也就关联到整个直接警告言语行为的警告语力强度。一般来说，当警告者使用否定性指示语直接表达禁止意图时，如果需要强化警告语力则往往会在形式上选择"不许""少"来加强祈使的效力，反之则可以使用"别""甭"或"不要"以相对削弱针对警告对象的义务性、强制性。然而从表3-6的使用频率统计可以看出，相对施为力度更弱的"别""不要"在占比上远远超出了强祈使性的"不许"和"少"，一定程度上表明日常交互中警告者仍倾向于遵从礼貌原则，在无法避免威胁对方消极面子的前提下尽力选择弱化性的形式手段，从而将对警告对象的面子威胁程度降至最低。

　　2. 内隐性否定词

　　袁毓林（2012）指出"小心""当心""注意"等动词的词义间接含有某种否定性语义，表示人把精神集中在某行为或事件上以防止不利的事情发生。其中"把精神集中在某行为或事件上"是基本意义，而"防止不利的事情发生"是在基本意义的基础上推导出来的推论性意义。这种推论性的"不+发生不利的事情"就是一种隐性否定意义，是"小心"类动词的深层语义中会话含义层面的规约性（conventional）否定义，因此，这类动词用于祈使句中时也可以看作一种"暗含"层面上的内隐性否定动词（implicit negative verb）。考察语料后我们发现指示语中这种情况并不多见，仅出现42例，后续常常与体词性宾语进行搭配组合，如：

（35）宗佑将他的小屁股安置在腿上，大眼瞪小眼地和他做无言的沟通。"喂，小子！**小心你的毛手**，否则你的小屁股就要遭殃！"婴儿却只是无辜地回瞪他，红润的下嘴唇不住抖动。

（岳盈《情人幸运星》）

（36）"死仆人，还不快过来帮忙！"宋耀从藤椅上跃起，听到雨涵啐骂他是"死仆人"，不禁莞尔一笑，以前，只要她的计谋没得逞，就会咒骂对方。这性子到现在还没改！他站在门前"回敬"道："**注意你说话的语气**，没有'死仆人'，否则你这老板也动不了。"

（凤云《绑在床上的酷哥》）

王丹荣（2017）认为，这种内隐性否定动词在深层语义上相当于带有明示性否定词"别"或"不要"的否定形式，如例（35）中"小心你的毛手"就相当于"（集中精神）别让你的毛手做出不好的动作"，例（36）中"注意你说话的语气"就相当于"（集中精神）不要让你的语气产出令人不愉快的话"。零语境下本身不带有负面评价义的体词性宾语由于受制于"小心""注意"等动词的否定意义，情感意义上往往就会浮现出说话人主观的消极色彩，表明该宾语所指涉的内容是说话人不希望产生、会给说话人带来不利后果的将来行为或事件。充当宾语的体词性成分在语义角色上往往是将来行为或事件得以发生所依凭的工具，如以上两例中"手""语气"都是产生反预期将来行为"乱动""乱说话"所依赖的器官或传播媒介工具。说话人仅通过表层形式上凸显该工具论元即可转喻（metonymy）完整的不利行为或事件，进而在字面意义上完成禁止指令的传递。

值得注意的是，语言使用中还存在不少其他类型的"小心/当心/注意＋NP"的用例，需要与直接警告言语行为的禁止性指示语仔细加以区分。如：

（37）凶眼汉子觉得闹下去着实没意思，心想在这神地方出风头，白费力气，于是收回长剑，凶眼一看酒保道："快拿上好的酒菜来，爷们觉得慢了一点，**小心你的狗腿子**！"话明明说完了，后面又跟了句"他奶奶的"。

（曹若冰《金菊四绝》）

（38）"我会回家度假。""与男朋友一起来？""你怎么知道？""一定是想叫母亲看看那个呆子，可是这样？""**当心你的臭嘴**。"展航哈哈大笑。

（亦舒《天上所有的星》）

（39）在大学一年级读书的女儿，每逢回来时，也总要时不时地戏谑他一句："爸，**注意你的形象**，你跟妈妈越来越不般配了。"所幸的是，两个孩子都吸收了妈妈的优点，长得都很像那么一回事。

（张平《抉择》）

例（37）中虽然说话人的整个话语是直接警告言语行为，从字面意义上可以直接解读出警告语力，但"小心你的狗腿子"并不是指示语部分，具体的指令内容是由开头的肯定性祈使句"快拿上好的酒菜来"加以实施的，"小心＋NP"结构构成了后续条件复句"（如果）爷们觉得慢了一点，（就）小心你的狗腿子"的结果分句，作为明示性的惩罚手段为警告语力提供保障。因此，话语的警告意图是由祈使句和条件复句共同传递，而非"小心＋NP"结构独立承载。此时，否定动词"小心"的宾语"狗腿子"也不再担任工具论元，而是变成了惩罚手段所针对的受事，"小心"对"狗腿子"的隐性否定相当于"（集中精神）不要让你的腿发生不好的结果"。

例（38）中"当心你的臭嘴"虽然充当了禁止性指示语的功能，但整个话语的警告语力却需要依赖交际语境、联系前后话语才能加以解读，仅仅凭借字面形式并不能直接确定说话人的意图是表达警告还是表达命令、威胁等其他类型的指令言语行为，宾语部分"你的嘴"也存在充当两种论元角色的可能：对方实施将来行为所依凭的工具；对方承担说话人惩罚手段的直接受事。因此，这种表层形式上独立构成话轮的"小心/当心/注意＋NP"结构，我们认为不应归属于直接警告言语行为的指示语，而应归属于需要借助语用推理进行语力界定的间接警告言语行为。类似地，例（39）中"注意你的形象"虽然也直接明示了具体的指令内容，但根据语境可知说话人这里并不是与对方情感立场相对立的警告言语行为，而是与听话人情感立场相一致的劝诫言语行为：说话人是为了维护听话人的利益、希望听话人多关注自己的形象以免遭受心理损伤。只是说话人这里同样使用了带有内隐性否定词"注意"的祈使句表层形式，而借助语用推理可知该表层形式传递的语力与警告并不相同。

综上，内隐性否定词后附宾语的话语形式充当直接警告言语行为的指示语时往往也会受到一定的句法语义限制，一般不能独立形成话轮，也不能通过字面意义直接传递警告语力，表层形式上通常需要与警示语或告知语共同使用才能完成直接警告言语行为的施行。

（三）强调标记词的选择

警告言语行为相较提醒、建议、请求、劝诫等大多数指令言语行为而言具有更强的指令性，且交际功能上同时会带有警告者的负面情感表达，因此，在实施警告言语行为时警告者往往还会使用一些评注性副词的词汇手段以强调指令的必要性，同时强化自己对警告对象执行指令的主观情态。通过对语料的考察我们发现"可""千万""必须""一定"四个副词使用频率较高，经常出现在指示语中用于强化指令的施为力度，一定程度上也可以看作核心行为中内部调节手段的加强语，起到强调标记（emphatic marker）的作用（袁毓林，1993）。

强调标记词对指令必然性的强调来自说话人对听话人执行指令的义务、责任的判断。警告言语行为与命令言语行为相同，警告者往往认为指令内容是对方必须加以顺从、实施的，相较多数指令言语行为来说警告者对警告对象完成指令的预期程度较高，体现了警告者自身较强的道义情态。从语言表现手段上看，"可""千万""必须""一定"等副词往往与祈使力度较强的情态动词"要""得""不许"等搭配使用，而不用来修饰祈使语力较弱的、表可能的情态动词"可能""可以"或表惯常的"该""应该""应当"等。如：

（40）夏东海：咱能不能往好处想想。
　　　　刘　梅：没有好处，全是恶果，我想得非常清楚，我告诉你，**这事儿你必须得跟我站在一起！**
　　　　夏东海：梅梅，这事儿可以再商量。

(《家有儿女Ⅱ》15)

（41）刘　星：哎呀，脑子里想那么多，还能吃嘛嘛香嘛！
　　　　刘　梅：我告诉你啊刘星，你可对着门儿呢，待会儿门儿一推开，镜头正冲着你，**你可不许胡说八道！**

(《家有儿女Ⅱ》47)

上述两例中"必须""可"分别用来修饰"得"和"不许"这种表示强义务性的情态动词，如果删去两例中的强调标记词"必须""可"，两个句子"这事儿你得跟我站在一起""你不许胡说八道"在命题层面不会受到影响，但情态层面上说话人表现出的主观强制性则大大减弱。同时，例（40）中的情态动词"得"不能替换为祈使力度更弱的动词"你必须可以跟我站在一起""你必须应该跟我站在一起"等，例（41）中的情态动词"不许"同样也不能被替换为"你可不可以胡说八道""你可不应该胡说八道"等否定形式。王丹荣（2017）指出"要"类情态动词在表达祈使语义时"说话人心里认为听话人履行责任和义务的程度较高，语义强度几乎接近'必须'"；而"可以"及"该"类情态动词用于祈使句时指令语力适中，多用于提醒、建议类言语行为，礼貌程度相对较高。从后附情态动词的组合能力可以表明，指示语中"可""千万""必须""一定"等强调标记词的高频使用侧面验证了警告言语行为的强指令性，同时这些强调标记词也通过表层形式上的共现为整个话语在情态层面添加了强调义，增强了指令内容的必要性和义务性。

四个强调标记词的使用分布来看，"可""千万"与"必须""一定"之间也存在着肯定和否定的不对称倾向。我们对搜集到使用强调标记词的185例直接警告言语行为指示语进行整理后，将四个强调标记词用于肯定和否定句的情况统计如下：

表 3-7　　　　　　强调标记词的肯定和否定使用分布

句子形式 \ 词项	可	千万	必须	一定
肯定句	15（17.9%）	12（22.2%）	27（100%）	17（85.0%）
否定句	69（82.1%）	42（77.8%）	0（0%）	3（15.0%）

从表 3-7 可以看出，强调标记"可"和"千万"更倾向于用于否定性的禁止句中，而"必须""一定"则更倾向于用在肯定性的命令句中。岑玉珍（2013）指出，"可"和"千万"词义相近，用在祈使句中强调必须这样，多用于对别人的劝阻；而"必须"和"一定"词义相近，用在祈使句中表示肯定、必定如此，多用来加强命令的语气。因此，以上四个常用强调标记词大体就分成了使用倾向上对立互补的两组：相同点是四个标记词都强化了警告者的主观道义情态和指令的施为力度，不同点是"必须"和"一定"多用于强调警告者对警告对象应做之事的明示，而"可"和"千万"多用

于强调警告者对警告对象始发行为的禁止。

第三节 告知语的语言表现手段

直接警告言语行为的告知语要求表层形式的字面意义能够直接明示指令内容无法得到实施后的惩罚手段,反映了基本构成性规则中的根本规则,是警告语力得以取效的关键所在。

从句类选择上看,警告者告知警告对象未来可能实施的惩罚手段属于为对方提供新信息的言语行为,符合汉语陈述句的基本句类功能,因此直接警告言语行为中的告知语往往都以陈述句为主。此外,与指示语相同,当警告者在命题层面的信息交互功能之外还需要在情感上强化对警告对象及其始发行为的主观负面评价时,多数情况下也会通过使用句尾强降调、提高调阶、拓宽调域等韵律手段实现其情态表达功能,此时告知语部分在句类上也可以看作依托于陈述功能的感叹句。从句型选择上看,告知语部分是直接警告言语行为中唯一可以独立构成话轮的形式组件,因此相较警示语和指示语而言,告知语在深层语义上更为独立、完整,句法结构上往往也就要求更为复杂,以包含多重命题的复句为主而较少以单句形式出现,典型成员包括选择复句、条件复句及相应紧缩复句,下面我们就分别对此展开具体讨论。

一 选择复句

选择复句往往是警告者给出两种将来行为供警告对象选择,其中一种是警告者认为对方应当实施的、符合警告者心理预期的将来行为,另一种是如果警告对象无法完成指令警告者可能会实施的后续惩罚行为。从命题层面来说,两个分句其中之一已经明示了警告者期望对方实施的将来行为,字面意义上实际也就指出了警告者针对警告对象的具体指令内容,因此选择复句本质上相当于蕴含了一个指示语的句法结构，字面意义上通过"给出指令"和"告知惩罚"两个命题相互结合，基本呈现了警告语义框架的内在逻辑。如：

（42）志　新：（（在小张和傅老之间左右为难））
　　　 傅　老：小张我告诉你，**你要不然啊，就坐下跟着我们大家一块儿看，要不然啊，你就自己回去，在那儿深沉地躺着！**
　　　 小　张：好好好，我不搬你们家的，我这就出去买一台回来！走！
　　　 志　新：那，那我先去啊。

（《我爱我家》117）

例（42）中通过关联词语"要不然……要不然……"构成了选择复句，其中第一个分句中傅老告知了小张符合自己心理预期的将来行为"坐下一起看电视"，第二个分句中傅老告知了小张如果不听从指令可能会受到的后续惩罚"（被大家孤立）自己回去躺着"。整个选择复句在字面意义上完整表达了警告语义框架中的核心假设关系，即如果小张选择执行前件分句所明示的"坐下一起看电视"的指令，傅老就不会实施后件分句所明示的惩罚手段，让小张被孤立一个人回去躺着；如果小张坚持选择不执行前件分句的指令，傅老会实施相应的惩罚行为，使小张被大家孤立后回去躺着。因此，完整的选择复句即便是在会话序列中独立使用单独构成话轮，听话人一般也可以通过字面意义直接解读出警告言语行为的交际意图，实现警告语力的直接取效。

此外，在日常交际过程中还有一类常见的非典型选择复句，即形式上并不使用典型的选择关联词"要不然……要不然"或"要么……要么"等，而是借助并列复句"一（是）……二（是）……"的表层形式，本质上也是让警告对象在提供的两种并置行为中做出选择。如：

(43) 刘　梅：哎呀，你既然说到这儿了呢，那妈妈就跟你掰饬掰饬啊。你这个要买一双鞋啊，并不过分，可是你使用的这种欺骗手段可相当过分。刘星我告诉你，**现在在你面前只有两条路，一条，你不是要外出旅游吗，走，出了这个门就不要再回来了，永远都别回来。**

刘　星：啊？

刘　梅：**第二条路，从今天开始，加罚一个礼拜的劳动！**

(《家有儿女Ⅱ》48)

与选择复句相同，这类并列复句中警告者往往会穷尽性列举两种方案供对方选择，字面意义上两个分句中一个指涉警告者的具体指令内容，一个指涉警告者即将实施的后续惩罚。如例(43)，两个对立的命题中第一个言及警告者刘梅告知警告对象刘星不听从指令可能会受到的惩罚"不允许其再进家门"，第二个言及刘梅的具体指令"待在家里并罚做一周的家务"。深层语义上完整的假设关系是：刘星如果听从指令就乖乖待在家里做一周家务，刘梅不会将其赶出家门；如果刘星不执行指令执意出走，那就会遭受不能再进家门的后续惩罚。这种假设关系也能够通过字面意义直接表达，进而促使对方解读出话语背后的警告语力及警告者的指令意图，因此，这种表层形式上的并列复句我们也将其作为一种深层语义上的选择复句，是典型直接警告言语行为的告知语表现手段。

二　条件复句

条件复句的告知语一般表现为假设条件句和特定条件句两种句法结构。两种条件复句中的前件条件分句在字面意义上均假设了指令得不到执行的情况，深层语义上也就预设（presuppose）了预先存在一个具体的指令，相应地，也就表明了指令的具体内容；后件结果分句在字面意义上均是告知警告对象前件条件为真的情况下会出现的后果，往往是警告者对可能实施的惩罚手段加以明示。由于两种条件复句都能够通过表层形式的字面意义直接反映出警告语义框架中核心的假设关系，揭示各构成要素之间的逻辑关联，因此也可以在会话序列中独立用来完成警告言语行为的施行。如：

（44）刘　梅：淘淘，你这变得也忒快了点儿吧。
　　　　淘　淘：我要吃鸡蛋饼，我要吃鸡蛋饼，我要吃鸡蛋饼。（（扔餐具））
　　　　刘　梅：哎，哎！
　　　　夏东海：不是＝
　　　　淘　淘：＝你们要是再不给我做鸡蛋饼，我就把这些菜全都扔出去！还有你们，也要扔出去！
　　　　刘　梅：嗯？

(《家有儿女Ⅱ》38)

（45）一次，他亲家想用公家汽车办点私事。他不答应，并且说，如果你确实想用车，我给你租一辆。亲家气呼呼地说："反正我儿子是开车的，你不答应，我也让他把车开走。"黄元信不客气了："**只要你敢开，我就敢开除他！**"旁人问老黄怎么这么"绝"，他说：那么多人都在看着我，谁让我是个领导。领导就得奉献。

(《人民日报》1990-02-13)

以上两例中警告者都是通过条件复句的形式直接告知警告对象未来可能实施的惩罚手段，以达到保障指令执行的目的。例（44）使用了关联词语"要是……就……"构成的假设条件句，前件条件分句中预设了说话人指令对方"给我做鸡蛋饼"的具体要求，如果该要求无法实现即假设条件"不给我做鸡蛋饼"取值为真的话，说话人就可能会对听话人实施结果分句中告知的惩罚行为"把菜和你们全都扔出去",通过后件分句明示的惩罚行为对警告对象造成一定的心理威慑,进而保证前件分句中的指令得以顺利取效。例(45)是使用了关联词语"只要……就……"的特定条件句,前件分句中预设了指令内容"不要让他私自动用公车",而如果该指令得不到满足的话,警告者就会对警告对象实施结果分句中明示的惩罚"我就会开除他",通过使警告对象心理蒙受损失的方式强化前件指令得到执行的可能性。

  需要指出的是,条件复句中有一类比较特殊的情况,就是由关联词语"除非……否则/(要)不然……"连接的特定条件句在表层形式上往往会省略前件条件分句,而后件结果分句在深层语义上往往不能独立使用,一般需要与指示语共同组合才能完整地实施直接警告言语行为。这主要是由于"否则""(要)不然"作为假设性否定连词的词汇意义较为凝缩,相当于条件分句"如果不是这样,那么"的简省,语义结构上强制要求前文出现具体的否定辖域,即否定的范围和对象(朱斌,2011)。因此,在"否则""(要)不然"所引导的告知语之前,表层形式和深层语义上都必然要出现被否定的假设条件,即警告者试图使警告对象完成的明示性指令内容。如:

  (46)戈 玲:哎我说,你怎么说话呢?怎么是我们挑拨离间啊?

  刘秀芬:**你们必须立即给我更正,登声明,严正声明,并且公开向张义和及我们全家和广大读者致歉,立即的,一天也不能耽搁,否则我就要作为受害者家属和作为受害人控告你们,到法院,最高法院**,你们敢吗?

(《编辑部的故事》18)

  (47)戴明明:没那么简单吧。

  刘 星:就这么简单。

戴明明：刘星，**你最好实话实说，要不然我揭你老底！**

刘　星：揭就揭呗，谁怕谁啊？我脚正不怕鞋歪。

（《家有儿女Ⅱ》66）

以上两例从表层形式上看都是指示语和告知语并用的直接警告言语行为，警告者首先都通过祈使句形式的指示语明示了具体的指令内容"你们必须立即更正并公开道歉""你要说实话"，再通过关联词语"否则""要不然"对指令内容设置否定性假设条件"如果你们不更正并道歉""如果你不说实话"，进而明示后续的惩罚行为"我就会控告你们""我就揭发你"建构完整的假设关系，保证指令的取效。"否则""（要）不然"在词汇意义上对假设关系的压缩决定了其所引导的告知语前一定要有明示性的指令内容出现，否则警告对象也难以通过语义回指或语义蕴涵等手段获知指令的具体要求，造成否定性的假设条件无法明确，也就无法完整、直接地通过字面意义传递警告意图。

此外，如果形式上完整的条件复句在会话中取消了分句之间的语音停顿且省略了一些关联词语，就会形成紧缩条件复句形式的告知语。紧缩复句在深层语义上与一般复句相同，也能从表层形式中直接解读出完整的假设关系。如：

(48) 赵　刚：和尚！和尚！

魏大勇：到！

赵　刚：快，去保护团长！**要是蹭破点儿皮我拿你是问！**

魏大勇：是！

（《亮剑》4）

(49) 志　新："本人从即日起，永远戒酒。如有违戒，如有抓获，重奖抓获者人民币五十元"。我趁他不注重我给撕下来了我。

　　傅　老：((拍腿而起)) 好你个郑千里！你级别压我、名气盖我、打球胜我、下棋赢我，这个评选个健康老人，你也跳出来跟我争！我这刚琢磨着戒烟，他就把酒给戒了。啊，我今天我傅某人还就奉陪到底了，你们谁都别拦着我！什么阶段戒烟法？我从今天起一根都不抽了！**谁劝我我跟谁急！**

(《我爱我家》27)

例（48）中省略了结果分句的关联词"就"，完整的假设条件句为"（团长）要是蹭破点儿皮，我（就）拿你是问"；例（49）中前后关联词语"要是……就……"均在表层形式中省略，完整的假设条件句为"谁要是劝我，我就跟谁急"。两例紧缩复句在语义功能上与形式完整的假设条件复句相同，均通过字面上明示的惩罚手段及假设关系保障了警告语力地传递和取效，可以看作假设条件复句的特殊形式变体。

第四节　直接警告言语行为的话语模式

　　在实际的日常互动过程中，警示语、指示语和告知语三个部分在表层形式上可能全部出现，但更多情况下受到语言经济性、礼貌原则等因素的影响，三者在表层形式上会出现部分缺省，常常相互之间两两组合甚至独立使用即可通过字面意义传递警告语力，这就表明警示语、指示语和告知语三者独立实施警告言语行为的能力及其作为构件之间的地位并不均衡。如前文所述，警示语部分在深层语义上并不能充分完成对警告语义框架的建构，因此往往不能在表层形式上独立构成话轮完成警告言语行为的实施①,仅在整个话语中起到提示语力的作用;而指示语和告知语部分均可以在深层语义上实现警告言语行为的交际意图,因此,二者都能在表层形式上独立形成话轮完成警告语力的传递。如:

(50) 林　宁:((转身准备去拿眼药水))
　　　林　爸:你给我站住!谁让你走的?我看你跟没跟我说实话。
　　　林　宁:我没骗您,真的,我什么都不知道。
　　　林　爸:**你别等我发火啊!**
　　　林　妈:哟,一只拖鞋你干吗呀?

(《家有儿女Ⅱ》20)

(51) 胖　婶:嘿!这到底是还是不是啊?
　　　夏　雨:是不是我没意见。
　　　胖　婶:嘿!
　　　刘　梅:**你要是没意见,妈妈可有意见了啊。**

(《家有儿女Ⅱ》24)

指示语和告知语在表层形式上的独立使用表明,二者是构成一个合格警告言语行为的必要组成部分,即便是警告言语行为的边缘成员,指示语或告知语也是功能上不可缺少的强制性组件;相较来说,警示语部分则更多的是辅助显示语力的调和性组件,表层形式上往往表现出一定的可选择性。

---

① 这一点还可以从"警告"及"告诉""劝(诫)"等动词在句法结构上往往要求带双宾语论元得到验证,而仅提供间接宾语论元"你/你们"的警示语在语义上不能完成对完整警告内容的指称。如前文所述,日常交际中确实也存在表层形式上似乎只使用了警示语"我警告你""我告诉你"后对方就能接收警告意图的情况,但仔细考察语料就会发现,这些用例往往都伴随着警告对象的故意打断或话轮共建,而并非警示语真正意义上的独立使用。

然而，这种规律是有一定的分布条件限制的：对于间接警告言语行为而言，警示语部分在表层形式上一般必须隐含，否则施为动词提示语力的作用往往会使得整个话语变为显性施为句，造成与间接警告言语行为定义的相悖。而对于直接警告言语行为来说，警示语在表层形式上也并非完全可以缺省。受制于直接警告言语行为定义的限制，指示语与告知语在表层形式上必须选择特定的句法类型，这就导致句子的字面意义与会话含义之间的对应关系较为复杂。直接警告言语行为的指示语和告知语在独立使用时就会受到一定的组合关系限制，以保证整个话语的字面意义满足直接警告言语行为定义的要求，因此也就产生了不同的话语组合模式。

一　警示语和指示语共现

如前文所述，直接言语行为要求话语的字面意义与会话含义之间保持一致，因此直接警告言语行为的指示语部分在句类上一般选择祈使句对警告者的指令内容加以明示，而排斥反问句等间接表达指令的句法形式充当指示语。但祈使句的字面意义往往仅用于表达上位的指令义，因此独立构成话轮使用的祈使句往往需要结合具体语境才能"浮现"出下位的警告义，否则也可能表现为命令、要求等其他次类的指令言语行为。如：

(52) 戈　玲：索性上午都出来了，干脆你陪我去趟邮局得了，我这一大堆稿件压着还没退呢。

　　　李冬宝：我还有心思陪你去邮局？自个儿去吧。

　　　戈　玲：李冬宝，你可还没过河呢就想拆桥啊？哦，不是你对象吹了求着我陪你一走就是三四站地儿的时候了啊。

　　　李冬宝：(3.1)

　　　戈　玲：你这人真没劲，不能给你好脸，就欠没人搭理你。

　　　李冬宝：爱搭理不搭理，我就是没劲。

戈　玲：李冬宝，**你可别后悔啊！**（（转身离开））
李冬宝：(4.3)（（追上前））哎，戈玲，戈玲戈玲，你跟我置什么气啊，你还不了解我？我自个儿瞧自个儿都别扭，好好，我陪你去邮局行了吧。

（《编辑部的故事》11）

　　上例中第七话轮"你可别后悔啊"字面意义只是指令对方以后不要反悔当下的行为；但与第一话轮中同样祈使句形式的"干脆你陪我去趟邮局得了"稍加对比即可看出二者的差异。第一话轮中的祈使句是说话人的请求言语行为，对方没有反预期行为在先，双方情感立场并不对立，说话人也并不依靠任何潜在的强制手段保障指令的施行，因此虽然话语字面上直接明示了指令的内容、满足直接警告言语行为中指示语部分的基本要求，但语力上施为力度较弱，从句尾使用了缓和语气的语气助词"得了"也可侧面验证。而第七话轮中的祈使句"你可别后悔啊"则是在对方拒绝前置请求甚至加以反驳后的语境下引发的，双方情感立场已经发生了对立，根据现场语境信息（说话人直接转身离开）听话人可以推断出说话人未来极有可能会继续实施冷落自己等惩罚行为，从后续顺从性回应的第八话轮（"你跟我置什么气啊""好好，我陪你去邮局行了吧"）也可以验证第七话轮在语势上的施为力度。同时韵律上的句尾强降调及强调标记词"可"等手段也表明，说话人在实施指令时蕴含了一定的强制性，需要听话人及时调动语用推理以正确地判定语力。因此"你可别后悔啊"是会话序列中独用祈使句的警告言语行为，指令意图依靠隐含的潜在惩罚手段而取效。

　　以上论述表明，祈使句在独立构成话轮使用时其实并不能用来实施直接警告言语行为，独用祈使句产生的警告语力往往来自警告对象结合语境信息对字面意义进行语义扩充后推理得出，而不是来自对祈使句字面意义的直接解读。因此独用祈使句的话语模式更符合间接警告言语行为的定义，而作为指示语的祈使句如果出现在直接警告言语行为中一般需要依靠警示语部分与之共现,通过警示语对警告语力加以明示,整个话语才能从字面意义上直接解读出警告语力。如:

(53) 刘　星:妈!
　　　刘　梅:就你那小身板儿。
　　　刘　星:妈!
　　　刘　梅:**我告诉你啊,哪儿也不许去!**

(《家有儿女Ⅱ》32)

上例即警示语和指示语共用的话语结构模式,警示语部分"我告诉你啊"明确了后续指令的具体类型,一定程度上直接激活了整个警告语义框架,蕴含着警告者后续可能会通过一定的惩罚手段保障指令的执行。在警示语提示语力的影响制约下,作为指示语的祈使句就只能实现为警告语力而排斥其他指令言语行为的次级类型,整个话语就通过警示语和指示语的组合模式完成了直接警告言语行为的实施。

二　指示语和告知语共现

同样地,告知语部分在字面意义上可以明示警告者可能实施的惩罚手段或警告言语行为内部的核心假设关系,因此指示语与告知语的共同使用即可从表层形式上完整还原出警告的深层语义框架,通过告知语对话语语力保障手段的明示来限制指示语的语力选择。所以,即使话语表层不出现提示语力的警示语部分,依靠指示语和告知语的组合模式我们也能直接实现整个话语警告语力的解读。如:

(54) 键　盘:这哪儿是天上掉馅饼儿啊,这应该是天上掉班长。

刘　　星：**不许胡说！谁胡说不让谁当班长！**
键　　盘：哎哎哎，听您的，听您的。

(《家有儿女Ⅱ》63)

上例即指示语和告知语共同使用构成话轮的警告话语模式，指示语部分通过祈使句表明对警告对象的制止行为，告知语部分通过紧缩复句的形式明示了警告者可能实施的后续惩罚及完整假设关系。二者分别对应了警告内容要素的指令内容和保证内容，整个话语字面意义上满足了警告言语行为构成性规则的所有要求，无须通过进一步的语用推理解读出警告的会话含义，符合直接警告言语行为的界定。由此可以看出，祈使句如果想要用于直接警告言语行为中，其只能作为整个话语的指示语组件，与警示语或告知语共现使用才能构成独立话轮实施直接警告言语行为。

三　告知语独用

与祈使句不同，多数充当告知语的选择复句、条件复句及相应紧缩复句由于在深层语义中都蕴含了具体的指令内容，且明示了警告者可能实施的惩罚手段或完整假设关系，因此各类复句的字面意义基本可以完整反映警告语义框架各构成要素的内在关系，独立构成话轮使用的各类复句一般也就可以较为自由地实施直接警告言语行为。如：

(55) 刘　　梅：嘿！爸，不是说让您把他给赶走吗？您怎么攀上亲戚啦？
　　　爷　　爷：**谁要再说赶他走，我就跟谁急！**
　　　夏东海：不是，爸，您怎么越说我们现在越糊涂？

(《家有儿女Ⅱ》84)

(56) 夏　　雪：哎，别动！
　　　夏　　雨：我想看看是什么。

夏　雪：我说别动！
刘　星：对，儿童的求知欲就是被这样扼杀的。
夏　雨：**以后我不爱学习我就赖你！**

(《家有儿女Ⅱ》10)

四　警示语和告知语共现

此外，当警告者需要强调自己的行事语力、加大警告的施为力度时，往往也会在使用告知语的同时在表层形式上添加行事成分以明示整个话语的警告语力，即通过警示语和告知语共现的话语模式表达直接警告。如：

(57) 王秃子无可奈何，又掏出来三张。刘中正最后凶狠地说道："**我警告你，再不好好干，把炮楼丢了，我要把你交给皇军处理，那时你可别怪我不认亲了！**"刘中正把王秃子打发走了以后，整了整军服，便到红部去了。

(李晓明《平原枪声》)

值得注意的是，日常交际还有一种常见的告知语形式，表层形式上通过单句而非复句的陈述句形式直接明示假设的惩罚手段，独立构成话轮时在特定语境中也可以用于实施警告言语行为。如：

(58) 尚西山：你再改一改。
夏东海：((闭眼，捂住脸))
尚西山：怎么啦？哎老夏，怎，怎么啦？
夏东海：**我让你气得又牙疼了。**
尚西山：哎，我也没说什么呀，我都没说话，你，你这气量太小，哎我跟你说啊，你把这段，这段你用点儿工夫，你((将剧本拿到夏东海面前))＝
夏东海：＝哎呀行了行了((伸手拿过剧本))，改天再说吧，今天不谈了，你先回去。

  尚西山：那我回去了啊，哎那，我走你改不改？

  夏东海：((斜视))走了我也不改！

  尚西山：**那我，我不走。**

  夏东海：哎呀你先回去吧！我改我改，行吗？

（《家有儿女Ⅱ》45）

  例（58）中"那我不走"是通过单句而非复句的形式明示警告者即将实施的惩罚，但与独立构成话轮的祈使句类似，这种简单主谓句的基本字面意义并不必然地用于表达警告，字面意义不能直接解读出指令性意图，而多用于实施承诺类言语行为，表明说话人做出保证、告知对方即将对其实施某惩罚行为。上例中警告的会话含义也是需要听话人结合具体语境进行语用推理才能临时性"浮现"：首先，前文的语境中已经出现了听话人的反预期始发行为（夏东海拒绝按照要求修改剧本）且该行为仍在持续，说话人也已经明示了相应的指令（尚西山第一和第五话轮中两次让夏东海修改剧本）且没有得到对方的顺从，这些背景信息是交际双方所共享的，满足了说话人实施警告言语行为的语境条件，因此后续言及惩罚手段的话轮在此基础上就极有可能被解读为警告而非单纯的承诺；其次，交际双方之间是较为亲密的朋友关系，在非正式的家庭会客环境中发生了上述对话，从前文的两次指令"你再改一改""这段你用点功夫"均没有使用句尾强降调的韵律手段甚至被强行打断可以侧面验证交际双方均知晓本次会话语境的随意性。根据会话分析理论，在一些非正式场合尤其是朋友间的玩笑模式（joking mode）下说话人实施言语行为往往可以违背构成性规则中的诚意规则，也即说话人其实并非真心试图对听话人实施字面保证的惩罚行为，只是通过"承诺"该手段对对方造成一定的心理威慑，以保证前置指令的取效；结合二人社会关系较为亲密、听话人始发行为的绝对强加度较低（没有按要求修改剧本并不会对说话人的利益造成严重损害）等社会文化背景因素可以推断出说话人实施后续惩罚的可能性较低（说话人不会真赖着不回家），因此，这种情况下说话人使用单句形式的告知语并不是为了实施字面意义上的承诺，而是通过明示一定的惩罚手段对前置指令内容加以保障，实质上仍是警告言语行为。

但这种警告言语行为是一种间接警告，需要对方进行即时语用推理后才能加以判定，且这种明示惩罚手段的单句独立传递警告语力时对语境因素的限制较多，往往需要警告者在前置话轮中发出相应的指令，促使对方改变当前正在持续的反预期行为。如果对方的反预期行为已然完成无法更改，则该单句往往仅用于表达字面意义，即警告者通过话语明确告知对方即将实施的承诺性惩罚。如：

（59）刘　星：哎妈妈，这不光是我爸一个人的主意，我们俩共谋，共谋。

夏东海：刘星！

刘　梅：**夏东海，你耳朵我要给你拉下来！**（（伸手去揪夏东海耳朵））

（《家有儿女Ⅱ》77）

因此，明示惩罚手段的单句告知语在独立构成话轮时只能用来实施间接警告言语行为，警告语力不能通过句子的字面意义直接解读，而需要通过特定的语境信息赋予该句子警告的功能与意义。日常交际中这类单句作为告知语使用时，往往也要在表层形式上依靠警示语的共同使用才能直接表明整个话语的警告语力。如：

（60）夏　雨：哎呀，那我经常来看看你们不就是了嘛，常回家看看，回家看看。

夏　雪：嘿，我怎么劝你是不是都不行了？

刘　星：哎，你是不是欠揍啊你？

夏　雪：我真要扁你一顿，我告诉你！

(《家有儿女Ⅱ》20)

例(60)中警示语部分通过虚化的施为动词"告诉"提示了话语的警告语力，第二话轮中"我怎么劝你是不是都不行了"表明警告者夏雪已然实施了"劝诫"的指令言语行为。因此，本次会话的交际意图实际上是夏雪在"劝诫"失败后为了继续达到指令目的、使夏雨放弃仍在持续的出走想法，才进一步选择了指令力度更强的警告言语行为，试图通过明示惩罚手段的方式对夏雨造成心理威慑进而停止反预期的想法，并非真的意图兑现字面承诺。警示语从字面意义上帮助明确了直接警告言语行为的性质，因此明示惩罚手段的单句在话语模式上往往需要与警示语共现（或如前文所述与指示语共现）、共同构成独立话轮才能实施直接警告言语行为。

五　警示语、指示语、告知语共现

警示语、指示语和告知语三个部分在表层形式上共现时，不管各个部分内部使用怎样具体的语言表现手段，整个话语的字面意义一般都可以完全反映警告言语行为的交际意图、深层语义上对应完整的警告语义框架，三者共现的模式也构成了直接警告言语行为中最典型的话语序列。如：

(61) 孔　捷：我说你这个人怎么一点儿立场都没有？亏你也是个军级干部，老战友犯错误你连拉你都不拉一把？

丁　伟：老孔，**你别跟我这儿卖狗皮膏药啊，我可告诉你，你要是敢去政治部告老李的刁状，我丁伟从此就没你这个老战友！**

孔　捷：哎？丁伟啊，你把我看成什么人了？我什么时候说过我要去政治部告状了？

(《亮剑》25)

受制于语言经济性等因素影响,三个部分同时共现的典型话语模式在各种直接警告言语行为的话语模式类型中用例占比并不高,在我们收集到的1265条直接警告言语行为的语料中,三者共现的典型话语模式共165例,仅占总用例比重的13.0%左右。同时,通过对比这1265例的语篇形式差异后我们发现,三者共现的典型话语模式的用例频率在书面形式对话和口语形式对话中表现出明显的差异倾向:在书面对话语料中,直接警告言语行为共计872例,三者共现的话语模式用例共144例,占16.5%;而在我们自建的基于影视对白的准自然口语语料中,直接警告言语行为共393例,三者共现的话语模式用例仅出现21例,占5.3%。可以看出,书面对话中使用三者共现话语模式的倾向远高于口语对话中的用例频率,这可能是由于交际的现场性及话轮转换规则等因素共同决定:交际的现场性使得交际双方可以通过副语言、体态语等多模态手段传递警告信息,而不必通过完整的、复杂的话语结构模式传递警告语力,也不必频繁地使用警示语"我+施为动词+你/你们"的句法结构对交际双方加以指称;同时,现场交际过程中由于双方必须遵循一定的话轮转换规则,如会话双方要不停地完成话语权的交替轮换,其中一方不宜过久地控制话语权,这一原则就决定了口语对话中三者共现的话语模式可能需要通过两个甚至以上的话轮长度才能完全得以呈现,因而口语交际中警告者也就会更倾向使用其他结构上略为简省的话语模式类型。

我们进一步将各种直接警告言语行为的话语模式用例占比统计如下:

表3-8　　直接警告言语行为不同话语模式的用例统计

语篇形式 \ 话语模式	警示语+指示语	指示语+告知语	告知语	警示语+告知语	警示语+指示语+告知语
书面对话	215 (24.7%)	81 (9.3%)	228 (26.1%)	204 (23.4%)	144 (16.5%)

续表

话语模式 语篇形式	警示语+ 指示语	指示语+ 告知语	告知语	警示语+ 告知语	警示语+ 指示语+ 告知语
口语对话	36 （9.2%）	42 （10.7%）	247 （32.8%）	47 （12.0%）	21 （5.3%）
总计	251 （19.9%）	123 （9.7%）	475 （37.5%）	251 （19.9%）	165 （13.0%）

从上表可以看出，总体来说，复句形式的告知语独用模式在书面对话和口语对话中均用例最多，而指示语和告知语共现模式、三部分同时共现模式在两种语篇形式中均相对使用较少。但这种整体趋势在不同语篇形式类型之间仍具有一定的倾向性差别：书面对话中除了指示语和告知语共现模式外，其余四种模式用例占比相对均衡，差距并不悬殊；书面对话的开头也常使用提示语力的警示语引发，施为动词往往使用较为正式的"警告"加以表达。而口语对话中告知语独用的模式占比则远远超出其余四种模式占比，且该比例也是书面对话中相应用例占比的两倍还多。此外，口语对话中出现警示语部分的三种话语模式总和仅占口语语料总量的三分之一左右，且施为动词多以力度较弱的言说动词"告诉""说"为主。这表明，口语对话往往更注重交际互动的现场性，因此受到语言经济性原则和礼貌原则的影响也更大，警告者在实施直接警告言语行为时更倾向于使用较为简洁的告知语独用的话语模式，且选择更为礼貌的隐含警示语或替换施为动词的话语模式。

通过以上分析，我们大体厘清了直接警告言语行为在交际过程中表现出的不同话语模式类型，据此我们也可以将直接和间接警告言语行为中对不同话语模式类型的选择总结如下：

表 3-9　　警告言语行为内部的话语模式对比

话语模式＼言语行为类型	直接警告言语行为	间接警告言语行为
警示语独用	Ø	Ø
指示语独用	−	＋
告知语独用	±	＋
警示语＋指示语	＋	−
警示语＋告知语	＋	−
指示语＋告知语	＋	＋
警示语＋指示语＋告知语	＋	−

以上对比表明，除了警示语独用、指示语和告知语共现的模式之外，直接警告言语行为和间接警告言语行为在话语模式类型上基本呈现出互补分布的特征，其中表层形式上是否出现提示语力的警示语部分是构成二者对立的关键因素。两种警告言语行为类型对三个组件部分内部的语言表现手段要求不同，这也就导致了直接和间接警告言语行为在话语结构模式上产生较大差异乃至互补的选择分布。此外，通过表 3-9 也可以看出，从话语模式的角度入手也能为我们从表层形式上区分直接和间接警告言语行为提供新的操作手段和分析路径。

第五节　小结

本章主要从现代汉语的语言表现手段出发，考察直接警告言语行为在现代汉语使用中的各种话语模式类型，并总结出核心行为三个组件部分内部所选择的规约性语言表现手段及呈现出的相应句法语义特征，以期从表层形式与深层语义结合的角度完善对现代汉语直接警告言语行为体系的建构。本章的主要结论有以下几点：

第一，交际中一个完整警告言语行为的话语结构通常由引发语、辅助语步、核心行为三个部分组成，其中引发语、辅助语步起到调节警告语力的作用，表层形式上可以省略；核心行为是警告言语行为的语力所在，也是组构警告话语的必要部分。核心行为的内部一般又可以分为警示语、指示语和告知语三个部分，直接警告言语行为要求整个话语能够通过字面意义直接反映警告的会话含义，因此，对三个部分的句法语义表现手段都具有一定的选择限制。直接警告言语行为中最典型的话语模式是警示语、指示语、告知语三个部分共现，字面意义上可以完全反映出警告语义框架的内部结构；但是受到语言经济性原则、礼貌原则、句法结构的规约化程度等因素的影响，直接警告言语行为也可以通过独立使用告知语、警示语和指示语并用、指示语和告知语并用、警示语和告知语并用四种话语模式实现警告语力的传递，其中独立使用复句告知语形成话轮的话语模式使用频率最高。

第二，警示语部分主要表现为"第一人称代词＋施为动词＋第二人称代词"的行事成分，对警告言语行为的语力类型起到提示和凸显的作用，一定程度上可以将警示语部分作为区别直接警告言语行为与间接警告言语行为的形式标记。但施为动词与话语语力之间并不存在严格的一一对应关系，表层形式上出现警示语并不代表话语一定实施了警告言语行为，同时警告言语行为也并不必然要求形式上出现施为动词"警告"及相应的行事成分。此外，出于交际的礼貌原则，警示语部分也常常隐含在深层语义中而不在表层形式上外显，或者警告者也可以替换使用指令力度更弱的"告诉""劝""（跟你）说"等言说动词代替"警告"作为施为动词以减轻对警告对象的面子威胁程度。

第三，指示语部分在句类选择上主要通过祈使句传递警告者的指令意图，同时也会通过句尾强降调、拓宽调域等韵律手段附着在祈使句的命题层面表达感叹功能。词汇层面上，进入指示语的谓语中心语往往会被警告言语行为的构成性规则强制赋予一定的时体范畴特征和意外范畴特征；警告者也会通过使用一系列否定标记词和强调标记词明示指令意图、强化主观情态，从内部调节警告语力的强弱。这些不同的否定标记词和强调标记词之间往往也呈现出一些规律性的互补分布和组合特征。

第四，告知语部分要求字面意义直接明示警告者保障指令取效的惩罚手段，这是警告言语行为根本规则的体现。句型选择上主要通过选择复句、条件复句及相应紧缩复句的形式加以表达，而不能通过单句形式的陈述句加以呈现，否则可能会造成间接警告言语行为的产生。复句本身概念意义上的复杂性使得选择复句和条件复句往往都在命题层面蕴含了具体的指令内容，因此，告知语部分可以通过字面意义相对完整地还原、激活整个警告语义框架，具备自由、独立构成话轮实施直接警告言语行为的能力。

第四章

现代汉语警告范畴的间接表现手段

与直接警告言语行为不同,间接警告言语行为表层形式的字面意义与警告语力之间不存在稳固、规约性的对应关系,对会话含义的解读往往需要依靠警告对象结合具体语境进行动态的语用推理,还原出完整的警告语义框架,实现警告语力的传递。间接警告言语行为语力的产生往往来源于话语的字面意义对警告言语行为构成性规则的语义蕴涵,同时用于实施间接警告言语行为的各类话语往往也在语言表层呈现出一定规约性的形式特征,我们可以从中总结归纳出一些常见的规约性和非规约性的语言表现手段进一步展开分析和考察。

第一节 间接警告言语行为的语力来源

Searle(1979)指出,在间接言语行为中,交际双方更多地通过共享背景信息(语言的和非语言的)加上一般的形式逻辑推理和听话人的非实证性推理(non-demonstrative inference)来进行沟通。"具体来说就是:为了解释间接言语行为,就必须有一个间接言语行为理论、某些合作会话一般原则、说话人和受话人共有的事实背景信息,以及受话人的推断能力。"① 这表明,整个间接言语行为的传信、接收、取效过程离不开说话人的明示与听话人的推理。而后,Searle 通过进一步归纳发现,说话人明示话语的语言表层形式与言语行为的某些构成性规则具有一定规约性的关联,根据关联的具体类型大体可以确定出间接言语行为的语力来源类型。

一　间接警告语力的推理过程

对于间接警告言语行为而言,从话语的字面意义到警告会话含义的解读过程要经过警告对象综合各种语境因素,在间接言语行为理论的框架下进行语用推理才能得以完成。我们以 Searle 对间接指令言语行为的分析为例,对一类间接警告言语行为的推理过程进行构拟。如:

(1) 傅　老:这个黑板报,威力大,人民拥护敌人怕!
　　志　新:不是,我说您这么大岁数了怎么敌我不分呐这个,不是,我给擦喽。
　　傅　老:啊,**你敢?你敢破坏我的劳动成果?**
　　志　新:不是,您这来一串门儿的这叫怎么当子事儿啊这是。

(《我爱我家》29)

我们仿照 Searle 的分析步骤②,将警告对象解读警告语力的基本推理过程大体建构如下:

---

① [美]约翰·R. 塞尔:《表达与意义》,王加为、赵明珠译,商务印书馆 2017 年版,第 46 页。
② 关于 Searle 对间接指令言语行为的推理过程可参见[美]约翰·R. 塞尔《表达与意义》,王加为、赵明珠译,商务印书馆 2017 年版,第 48—50 页及第 64—65 页。这里的推理步骤在参照 Searle 的分析框架后有所调整。

步骤1：志新向傅老提出要擦黑板报的提议，傅老以疑问的形式作为回应。（会话的事实）

步骤2：一般来说，对提议的最佳关联（optimal relevance）回应是接受、拒绝或提出其他提议等，会话的交际背景也不是傅老为了询问或求证志新的胆量。（会话分析理论、背景事实信息）

步骤3：志新假设傅老在会话中秉持合作态度，他的回应与本次交际具有关联性，且选择了最佳关联的方式将其交际意图加以明示。（合作原则、关联理论）

步骤4：但傅老的回应不是步骤2中的任何一种，因此他的回应不是一个字面上的关联性回应，他的真正含义可能不仅是提出一个问题、希望志新做出是或否的回答，而是有另外的会话含义。（根据步骤1、2、3做出的推断）

步骤5：如果傅老不仅仅是询问志新是否有胆量去擦黑板报，那么字面疑问句的另一种功能就是针对某件事存在的合理性提出怀疑或质疑；而怀疑、质疑某件事的合理性蕴含着对这件事的否定，也即傅老认为志新有胆量要擦黑板报的提议是不合理的，是违反傅老的心理预期的。一件事如果违反某人心理预期，那么某人一定想制止这件事的发生。（语言知识、常识信息）

步骤6：傅老是志新的父亲，具有年龄、身份上的权威优势，相对来说具有依靠一定惩罚手段保障反预期行为发生的能力。（背景事实信息）

步骤7：警告言语行为的准备规则指出，警告对象正在进行或将要实施的始发行为是违反警告者心理预期的，警告者不希望反预期的事情在未来发生，且警告者对于指令的实现必须依靠一定的惩罚手段作为保证。（言语行为理论）

步骤8：因此，傅老虽然以疑问句的形式回应了志新，但这个回应满足了警告言语行为的构成性规则。（根据步骤5、6、7做出的推断）

步骤9：因此，傅老暗示自己的话语满足了警告言语行为的准备规则，很有可能该回应就是在对志新实施警告意图，并试图

让志新顺从这个禁止性的警告指令。（根据步骤 4 和步骤 8 做出的推断）

上述推理步骤基本可以解释反问句形式的"敢 VP"句推导出警告语力的过程，且具有一定的系统性，即其他形式的间接警告言语行为都具有类似的语力推导过程。但如同 Searle 所说，这个推理过程并不是全部复原、需要严格遵守的心理过程，也不同于一般形式逻辑意义上的实证性推理（demonstrative inference），而是一种自发性的（spontaneous）、以假设形成与验证为主的非实证性推理过程。虽然推理的过程基本遵循演绎推理（deductive inference）的原则，但在非实证性推理中前提的正确并不能保证一定能够形成正确的结论，而只能得到或然性的结论（李捷、何自然、霍永寿，2011：121）。

步骤 4 与步骤 8 是整个推理过程的关键。步骤 4 表明警告对象总是先理解话语的字面意义，只有在字面意义无法解读出交际意图时才去进一步推断警告者的会话含义，因此是解读间接警告言语行为语力的触发机制；步骤 8 则以言语行为理论的构成性规则为基础，为警告对象推理出警告者的交际意图提供导向，引导其做出正确判断。步骤 4 在 Grice（1975）的合作原则下发挥作用，而后 Sperber & Wilson（1986）的关联理论也从认知的角度对会话的"明示—推理"模式进行了完善和补充；Searle 则依据言语行为理论深化了对步骤 8 的研究，归纳出一系列特定间接语言表现手段的语力来源类型。其中，某些特定话语的字面意义在指涉某些构成性规则时，有可能间接地为该话语提供相应的语力来源；其他的一些特定原因也可以与特定话语的间接语力之间形成一定的对应关联。间接警告言语行为也是如此，特定的语言表层形式往往对应蕴含着警告言语行为的构成性规则或相关的施为原因，进而为间接警告语力的解读提供一定的方向和理据。

二 间接警告语力的来源类型

Searle（1979）通过将指令言语行为的构成性规则与英语中常见的一些间接指令句对比后，把间接指令句归纳出了三种类型[①]：

第一种与指令言语行为的构成性规则相关，包括以下三组：

（Ⅰ）与听话人实施某行为的能力有关，如：
Can you pass the salt?（你能把盐递过来吗?）
You could be a little more quiet.（你可以稍微安静一点。）

（Ⅱ）与说话人愿望或希望听话人实施某行为有关，如：
I would like you to go now.（我希望你现在离开。）
I wish you wouldn't do that.（但愿你不做此事。）

（Ⅲ）与听话人将要实施某行为有关，如：
Officers will henceforth wear ties at dinner.（今后官员正餐时应打领带。）
Will you quit making that awful racket?（你能不能不再发出吵闹声?）

第二种与实施指令的原因相关，包括以下两组：

（Ⅳ）与听话人期望或意愿实施某行为有关[②]，如：
Would you mind not making so much noise?（能不能不发出这么多噪声?）
Do you want to hand me that hammer over there on the table?（你能不能把桌子那边的锤子递给我?）

[①] 关于以下三种类型的说明及例句均转引自［美］约翰·R. 塞尔《表达与意义》，王加为、赵明珠译，商务印书馆 2017 年版，第 51—55 页。

[②] Searle 指出，想要做某事是最终去做某事的最佳理由，因此涉及听话人期望和意愿的句子也自然与实施指令的原因相关。

（Ⅴ）与实施某行为的理由有关，如：

It would be a good idea if you left town.（如果你离开城区不失为一个好主意。）

You should leave immediately.（你应该马上离开。）

You're standing on my foot.（你踩我脚了。）

I can't see the movie screen while you have that hat on.（你戴着帽子我都看不见屏幕了。）

第三种是同时涉及多个因素的组合型句子，如：

（Ⅵ）将一个元素嵌入另一个元素及包含明显指令性施为动词的句子，如：

I hope you won't mind if I ask you if you could leave us alone.（我希望你不介意我说希望你别管我们。）

Would you mind awfully if I asked you if you could write me a letter of recommendation?（如果我请您为我写一封推荐信，您是否介意？）

而后，通过将第一种类型的间接指令句与指令言语行为的构成性规则进行对照，Searle 进一步将以上三种间接指令句类型归纳出四条实施间接指令的一般性规律（generalization）。具体如下：

第一，与准备规则相对应，说话人可以通过询问听话人是否具备实施某行为的能力，或通过陈述听话人具备实施某行为的能力，从而实施间接指令。

第二，与命题内容规则相对应，说话人可以通过询问听话人是否要实施某将来行为，或通过陈述听话人要实施某将来行为，从而实施间接指令。

第三，与诚意规则相对应，说话人通过陈述自己想让听话人去实施某将来行为的意愿从而实施间接指令。

第四，说话人通过询问听话人是否有充分理由去实施某行为，或通过陈述听话人有充分理由去实施某行为，从而实施间接指令。

上述规律中的前三条与指令言语行为的构成性规则直接相关，最后一条则涉及交际语境的背景知识信息等相关内容。一般而言，话语表层形式的字面意义满足了上述四条规律就基本具备了实施间接指令的可能，话语功能作为句子意义不可分割的组成部分，与句子形式之间存在着一定程度的契合①。只不过特定的话语功能可能与规约性的字面形式对应关联，如前三条规律中满足相关构成性规则的（Ⅰ）—（Ⅲ）组例句；也可能与非规约性的字面形式对应关联，如符合第四条规律的（Ⅴ）—（Ⅵ）组例句，从而出现间接言语行为内部规约性与非规约性类型的分化。

以此分析模式为基础，我们同样可以从警告言语行为的构成性规则及交际语境入手，考察间接警告言语行为的语力来源类型。我们拟测现代汉语中间接警告语力大体也应当有四种主要来源：指涉警告对象的将来行为；质疑警告对象的始发行为；指涉警告者的惩罚手段；陈述警告者的施行理由。其中，前三种与警告言语行为基本构成性规则的命题内容规则和准备规则有关，而诚意规则和根本规则是保证警告言语行为真实、合格存在且区别于其他言语行为的重要依据，因此往往不能通过陈述或询问这两项构成性规则的相关内容来实现间接警告语力的传递。最后一种语力来源类型则与警告者主体这一要素紧密相关。

---

① 值得注意的是，Searle（1979）指出针对间接指令的语力来源归纳出的这样四条规律只是"规律"（generalization）而不是"规则"（rule）。也就是说，并不是通过这个规律就"可以询问准备规则是否存在进而发出指令"，即字面形式上满足相应的规律并不等同于一定具备了指令语力，规律并不为语力的获得提供充分条件。同样，对于间接警告言语行为而言，字面意义上满足上述"规律"只是为警告语力提供一种推理上的可能性，比如并不是说通过陈述警告对象的将来行为就符合了警告言语行为的构成性规则进而实施了警告。对警告言语行为的判定仍需要话语在特定交际语境下满足所有的构成性规则。

(一) 指涉警告对象的将来行为

与间接指令的语力来源相同,指涉警告对象的将来行为是警告者话语的字面意义直接明示或暗含警告对象将要实施的将来行为,在典型的警告语境下,警告对象会充分调动共享的社会背景因素,间接推理出该将来行为的强制性,完成警告语力的解读。这一来源与警告言语行为的命题内容规则直接相关,表层形式上一般表现为独立构成话轮的祈使句或陈述句[1],如:

(2) 和　平:会撒谎了你,啊?学会旷课了你,啊?还了得了你,啊?

圆　圆:((情绪激动))我要张国荣的签名,你们干嘛不让!我已经等了十二个小时了,就要有两个张国荣的签名了=

和　平:你住嘴!((给圆圆一巴掌))

志　国:**现在,你马上回自己的房间!好好反省反省!**

(《我爱我家》20)

(3) 民　警:什么乱七八糟的,这鞋是人家拿来告你的证据!

林　爸:证据?

林　妈:父爱的证据。

林　爸:哦,对对。

民　警:**我看你们俩是不想配合我工作了。**

林　爸:没有没有!

(《家有儿女 II》20)

如前文所述,独立构成话轮的祈使句字面意义仅表示上位的指

---

[1] 这里的"陈述句"也特指排除直接警告言语行为中告知语独用模式(选择复句、条件复句及相应紧缩复句)之外的陈述句形式。如无特殊说明本章所有的"陈述句"概念均与此处相同。

令义，一般陈述句的句类意义也只是向对方阐述新信息，二者均需要依靠交际语境为对方提供更多的背景信息进行语义扩充、引导对方进行语用推理才能完成警告语力的解读，属于间接警告言语行为的范围。如例（2）中由于志国作为父亲的身份地位权威决定了其能够对圆圆实施一定的惩罚，且当前的交际语境中圆圆已经因为不当的始发行为挨了打，根据生活经验逻辑如果不顺从志国的指令就极有可能会继续受到惩罚，语境信息中蕴含了保障指令取效的惩罚手段，因此该祈使句在当前语境下并不是单纯地进行命令，而是实施了施为力度更强的警告；例（3）中民警同样对普通居民林爸具有绝对的身份地位权威，民警通过字面意义陈述对对方将来行为的判断"你们不想配合我工作"，林爸就可以根据双方的权势差、社会背景信息及必要条件的假设关系等语境知识推断出"如果不配合警察工作就会受到强力制裁"的结论，因此警告对象结合交际语境进行语用推理即可得知，警告者明示性的陈述句并不是告知新信息的阐述言语行为，而是指令自己配合工作的警告言语行为。

（二）质疑警告对象的始发行为

质疑警告对象的始发行为是警告者在字面意义上对警告对象正在持续或即将实施的行为的合理性产生怀疑，与警告言语行为的准备规则直接相关。从深层语义上看，这类话语通过警告者对警告对象的反预期行为加以质疑，从而向警告对象表明或强调该始发行为的不当性，引导警告对象间接推理出警告者希望制止该不当行为继续发生的交际意图。表层形式上这类间接警告常常依靠独立使用的反问句加以表达，如：

(4) 刘　总：我不管，父债子还！((抓戴明明))
　　 戴明明：张秘书，你倒是把钱给他呀！
　　 张秘书：嗨！这戴总都没回来，我这儿哪有钱啊？
　　 刘　总：**你们俩蒙我是不是？**
　　 张秘书：哎别别别，我说刘总，您看啊，我们公司啊这一直也都没欠过您什么钱，要不您再宽限一天，我呢，保证给您把戴总找到，成吗？

(《家有儿女Ⅱ》42)

(5) 尼　克：美丽的夏小姐，你愿意当我的监护人吗？
夏　雪：我::
尼　克：如果你愿意，你现在马上把阳台的门打开。
刘　梅：**你敢吗？**
夏　雪：我还真不敢。

(《家有儿女Ⅱ》80)

  如前文所述，警告者往往通过反问句的疑问表征传递对警告对象始发行为的怀疑，进而引导警告对象推理出自身始发行为的反预期性并对之加以否定，以此来传递禁止性指令。同时，一般来说，警告者对警告对象也具有一定身份、地位或事理上的权威性，例(4)中刘总是债主，在债务关系上对张秘书和戴明明具有事理上的优势，根据生活经验逻辑讨债不成的情况下债权人可能会对债务人实施相应的惩罚，因此，这里表层形式上的正反问实际是蕴含了潜在惩罚手段作为语力保障的警告言语行为，意图指令警告对象"不要蒙我"；例(5)中刘梅在身份上对夏雪具有一定的优势，事理上也是为了尼克的人身安全考虑禁止其出门，夏雪如果敢实施开门的不当行为就会违反刘梅的心理预期，进而可能会受到一定的惩罚，通过反问句的形式警告对象即可推理出"开门"行为的反预期性，进而解读出警告者间接传递的警告语力。

  (三)指涉警告者的惩罚手段

  除了上述与指令内容有关的两种语力来源类型之外，警告者还可以通过字面陈述自己即将实施的惩罚行为，或询问对方是否相信自己有能力对其实施惩罚、对方是否希望惩罚行为发生等形式，引导警告对象推理出警告者试图实施惩罚的原因，进而达到制止不当始发行为、间接实施警告的目的。这种字面意义上指涉惩罚手段的话语也与准备规则直接相关，警告者陈述假设的惩罚手段时句法形式上往往独立使用陈述句，询问警告对象与后续惩罚手段相关的问题时往往表现为独立使用的反问句。如：

(6) 和　平：还让我去啊？我都挨劳动服务公司蹲三天了，好几家儿都盯上我啦，再去，非让人把我带走不成。

　　圆　圆：也成，拿您跟别人换。您做饭是差点儿，洗衣服还成。

　　和　平：**我打你我**。((隔着桌子，扬手))

(《我爱我家》4)

(7) 纪春生：我是没什么可说的了，没承想我大哥还真到我们村儿摸情况去了。

　　志　新：((手指))你别跟我这儿套近乎，谁是你大哥？出去给我，走！((扯纪春生))

　　纪春生：哎((挣脱，跑))大姐你心好，你不可怜可怜我？

　　志　新：**你非等我动手是吧**？((转身抄家伙))

　　纪春生：不用伺候！((志新停手))此处不留爷，自有留爷处，你们家阳台怎么走？

(《我爱我家》18)

指涉后续惩罚手段的陈述和询问实质上都是警告者对语力保障手段的强调和凸显，通过言及警告对象可能会面临的惩罚以威慑警告对象，进而促使其顺从指令；而警告对象则需要根据语境还原、推断出警告者具体的指令目标和要求，同时判定惩罚手段得以实施的可能性与严重程度，以便与承诺类威胁言语行为相互区别。如例(6)中警告者通过直接陈述惩罚手段的方式，意在制止对方继续维持前置话轮中的不当想法；同时交际双方之间为母女关系，警告者象征性的体罚不会对警告对象造成严重的不利后果，且话轮伴随的体态语只是扬手吓唬对方,并没有真的试图兑现相应的惩罚,因此警告者只是试图对对方造成心理威慑,实施禁止性警告,而不是要执行程度更重的承诺类威胁。例(7)中警告者在第二话轮中就已经通过直接祈使句"出去给我""走"及伴随的体态语实施了间接警告,意图指令对方离开这里;但这种没有明示惩罚手段的警告并没有得到对方的顺从,因此警告者在第四话轮才继续追加了警告行为并通过反问句的形式明示了惩罚手段。根据句法规则可知反问句的句类意义就是传递否定信息,因此虽然"你非等我动手是吧"字面意义上看是询问对方是否希望等待"动手"行为的发生,但结合前后语境及警告者转身"抄家伙"的体态语可知,会话含义上警告者就是要告诉对方不要希望暴力惩罚真的发生。另外,从后续话轮中警告者在得到回应后很快停止翻找"家伙"的举动也可以验证,警告者的交际意图也仅仅是促使对方顺从指令,而不是真心试图实施惩罚并给对方造成严重的不利后果。

此外,还有一些字面意义上没有明示但在深层语义上暗含①着惩罚手段的表层形式,我们也将其归入指涉惩罚手段的类型之中。这类话语首先需要警告对象联系字面显义(explicature)及背景语境知识推断出警告者可能会实施的惩罚手段,之后再进一步根据推理出的惩罚手段还原出完整的假设关系,进而完成警告义的解读。常见的表现手段就是前文所述的口头计数行为及独立构成话轮使用的称谓词,如:

(8) 刘 星:小雪,咱们依然撤,收拾东西去,请两位靠下边儿。

---

① 这里的"暗含"是指语境暗含(contextual implication),即语境演绎(contextual deduction)的结果。当话语信息不太直接时,听话人需要联系语境自行补充一些假设前提,以便求取话语关联性进行合理演绎推理(李捷、何自然、霍永寿,2011:120)。这种"暗含"不是含意理论中话语概念意义"扩充"(enrichment)后的结果,而是关联理论中结合语境信息推理后的结果。

夏　雪：走。
刘　梅：哎哎，站住！
夏东海：回来！
刘　梅：**我数啦**！一，二，二点一，二点一五＝
夏　雨：＝看来真的急了。

(《家有儿女Ⅱ》31)

(9) 戴明明：哎！我不了解谁了解啊？他可是我爸。
刘　星：所以嘛，悲哀呀。
戴明明：**刘星**！
刘　星：((逃走，戴明明停在原地愣住))(2.4)

(《家有儿女Ⅱ》86)

　　例(8)中刘梅的计数行为字面意义上并没有直接描述将要实施的惩罚行为，需要对方根据生活经验及身份关系推理出当刘梅数到三的时候可能会实施的体罚行为；且警告者这里的交际意图显然并不是真的想要对对方实施惩罚（否则数完"二"之后会直接数"三"并实施相应惩罚），而只是通过计数方式提示警告对象推理出不利后果对其加以心理威慑，并给足对方时间完成指令，因而是间接警告言语行为。同样例(9)中称谓词并没在字面意义上明示后续惩罚手段，但警告对象根据日常经验（戴明明经常追打刘星）可以推理出警告者这里使用句尾强降调的称谓词是为了提示自己注意不当行为，否则还有可能会引发被追打的后果，后续话轮中刘星即时逃走也从行动上验证了其成功接收到了话语的警告意图。

　　(四)陈述警告者的施行理由

　　陈述警告者的施行理由是话语的字面意义直接关涉警告者实施指令的理由。告知警告对象相关理由可以为警告者实施指令的正当性、合理性提供支持，进而凸显警告对象始发行为的不当性、反预期性，因此，陈述警告者的施行理由实质上还是间接满足了警告言语行为的准备规则，与构成性规则产生一定程度的关联，促使警告

对象根据字面意义明确相关的指令内容,进而结合具体语境间接解读出警告语力。如:

(10) 刘　梅:我问你,是不是刘星指使你到胖婶儿那儿领那一百块钱的?

键　盘:啊不,这钱就是我丢的,哪儿的法律说我不能丢钱啊?就是上了法庭我也这么说,这钱就是我丢的。

刘　梅:嘿!**我可早就知道你们俩是串通好的。**

键　盘:刘星你:你还叫我不叛变,你自己先叛变了!

(《家有儿女Ⅱ》12)

(11) 志　国:不是,您还摸黑儿进?这样让人听见像什么话呀?

李大妈:没开灯呀,我怕那个影响了老傅同志睡觉啊。我进去了,谁承想啊,我这地形不熟,初来乍到的,我把这床当成沙发了你说,我就摸着老傅同志那脑袋呀,我还以为是圆圆玩儿的皮球什么的呢,我就从里到外拿着抹布这么一通擦呀,结果把老傅同志给吵醒了。

志　国:**李大妈,我爸可有心脏病。**

李大妈:没事儿,他怪叫了两声,躺下又着了。对了,我明儿个,我第一个先来你们屋。

(《我爱我家》43)

上述例(10)中刘梅首先在第一话轮中对键盘进行了询问,而后在第三话轮中向键盘解释了自己发问的原因。这种解释理由背后的因果逻辑是:因为我已经知道了你跟刘星事先串通好了,所以我才希望你坦白刘星指使你冒领钱的行径,放弃持续第二话轮中错误的狡辩行为。同时,社会因素方面刘梅在身份和事理上都对键盘具有一定的绝对优势,所以有实施后续惩罚的可能性,因而第三话轮的整个话语虽然字面上是刘梅在陈述自己第一话轮发问的理由,但实质上却实施了间接警告,强调了自己潜在指令的合理性及对方始发行为的反预期性。例(11)中志国在第一话轮已经通过反问句的形式间接实施了"不要随便进傅老卧室"指令,但李大妈第二话轮继续为自己摸黑进傅老卧室的行为进行辩解,志国在第三话轮才继续强化了警告语力:因为傅老有心脏病,所以李大妈随便进卧室惊吓到傅老的话可能会造成严重的后果。志国对指令理由的陈述强化了李大妈始发行为的不当性,同时自己在社会身份上是李大妈的雇主,具备后续对李大妈实施解雇等惩罚行为的能力,对指令理由的陈述也是通过引导对方推理出"暗含"惩罚行为的方式间接传递了警告意图。

此外,这种对施行理由的陈述还经常与上述三种类型共同使用以强化警告力度。如:

(12) 键　盘:行了啊,别唱高调了,瞧你这眼睛肿的,得流多少泪啊。
　　　刘　星:((故意拿拖把蹭键盘的鞋))(1.8)
　　　键　盘:**嘿!看着点儿!一千多块呐!**
　　　刘　星:怎么啦?怕脏当手套戴啊。
　　　键　盘:你这是嫉妒。　　　(《家有儿女Ⅱ》48)

例(12)中警告者通过明示警告对象的将来行为和自己的施行理由两种方式共同实施了间接警告,键盘首先指令了刘星要"看着点儿"拖地的将来行为,而后通过告知刘星自己的鞋很贵意在表明刘星故意弄脏自己鞋的始发行为是错误的,如果不听从指令的话后续可能会要求其赔偿;虽然交际双方之间没有身份地位上的权势差异,但该语境中警告者在事理上占有一定的优势,因此也具备实施惩罚的潜在可能性,整个话语满足了间接警告言语行为的构成性规则和具体要求。

总体来说，以上四种间接警告言语行为的语力来源，本质上都是警告言语行为背后深层的构成性规则在语言表层形式上的反映和体现。在警告语义框架限定的交际语境下，话语的字面意义一定程度上满足警告言语行为的部分构成性规则，就可以作为引导警告对象结合交际语境做出最佳的关联推理，还原出完整的警告言语行为构成性规则，进而完成警告语力的传递和解读。无论在话语表层是使用直接形式还是间接形式，明示或暗含的构成性规则始终在判定警告言语行为的深层语义框架层面上起到支撑性的作用。

第二节　间接警告言语行为的典型语境特征

上述四种间接警告言语行为语力的解读都来自话语字面意义部分触发对警告言语行为完整构成性规则的还原，引导警告对象进行语用推理，但语用推理离不开语境[①]的制导和影响，其中，警告对象始发行为的反预期性和警告者自身的权威性是导向警告语力顺利获取的两个重要语境特征。

一　始发行为的反预期性

Heine 等（1991）指出，"反预期"在范畴意义上指出乎意料的信息，包括与社会预期相反、与前文预期相反、与说话人预期相反等类型；反预期关注话语逻辑语义的层面，但更强调语用意义及会话含义，因此反预期性往往与元语否定、语用推理等操作密切相关

---

　　① 这里所说的"语境"指"认知语境"（cognitive context），包括语言意义上的上下文语境（linguistic context）、物理空间中的即时情景（situation）、个人特定记忆、经历和对未来的期望构成的心理语境以及社群知识、百科知识、逻辑能力等这些共有的知识语境（Sperber & Wilson：《关联：交际与认知》，蒋严译，中国社会科学出版社 2008 年版，译者前言第 14 页），而不仅仅是传统意义上的上下文话语境。

（袁毓林，2008）。前文已经反复指出，警告对象始发行为的反预期性是推动警告者实施警告言语行为的基本前提，也是警告言语行为准备规则的必要组成部分：因为始发行为具有一定的反预期性，警告者才会试图通过警告的手段促使警告对象调整或改变该始发行为；对始发行为反预期性的强调和凸显也会引导警告对象激活警告语义框架，往警告的交际意图方向进行语用推理，一定程度上避免了推理过程走向提醒、命令或威胁等其他言语行为。

就间接警告言语行为而言，警告对象的始发行为主要是违反了警告者的心理预期，反预期性带有警告者强烈的主观印记。如：

(13) 夏　雨：妈咪，咱们该回家了吧？
　　　Mary：来，宝贝。
　　　夏东海：小雨，这儿才是你的家，回来了咱哪儿都不去了，来，乖。
　　　夏　雨：可我还是要回去。
　　　夏东海：**什么意思？你再说一遍？**
　　　Mary：((夏雨躲))小雨别怕，把你刚才说的话再跟你爸说一遍，他没听清楚。
　　　夏　雨：我要在妈咪那长住。

(《家有儿女Ⅱ》44)

上例中夏雨的始发行为只是告知夏东海自己要回亲生母亲家里住段时间，零语境下该行为并不带有任何违反社会预期或前文预期的语义解读。但这里夏雨依然可以推理出夏东海反问句背后的警告意图，以至于害怕到在 Mary 的宽慰下才再敢给出回应话轮，就是因为该始发行为违反了夏东海主观的心理预期，且这种反预期性对交际双方互明（mutual manifest），因此夏东海才通过反问句的形式发出警告，试图使夏雨改变试图离开的决定。夏雨也通过反问句的否定义识解出夏东海认为自己的始发行为具有反预期性，进而完成警告语力的推理解读。这种看似符合社会预期的始发行为依旧可以触发警告者的警告言语行为、警告对象相应的语用推理，根源就在于该始发行为必然在语境中违反了警告者的主观心理预期。

实际上，日常对话语料中也可以发现不少概念意义上违反社会预期或前文预期的用例，如：

（14）苏　苏：哎，姐姐手下留情，咱们都快成一家人了嘛。

　　圆　圆：**你还敢造谣？什么叫一家人？**

　　苏　苏：我，我是说，虽然你长得差点儿。

（《我爱我家》82）

（15）赵永刚：我那么说过吗？

　　相亲女：你们这是搞什么名堂？耍着我玩儿吗？这种事情，怎么能不严肃呢？

　　李冬宝：就是，**你怎么能出尔反尔呢？以后我们怎么做工作？**

　　赵永刚：我∶∶∶

（《编辑部的故事》24）

例（14）中反问句指涉的始发行为"造谣"在概念意义上是违反一般的社会道德标准的；例（15）的"出尔反尔"在概念意义上表明前文语境中警告对象口头承诺了某行为但当下却反悔不承认，从第一话轮"我那么说过吗"即可侧面验证。从广义的角度来说，无论是违反社会预期还是前文预期，一定程度上其实都是违反警告者主观心理预期的体现：警告者作为整个社会群体的一部分，一般来说违反社会预期自然也会违反警告者的心理预期。如例（14）中"造谣"虽然规约性地带有消极情感色彩，但结合语境来看所谓的"谣言"还是仅限于警告者圆圆主观判定的、仅在圆圆和苏苏两个家庭范围内流传的观点，并没有很大的社会影响力，因此所谓的"造谣"还是可以认定为对警告者主观心理预期的违反。而例（15）中违反前文预期是警告对象针对自己前置会话内容的一种前后矛盾，但正是警告对象前后矛盾这一行为本身违反了警告者主观的心理预期（警告者心理预期应该是警告对象前后言行一致），才使得警告者试图纠正警告对象的当前行径，也即违反前文预期必然导致违反警告者主观心理预期，二者之间具有因果关系，与警告者的心理预期相反才是触发警告言语行为的直接动因。

因此我们认为，所谓违反社会预期和前文预期的类型都可以归结为违反警告者主观心理预期一类。也正是因为警告对象始发行为与警告者心理预期紧密相关且与之相悖，才引发了警告言语行为的施行，语境中这种反预期性的存在是间接警告语力得以传递和解读的必然前提。

二 警告者的权威性

警告者的权威性是指语境的背景信息中交际双方之间存在一定的权势差异，警告者对警告对象具有一定的权力优势。樊小玲（2011：89）指出，这种权势差往往可以作为判定指令言语行为的标准，将指令与非指令言语行为相互区别。一般来说影响权势差的因素包括年龄、身份、社会地位等规约性社会因素，也包括特定情境中特定话语角色（如医疗语境下医生对病人就具有一定的权威）这些临时性社会因素，指令言语行为要求指令者认定自己有权势对指令对象实施该行为。

就警告言语行为而言，作为指令言语行为的下位类型，警告语境中也固然需要警告者对警告对象具有一定的权威性，这样才能为警告者后续实施一定的惩罚提供客观上的可能性，满足警告言语行为需要依靠惩罚手段保障指令执行的准备规则和根本规则。因此，语境中警告者的权威性一旦作为背景信息被警告对象识解，即便警告者不通过语言表层形式将后续惩罚手段加以明示，也即仅使用间接警告言语行为的方式或表现手段，警告对象也能根据这种权威性推理出警告者可能会依靠潜在的惩罚手段确保指令地取效，进而完成警告言语行为的判定和识解。

日常交际中，间接警告言语行为中警告者的权威性往往表现在年龄、身份、地位等固有的社会权势（social power）上，一般来说，年纪大、身份地位高的群体较之年纪小、身份地位低的群体具有一定的权威性。同时，警告者的权威性还表现在两种交际情境临时赋予的权威性上：一种是特定情境临时赋予社会角色身份、地位、权力或力量上的优势地位，如班级里班长对同学、法庭上法官对被告人等，离开特定交际情境后这种权威优势则不复存在，双方地位均等；另一种是社会道德、生活伦理或事理等临时赋予警告者的权威优势，符合社会生活标准、伦理正确的群体往往具有一定的权威性。交际过程中这种临时的、非规约性权威往往还会压倒固有的、规约性权威优势发挥作用。如：

（16）刘　星：你这是扼杀我的艺术之路知道吗？你，你更年期。

　　　刘　梅：**嗯？说什么呢？你再说一遍？**

　　　刘　星：更，更年期。

　　　刘　梅：嘿！((扬手要打刘星))

（《家有儿女Ⅱ》46）

（17）傅　老：啊，三十块钱是少了一点，要不我出五十？

　　　志　新：**嗯？**

　　　傅　老：啊，一百？

　　　志　新：**再说一遍？**

　　　傅　老：我干脆呀，一会儿到银行给你去取三百块钱，哈，谁让我是你爸爸呐。　　　　　　　（《我爱我家》88）

例（16）中刘梅与刘星是母子关系，警告者刘梅具有年龄、身份上的权威优势，这种固有的权威性保障了刘梅对刘星具有实施惩罚的动力情态，从第四话轮中刘梅伴随的体态语即可加以验证，因此警告对象刘星通过对固有权势关系的识解即可推理出后续可能存在的潜在惩罚，完成警告语力的解读。例（17）则相反，傅老与志新是父子关系，警告者志新在年龄、身份地位上处于弱势，但交际情境中由于傅老爱慕虚荣，在明知志新经济拮据的情况下还让志新破费请了一顿大餐，在事理上反而处于被动地位，因此志新在这种临时情境中也能以下对上的身份使用间接警告，傅老在明知自己理亏的共享背景下也可以推断出后续可能会引起志新情绪不满、持续讨债等潜在惩罚行为，解读出反问句背后的警告语力，这种情况下往往就是临时性的事理权威取代固有的身份权威而完成的语用推理过程。

但需要指出的是，无论是固有的还是临时的权威优势，语境中的其他社会因素还要限制警告者的权威性不会导致引发客观上较为严重的不利后果，否则话语的语力仍可能会走向程度更重的威胁而不仅仅是警告。如：

（18）于大妈：老傅啊，今天街道上通知下午进行防盗演习，也就是说呀，练习怎么抓坏人。（（春花用口袋罩住于大妈，宝财开始捆于大妈））哎哟，是不是志新啊？还是和平啊？年轻人学的还真快，罩的还真好，我教你们第二种方法啊。（（回头看见宝财））哎？

宝　财：**怎么着？不准动**！（（用布堵住于大妈嘴））

于大妈：（（左顾右盼，放弃挣扎））

(《我爱我家》24)

上例中宝财作为劫匪在临时语境中占据了一定的力量优势，具有实施指令并给予对方惩罚的基础，但打劫的语境知识中打劫者一般会通过诸如限制受害者人身自由、将受害者致伤致残甚至剥夺生命等暴力手段以保障指令的执行。因此，这种情况下受害者往往会根据该场景扩充出程度更为严重的潜在不利后果，打劫者的间接话语往往也就具有了威胁的语力而不仅仅是警告言语行为。关于惩罚手段的施为力度如何受语境因素的制约，前文在第二章中已展开过详细论述；但该施为力度究竟如何精准判定往往仍要视具体语境和双方共识而定，是动态的语用推理过程，难以通过明晰的、形式化的语境特征加以简单厘清，只能在警告者的动力情态、社会文化背景知识中行为本身的绝对强加度等语境维度下归总出一些倾向性的规律。

第三节 间接警告言语行为的语言表现手段

间接言语行为的定义规定话语的字面意义与会话含义之间没有规约化的对应关系，加之规约化程度最低的非规约性间接言语行为的存在，使得间接警告言语行为的语言表现手段相较直接警告言语行为而言更为多样、无序，难以描摹、概括出较为规整的表层形式特征和结构体系。我们这里主要以规约性间接警告言语行为为主，详细探究现代汉语间接警告言语行为在话语模式、词汇、句法层面的常见表现手段及内部差别。

一 间接警告言语行为的话语模式

如前文所述，间接警告言语行为与直接警告言语行为在话语模式上的重要差别即在于表层形式上往往不能出现直接提示语力类型的警示语部分，因此，间接警告言语行为的话语模式相较而言更为简单，仅表现为指示语独用、告知语独用、指示语和告知语共现三种模式。警告意图的解读主要依靠警告对象根据明示或暗含的指令内容及潜在的惩罚手段推理出完整的假设关系，实现警告语力的传递。

（一）指示语独用

间接警告言语行为的字面意义不能直接反映出完整的警告语义

框架，因此与直接警告言语行为的要求相反，间接警告言语行为的指示语部分可以由指涉指令内容的祈使句独立充当，也可以由一些暗含具体指令内容的句法形式（如反问句）独立充当。如：

(19) 夏东海：呃，你们都给我听好了，今天晚上妈妈的朋友要到咱们家里来，你们一定要把咱们家新的精神面貌拿出来，给客人们留下一个良好的印象，明白了吗？

夏雪、刘星、夏雨：(2.1)

夏东海：听明白没有？

夏　雪：听明白了。

夏东海：**大点儿声儿！**

刘　星：听见了，唉，我苍白的童年就这样开始了。

(《家有儿女Ⅱ》29)

(20) 余德利：死床下了。

刘书友：**我说你这个人怎么老插嘴啊？是你讲还是我讲啊？**

余德利：您讲您讲您讲。

(《编辑部的故事》21)

上述两例均是言及具体指令内容的指示语独用模式。例 (19) 中祈使句句类的字面意义仅反映上位指令义，因此不能独立构成话轮实施直接警告言语行为。但根据语境，警告者夏东海在第一和第三话轮连续两次提出要求被孩子们无视、敷衍的情况下，孩子们显然也能够预见自己的回应会违反警告者的心理预期。且夏东海在身份上对三个孩子具有固有的权威优势，孩子们很容易推断出如果再不顺从指令可能会受到潜在惩罚的结论。因此第五话轮中夏东海的指令就是一种依靠强制手段保障行为取效的警告言语行为，尤其第五话轮韵律上的句尾强降调即可与第一、第三话轮中的疑问语气形成对比验证，警告语力的获取需要警告对象借助语用推理间接加以完成。例（20）中的反问句同样需要警告对象依据句法知识扩充出禁止指令信息，再结合具体语境（如刘书友在年纪、身份上具有一定的权威，余德利老是打断别人的话在事理上也不占优势，因此可能会引发刘书友情绪不满、同事间关系不愉快等不利后果）推理出语境中暗含的惩罚手段，而不能通过疑问的表层形式直接解读出警告者的交际意图。

（二）告知语独用

虽然直接警告言语行为也可以通过告知语独用的模式完成，但同样受制于间接言语行为的定义要求，间接警告言语行为的告知语部分不能由直接表达完整假设关系的复句形式实现，而只能通过明示或暗含惩罚手段的其他句法形式加以完成，在语言表现手段上形成与直接警告言语行为的告知语独用的对立互补格局。如：

(21) 刘　星：本来呢。
　　　刘　梅：啊。
　　　刘　星：可是呢。
　　　刘　梅：啊。
　　　刘　星：后来吧。
　　　刘　梅：啊。
　　　刘　星：怎么说呢？爸，你还是替我婉转吧。
　　　夏东海：**我揍你信吗？**

（《家有儿女Ⅱ》61）

(22) 戈　玲：想装成瞎子到大街上给人算命去。
　　　余德利：对，是，我想，我得有一托儿呀，你看老刘，一瞧就是一老实巴交的一个知识分子，你说在马路上我一给他算，完了以后说他一底儿掉，那不得围一大帮人排队让我给他算啊，完了以后我就把这笔非法所得，寄往灾区。
　　　李冬宝：戈玲儿。
　　　戈　玲：哎。

第四章　现代汉语警告范畴的间接表现手段　　179

　　李冬宝：**去给咱们那片儿联防打一电话，让他们这两天巡街的时候经着点儿心，说群众举报有人装成瞎子在咱们这地儿沿街行骗。**
　　戈　玲：成，哎，冬宝，用不用再说有一个貌似敦厚，戴一副眼镜儿的老者不离左右，这要成了团伙儿，那公安局可更重视。
　　李冬宝：你看着办吧，达到严厉打击的目的就行了。
　　刘书友：哎！小余啊，小余，这，这事儿还真不是开玩笑，我可不干了，你，你另找别人吧！

　　　　　　　　　　　　　　　（《编辑部的故事》25）

　　上述两例都是通过独立构成话轮使用的告知语来间接表达警告语力。例（21）中夏东海用反问句的形式表明了可能要实施揍刘星的惩罚行为，刘星根据该明示话语并结合具体语境即可推理出夏东海试图实施惩罚的原因，即前置话轮中刘星代替夏东海向刘梅所做的支支吾吾的解释是违反夏东海心理预期的，由此刘星可进一步推断出夏东海的交际意图是制止其不要再继续进行无效解释，否则夏东海可能会通过体罚的手段保障指令的执行。例（22）中李冬宝通过祈使句的形式指令戈玲去报案，虽然字面上仅使用了"有人"这样的模糊语，没有指明举报对象，但交际语境中在场装瞎的只有余德利一人，因此话语的字面意义实际是表明李冬宝要去举报余德利及刘书友的惩罚行为；而警告对象也很容易根据语境主动寻找警告者告知惩罚手段的原因，即试图制止他们装瞎行骗的不当始发行为；从最后话轮即可验证刘书友已经成功接收到了警告语力，指令意图得到了顺从并完成取效。

　　值得注意的是，这种对惩罚手段的明示或暗含往往受到交际双方社会距离、亲密关系及始发行为的绝对强加度等语境因素的限制，交际双方均可达成一个共识，即警告者一般不会真的兑现宣称的惩罚，而只是试图通过这种惩罚手段对警告对象造成心理威慑，促使其执行相应指令。如例（21）中，夏东海与刘星是亲密的父子关系，社会距离较近，并且刘星的始发行为本身也没有对夏东海造成严重的利益损失，社会文化背景下绝对强加度较小，因此，夏东海并不是真的试图对刘星实施体罚，同时这一点对刘星来说也是互明、共知的。在这种特定交际语境的制约下，间接形式的告知语才可以被用来实施警告言语行为而非承诺言语行为。

（三）指示语和告知语共现

与直接警告言语行为不同的是，间接警告言语行为的指示语和告知语共现模式要求告知语部分不能是直接形式的选择复句或条件复句，而只能是间接告知惩罚手段的其他陈述句、反问句等；指示语部分则无此限制，语言表现上可以是直接形式的祈使句，也可以是间接形式的反问句。如：

（23）余德利：大肥肉您也吃了，该咱俩起会儿腻了吧？说实话张明高，那稿子你到底给没给老徐？

　　　张明高：你知道啦？没给。

　　　余德利：**你可得说老实话，给了就是给了，没给就是没给，我可全都知道了！**

　　　张明高：你知道什么了？你知道多少？给了又怎么样，不给又怎么样？

（《编辑部的故事》16）

（24）夏　雨：哎呀，你就卖给她吧！

　　　刘　星：少插嘴！

　　　戴明明：**你还来劲了是不是，刘星？大不了我多花点儿钱，我到外边儿买高价票去！**

　　　刘　星：哼，那你买去呀，哎，不过我跟你说一声儿啊，市面儿上的票可净是假的。

（《家有儿女Ⅱ》66）

例（23）中虽然指示语部分是直接祈使句"你可得说老实话"，与直接警告言语行为相同；但告知语部分是陈述警告者施行原因的间接形式"给了就是给了，没给就是没给，我可全都知道了"。作为完整的警告言语行为，虽然具体指令内容通过指示语部分的字面意义得到了明示，但保障指令得以执行的具体惩罚手段（如余德利可能会向有关部门揭发张明高一稿多投等）仍需要警告对象基于告知语的字面意义进行语用推理才能得知，整个话语的字面意义并没有完全直接反映警告的会话含义。例（24）中指示语部分是间接的反问句形式"你还来劲了是不是"，告知语部分是陈述句形式"大不了我多花点儿钱，我到外边儿买高价票去"。此时具体的惩罚手段虽然通过字面意义得到了明示，但指令内容"不要来劲抬价"却需要警告对象根据反问句规则进行规约性语义解读；同时警告对象也需要结合具体语境推断警告者究竟是否真的会兑现"不从他手里购票"的承诺，还是仅仅是为了对他造成心理威慑、促使其低价转票。这类指示语和告知语并用的模式仍需要警告对象调动语用推理完成对完整假设关系的建构，因此应当归属于间接警告言语行为的范围。

二 词汇表现手段

间接警告言语行为在词汇层面较为特殊的表现手段主要集中在独立构成话轮使用的称谓词及叹词上，二者从形式上看均属于非规约性间接警告言语行为，在具体入句的句类选择、语气语调及语境特征上均有着一定的限制和要求。

（一）称谓词

称谓词是在现场交际中用来称呼别人、自己及彼此间关系的词语，主要包括姓名、姓氏、名字、昵称等类型（曹炜，2005）。称谓词"不仅是语法单位，而且还是言语交际单位和语用单位"（赵英玲，1997）。称谓词作为一种词汇手段在指令类言语行为中往往发挥着重要的调节作用，如李军（1998a）在研究汉语使役性言语行为时就指出，称谓词在构造使役性话语结构中发挥着重要作用，主要关注了其在用于句首引发语部分时的醒示作用。但以往研究都没有注意到称谓词在特定情境下可以独立充任核心行为传递警告的交际功能。

对于间接警告言语行为而言，作为称谓词使用的姓名或昵称往往可以在会话中形成一个独立话轮表达警告语力，表层形式上警告者一般会通过句尾强降调的韵律手段在实施指令的同时表达强烈的负面情感，因此这类称谓词在句类功能上兼表祈使和感叹。如：

(25) 孟朝阳：你躲开点儿，这有你什么事啊？
　　　志　国：那怎么着？既然小林不愿意，我就不能不管，我得保护她，为了她粉身碎骨我也＝
　　　和　平：＝**贾志国**！((拍桌子))
　　　志　国：(1.8)
　　　和　平：你终于跳出来了你啊！为了她你怎么着啊？粉身碎骨啊？

(《我爱我家》95)

这种独立使用的称谓词即便在句尾强降调的韵律环境中，其字面意义的基本功能也并不是规约地用于实施警告言语行为，而是为了引起对方的注意，提示对方有重要的新信息需要接收（赵英玲，1997）；至于这个新信息是否是警告意图，则需要根据特定语境因素被临时赋予或激活，也即警告义只是独立构成话轮使用的称谓词在警告语境下临时"浮现"出的语用功能。当警告对象的始发行为违反警告者的心理预期，且警告者对警告对象具有实施惩罚的权威性时，提示对方注意新信息的基本话语功能就会被关联至引导对方注意自己始发行为的不当性、反预期性上，进而带动对方结合语境推理出具体的指令内容和警告语力。如：

(26) 夏　雪：不是，没想劝你，就是通过这一个阶段吧，麦穗儿老到我们家，我们大家没觉得她有哪点不好。

戴明明：嗯？

夏　雪：而且::

戴明明：说。

夏　雪：而且她给我们的印象是越来越好了。

戴明明：**小雪！**（（咬牙切齿，握紧拳头））

夏　雪：好就是好，我也不能骗你啊。

(《家有儿女Ⅱ》9)

例（26）中戴明明使用句尾强降调的昵称称呼夏雪，字面意义上没有传递任何命题性信息，显然需要夏雪调动语用推理寻找表层形式与戴明明背后会话含义之间的关联；而强降调的称谓词基本功能是引起对方注意，因此夏雪就会根据背景语境信息去填充戴明明的字面意义以获取其交际意图。在该例中，戴明明与夏雪是亲密好友关系，因此戴明明想让夏雪与其保持一致立场，共同排斥其准继母麦穗；但麦穗却通过各种手段收买了夏雪一家，夏雪选择将实情告知戴明明，该行为使得戴明明感到非常意外，违反了戴明明的心理预期，从第二话轮中戴明明意外语气的"嗯？"即可验证。同时最后话轮中夏雪的辩解行为也表明，夏雪是知道自己告知对方实情的行为是违反戴明明心理预期的，始发行为的反预期性是听说双方所互明和共享的。而从事理角度而言，朋友之间不该相互背叛的道德伦理也使得戴明明对夏雪具有一定的权威优势，有实施跟夏雪生气甚至绝交等惩罚手段的可能。因此，在这样的背景语境限制下，戴明明的称谓词话轮就会被强制赋予警告的会话含义，即戴明明指令夏雪应及时关注并停止自己当前的不当想法，否则可能会引发好友之间产生不快等不利后果。此外，称谓词话轮中伴随的体态语也一定程度上明示了戴明明不满的负面情感，侧面帮助夏雪将话语导向警告意图的解读。

（二）叹词

叹词在会话交际中的基本功能是"表情"，吕叔湘（1982：316）指出叹词"就是独立的语气词。我们感情激动时，感叹之声先脱口而出，以后才继以说明的语句"，且这种说明性的语句"必然带有浓郁的情感"。而有些叹词用来表达说话人对某人或某事强烈的负面情感时，自然就蕴含着希望某人修正当前错误行为、负面事态不要发生或延续的心理或意图。因此，表负面情感的叹词在概念意义上往往与制止义紧密关联。

在特定语境因素的制约下，如果对方的始发行为具有一定的反预期性，说话人往往会通过特定的叹词来表达强烈的负面情感，同时间接实施禁止性指令。如果说话人对于听话人还具备一定固有或临时性的权威优势，独立使用的叹词句就会在交际过程中临时"浮现"出警告的会话含义、作为警告言语行为实施并取效。现代汉语中叹词"嗯"和"哎"就常常独立用于日常会话序列中传递警告语力，表层形式上多表现为句尾强升调的反问语气或句尾强降调的感叹语气。如：

（27）刘　梅：孩子们，你们在家里不许捣乱，必须听爸爸的话，听见没有啊？

　　　　夏　雨：没听见。

　　　　刘　梅：**嗯？**

　　　　夏　雨：哎呀，放心吧，我跟您逗着玩儿呢，我们都会听话的。

（《家有儿女Ⅱ》29）

（28）夏　雨：哎，您这么表扬他是不是也让我学他呀？

　　　　夏东海：现在用不着，以后再说。

　　　　姥　姥：**哎！**

　　　　夏东海：不是不是，以后也用不着。别在这儿瞎捣乱，快快快回屋去，别在这儿捣乱。

（《家有儿女Ⅱ》60）

《现代汉语词典》（第7版）（2016）中指出，"嗯"具有"表示出乎意料或认为不该是这样"的意义，"哎"作叹词使用时也有"表示惊讶或不满意"的义项，也就是说叹词"嗯""哎"都可以特定地用于表达意外的负面情感。但与称谓词类似，表达意外及负面情感的基本功能并不必然带来警告语力，也可能会导致诸如指责等相关言语行为的产生。如：

（29）甲：这就是你说的全心全意为人民服务？**嗯？**你就是这样服务的？
乙：我……我……

（转引自汤卉，2016）

因此，"嗯""哎"等叹词独用时的字面意义与警告会话含义之间也不存在规约性的关联，而是在特定警告语境中被临时赋予的非规约性解读。如例（27）中，夏雨首先在第二话轮中表现出了违反刘梅心理预期的应答行为"没听见"，从最后话轮中夏雨自己对该始发行为的修正"我跟您逗着玩儿呢"即可验证该行为的反预期性；且刘梅在身份上具备对夏雨的固有权威优势，因此存在着对夏雨实施惩罚的客观基础。同样，例（28）中夏东海也因口误在第二话轮中实施了违反姥姥心理预期的始发行为，从最后话轮中的自我修正"不是不是，以后也用不着"即可验证；同时姥姥在身份上也对夏东海固有一定权威优势，如果夏东海不及时更正错误的话可能会对其实施迁怒等惩罚行为。

这类作为词汇手段的叹词独用现象都是在特定语境因素制约的警告语义框架下才能够被用于传递警告语力，对警告对象的语用推理依赖较高，属于非规约性的间接警告言语行为。但需要指出的是，能够用于实施警告的叹词仍需具备一定概念意义的规约性，即能够在一个常规的语言环境下相对高频、固定用于表达意外与不满，因此诸如"呃""唉""哦""嗨"等不具备表意外或不满情感功能的叹词，往往就会由于其基本语义功能的限制而不能进入临时性的警告语境之中。所以，对于能否独立实施间接警告言语行为而言，叹词内部也并不是一个均质的系统，警告语力的解读离不开词汇的概念意义和典型警告语境的相互制约以及警告对象的动态语用推理过程。

三 句法表现手段

由于字面意义与会话含义之间的非规约性对应，间接警告言语行为较之直接警告言语行为来说在形式手段上更为丰富多样，因此也难以通过一些固定的句法标记对其进行表层形式上的归类与描述。我们这里仅从实现间接警告功能的典型句类入手，进一步对间接警告言语行为的句法表现手段加以细化和总结。

（一）反问句

反问句是用于实施间接警告言语行为的重要手段，也是间接警告语力的重要来源之一。警告者通过字面意义质询警告对象的不当始发行为，或质询警告对象是否相信、希望后续惩罚行为的发生，往往都能够在特定语境下引发对方积极进行语用推理，固定地完成警告会话含义的解读。

反问句只是发问者借助疑问句的韵律及句法形式间接地表达对某事的看法，并不是发问者心中真的存在疑问要求对方解答，句类功能在本质上是表示否定。邵敬敏（2014：287）指出疑问句与反问句相互转化的过程中最重要的因素就是发问者的怀疑或质疑心理。更具体来说，反问句是对对方实施当前行为的前提产生质疑，"提问的结果使得对方行为的前提不能成立，达到否定对方言论或行为的目的"（胡德明，2010：138）。而发问者之所以会质疑对方当前行为产生的前提，就是因为对方当前的行为对于发问者而言是意外的、违反发问者常规心理预期的，因此，导致发问者质疑其存在的合理性并加以否定。"反问句往往用于'反通常性'的语用环境中，说话人由这种反常的现象而心生怀疑，进而启动反常思维，并通过使用反问句来表达自己的否定性态度和判断。"（刘彬、袁毓林，2017）

因此，反问句的否定功能及反常规、反预期的典型语境规约性地蕴含着禁止型警告言语行为产生的条件和前提，如果发问者在权势关系上具备固定或临时的权威优势，那么反问句就自然而然地满足了警告言语行为的构成性规则，可以用于实施间接性禁止警告言语行为。根据句法结构的不同，我们可以将间接警告言语行为中的反问句分为是非问、特指问和正反问三种类型。

1. 是非问

是非问反问句是间接警告言语行为中较为常见的一种语言表现手段，既包括一些有固定形式标记的规约性表达，如"敢 VP""再 VP"等，也包括一些没有固定形式标记的非规约性表达，其字面意义往往用于指涉警告对象的不当始发行为。如：

（30）余德利：这也就是在这儿，这要在大街上我大嘴巴早抽你了，你们这同志平时教育不教育？这哪儿像个领导干部啊？十足一流氓啊。

何　必：**你敢！你敢动我一下儿？**

余德利：我告诉你啊，你们瞧瞧啊，你们瞧瞧，你平时跟人说话全这么没礼貌吗？啊？你对待上司也是这种态度吗？

（《编辑部的故事》6）

（31）刘　星：爸，您说您也老大不小了，您怎么就那么不懂事儿啊？

胡一统：**有你这么跟老子说话的吗？**

刘　星：您说您伤得也不算太严重，您把我叫您那去，伺候您几天不就完了吗？您非上我们家捣乱来，您让我多没面子啊。

（《家有儿女 II》90）

上述例（30）是规约性的"敢 VP"是非问，字面意义上是何必询问余德利是否有胆量打自己，实际上是何必对"打人"这种反预期行为趋势的否定和制止。余德利第一话轮中"这要在大街上我大嘴巴早抽你了"的打人趋势本身就违反了社会道德标准，且交际情境中余德利等人侵犯了何必杂志社的名誉，事理上余德利等人也不占优势，因而余德利要打何必的行为趋势更违背了何必的心理预期。同时，何必的临时权威优势又保障了其具有实施后续惩罚（如向法院起诉等）的可能性，因此何必话轮中的"敢 VP"反问句就在特定语境下被赋予了警告语力的解读。例（31）中胡一统是刘星的亲生父亲，刘星的第一话轮是以儿子的身份对父亲进行严厉的指责，胡一统根据常规伦理对儿子指责父亲的反社会预期行为显然非常质疑，所以才使用反问句的形式对该反常行为加以否定。同时胡一统身为父亲，固有的身份优势使其具备对刘星实施惩罚的可能性，因此该例中针对刘星始发行为合理性的反问也是一种间接的警告。在反常规、反预期语境的制导下，一些规约或非规约性的是非问句会转化为否定、禁止义的反问句，而后在发问者具备权威性的语境因素下最终会被听话人解读为警告言语行为，典型的警告语境是是非问句转化为警告义反问句的必要条件。

　　此外，邵敬敏（2014：293）还指出，是非问句内部转化为反问句具有一定难易程度的差异，其中语调是非问（intonation inquisitive sentences that has to be answered with yes or no）最容易转化为反问句，其次是带有语气词"啊""吗"的是非问句可以有条件地转化。然而对警告言语行为而言，如前文所述，当警告者需要强化自己的负面情感表达时，往往就会在韵律形式上做出一些调整，使用句尾强降调、拓宽调域等手段，此时在句类功能上警告话语就兼具了祈使和感叹的双重效力。是非问反问句也是如此，当警告者需要强调自身的负面情感时，反问句也会在语调形式上发生相应的变化，通过句尾强降调的韵律特征同时兼备祈使与感叹功能，而不是转化为警告义的是非问句统一表现为句尾升调的韵律特征。此外，带句尾语气词"啊""吗"的是非问句并不依靠语调实施基本的疑问功能，韵律上本身就可以表现为句尾降调形式，只是兼具感叹功能后降调的强度更为明显；而诸如"敢 VP""再 VP"及其他一些语调是非问句则往往会出现句尾升调和强降调的两种模式，这两种模式均可以用来传递警告语力。如：

（32）刘　梅：行了行了行了，你省省吧你，就上次画那么一漫画，弄得整个小区都沸沸扬扬的，害得我逮谁跟谁说，说我没虐待他。

　　　夏东海：@@@

　　　刘　梅：**还笑？**（（眼神紧盯夏东海，皱眉））

　　　夏东海：行了行了，都是陈年老账了，你还翻它干什么呀。

（《家有儿女Ⅱ》77）

（33）刘　星：我那鞋就是丢了。

　　　刘　梅：**你还嘴硬！**

　　　刘　星：（（继续收拾行李））（3.6）

　　　刘　梅：哟，你这干吗呢？

（《家有儿女Ⅱ》48）

上述两例均是同一警告者刘梅使用"还 VP"形式的是非问句实施的警告言语行为，分别用于质疑警告对象夏东海发笑的始发行为和刘星撒谎的始发行为，但例（32）是反问句基本的句尾升调形式，而（33）是用于表达感叹范畴的句尾强降调形式，我们将两例的语图分别截取如下：

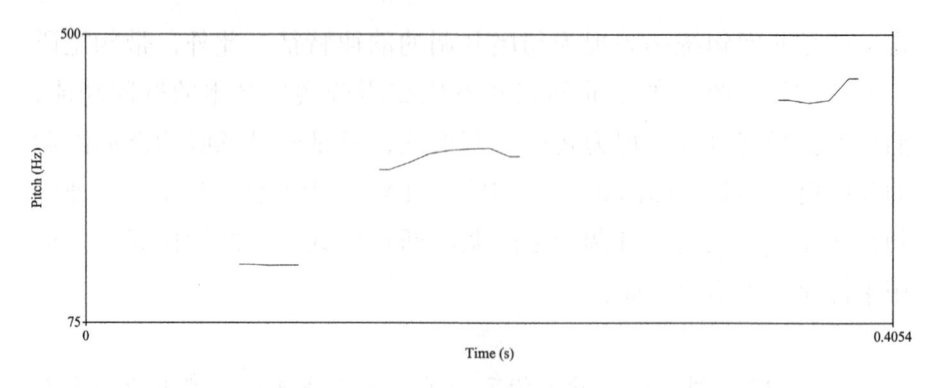

图 4-1　例（32）警告句音高曲拱

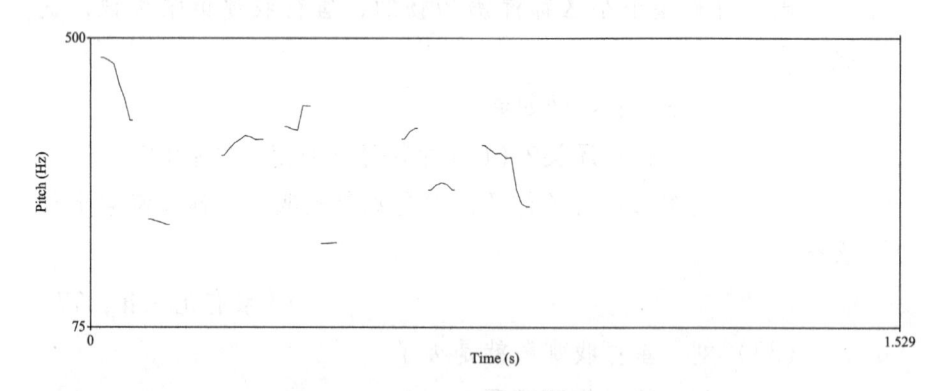

图 4-2　例（33）警告句音高曲拱

从上述两图的对比中可以看出，图 4-1 的语调走势呈明显的上升趋势，起始语调最低（300.7Hz），结尾语调最高（480.5Hz）；图 4-2 的语调走势呈明显的下降趋势，起始语调最高（487.9Hz），结尾语调最低（250.2Hz）。同时，相较而言，图 4-2 的调域更宽，也即相对来说，句尾降调表现出更强的语调变幅。句尾强降调的韵律手段往往是感叹范畴的典型形式特征，对应着警告者强烈的情感表达；而句尾升调的韵律手段往往凸显警告者的意外和质疑心理，更突出了警告对象当前行为的反预期性。但并不是说句尾升调的反问句就没有警告者的情感立场表达，对意外和质疑心理的强调其实也就是警告者对对方始发行为的不满，这是由警告言语行为本身的语义属性所决定的，只是这种情感功能在句尾升调的反问句中往往隐没在深层语义中，没有通过表层的韵律手段反映出来；而强降调形式的反问句则通过更为明确的韵律形式将警告者的负面情感加以明示、凸显，因此，在话语的交际功能上也就同时强化了强降调韵律手段所带来的感叹功能。

刘彬、袁毓林（2020）指出，反问和感叹之间具有相似的语义结构和认知理据，反问往往可以依靠反预期带来的"惊异"完成向感叹的转化。我们的猜想是，首先，语调是非问都是依靠句尾的升调来强化警告者对当前语境中反常规情况的意外和质疑心理，使得语调是非问规约化出固定的否定和禁止义；而后，当警告者需要在实施禁止性指令的同时凸显自己主观情态上的不满时，就可以通过临时运用句尾强降调的韵律手段改变原先规约性的句尾升调模式，同时在表层形式上通过韵律手段明示指令和表态的双重功能。从这个角度看，句尾升调是是非问反问句的无标记类型，而句尾强降调则是相对有标记的是非问反问句类型。

2. 特指问

特指问反问句也可以经常用于实施间接警告言语行为，其中的疑问代词如"什么""谁""怎么"等均不附带疑问信息，整个反问句用于传递否定和禁止义。特指问反问句包括一些有固定形式标记的规约性表达，如"V 什么 V"；也包括多数没有固定形式标记的非规约性表达。字面意义上特指问往往也多涉及对警告对象反预期行为的质疑。如：

(34) 夏东海：哎，别误会啊，你看＝

小　丽：＝**看什么看**？男人的眼睛就是毒蛇，会一步一步吞噬我脆弱的灵魂。

夏东海：嗨！你怎么会那么想呢？

小　丽：想？想也不行，男人的想象世界，简直就是地狱的代名词。

(《家有儿女Ⅱ》55)

(35) 贾大方：就我这身行头，我想，就算你们是弱智＝
　　　刘　星：＝哎，等等等等，**你骂谁呢**！
　　　贾大方：不是，我是说呀，就算你们是弱智，何况你们不一定是弱智呐。
　　　夏东海：什么叫不一定？一定不是弱智。

(《家有儿女Ⅱ》83)

　　特指问转化为反问句也需要依靠特定的反常规语境触发才能带来禁止义的解读。例（34）中警告对象夏东海第一话轮中的始发行为虽然没有违反社会常规标准，却引起了警告者小丽的误解，即小丽将夏东海话语中作为话语标记的"你看"理解为了实义动作的"观看"，因此，对夏东海乱"看"自己的行为表示严重质疑和否定，认为夏东海不应该随便乱"看"自己，从后续辅助语步的"男人的眼睛就是毒蛇，会一步一步吞噬我脆弱的灵魂"即可验证。因此，警告对象的始发行为违反了警告者个人的主观预期，"什么"就不再带有疑问的意义，而是用于表达否定，进而带来整个话语的禁止义。且警告者自认为在事理上占据一定的临时权威，能够对警告对象实施一定的道德谴责或其他惩罚，禁止性指令也就因此具备了实施警告言语行为的基础。例（35）中同样，贾大方始发话轮中称刘星等人是"弱智"的行为本身违反了社会道德标准，也违反了刘星个人的心理预期，引起了刘星的不满和质疑。疑问代词"谁"在这里也没有疑问的语义，第一话轮中贾大方已经明确提及了"弱智"的指称群体，刘星作为成功接收到话语信息且理解能力正常的行为人，显然知道贾大方在"骂谁"，因而字面上的特指问"你骂谁呢"只能理解为一种"无疑而问"的反问句。刘星的交际意图在于对对方反预期行为的否定，制止对方继续认为自己是"弱智"，进而在警告者具备一定临时性事理权威的语境制约下，禁止义会进一步解读出警告义，特指问反问句也就可以转化为一类特定的间接警告言语行为。

　　特指问句主要依靠疑问代词表达疑问功能，因此与是非问句主要凭借句尾升调手段不同，特指问转化为反问句时语调上本身就可以表现为句尾升调及降调两种韵律模式。刘彬、袁毓林（2017）指出，除了反常规的语境之外，重音的位置和强弱也是特指问反问句形成的重要表现，如果重音落在疑问代词上则为常规特指问，反之则应理解为反问句；且反问句往往使用句尾降调的手段，"此时的标点符号往往写成'！'"①。但在警告义反问句的用例中，这种表层形式的韵律规律仅表现为一种使用上的倾向性。与是非问反问句相同，当警告者需要强化自己的主观负面情感时，特指问反问句也会通过句尾强降调表达感叹范畴，此时特指问反问句在句类上也兼表祈使与感叹，重音一般不选择落在疑问代词上；但当警告者需要强调始发行为的意外性及对其的质疑心理时，语调上却仍然可以使用与常规特指问相同的句尾升调，此时特指问依旧可以解读为警告义反问句，重音也可以落在疑问代词本身，尤其当警告者仅使用孤立的疑问代词时更是如此。如：

（36）夏东海：还笑还笑！不许笑了！我问你，知道你自己错在哪了吗？
夏　雨：我错在，太聪明。
夏东海：**什么？**
夏　雨：（（低头，憋笑））

（《家有儿女Ⅱ》90）

从图4-3中可以看出，特指问"什么"的语调呈句尾上升趋势（289.2Hz—333.8Hz），但这里夏东海显然不是没有听清夏雨前一话轮中的话语内容，而是对该话语内容的合理性产生质疑，认为其对夏雪、刘星开很过分的玩笑是违反自己心理预期的，从第一话轮中已然明确的警告言语行为"还笑还笑！不许笑了！"即可验证。"什

---

① 参见刘彬、袁毓林：《反问句否定意义的形成与识解机制》，《语文研究》2017年第4期。

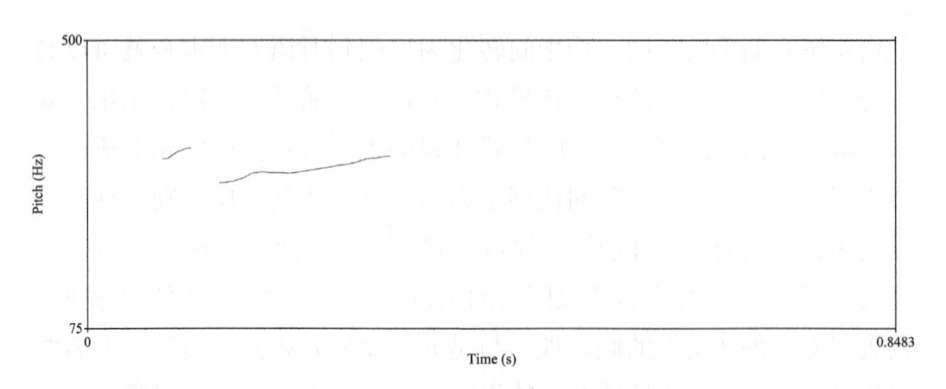

图 4-3　例（36）警告句音高曲拱

么"在这里完全使用了常规特指问的句法、韵律手段用于表达禁止性警告义，因此，特指问是否能够转化为反问句并实施间接警告言语行为，更多地需要依赖语境因素进行语用推理加以判别，而句尾降调还是升调的韵律标准只能作为辅助性的形式参考。

3. 正反问

正反问一般来说转化为反问句的难度较大，吕叔湘（1982：293）就指出，"抉择式和反复式是非问句，因为都是两歧的形式，反诘的语气不显"，进而使用正反问来实施间接警告言语行为的可能性较低①。但是在典型语境下，常规的正反问句也可以顺利实现向反问句的转化，可以用于否定其中某个选项或全部选项。正反问反问句在韵律手段上同样具有句尾升调和强降调两种模式，相应地在句类选择上也可以仅使用反问及感叹形式，但与是非问、特指问不同的是，字面意义上正反问不仅可以涉及对警告对象反预期行为的质疑，而且还可以用于对警告对象是否相信或希望后续惩罚行为发生的询问。如：

---

① 我们这里暂且只考虑独立充当核心行为的正反问，而排除与其他句子共同构成直接警告言语行为的正反问。如"我告诉你，他要是再不回来，你看见没有，我逮什么我抄什么你信不信？"这种用例，虽然表层形式中也出现了正反问的反问句，但警告语力并不是完全由正反问来承担，而是由警示语部分"我告诉你"及整个告知语的假设关系复句共同传递，警告意图可以由完整话语的字面意义直接解读。

第四章　现代汉语警告范畴的间接表现手段　195

　　（37）"小刚，有些事情他要不插手，也许瞒上不瞒下更好办些？"

　　"因为我撞的是他的车！"

　　"天哪……"朱虹更是天怨地怨地数落起来，毫无疑问，事情搞得越来越复杂了。

　　徐至柔对她后妈从来不客气："**你有完没完！**"一句话把朱虹问哑巴了，转向她弟："那车呢？"

　　"在西直门火车站那儿，撞在大树上，开不回来了！"

（李国文《涅雷》）

　　（38）诺芹换转话题："你还在吸烟？"

　　"在我家，我是主人。"

　　"家里还有孩子呢，你想涤涤看着你患肺气肿或冠心病吗？"

　　这下子点中她的死穴，庭风跳起来：**"信不信我赶你走？"**

　　"单身母亲够辛苦，有无前夫消息？"

（亦舒《寂寞的心俱乐部》）

　　例（37）是对警告对象反预期行为的质询，"有完没完"一定程度上已经固定为一种习语性格式，规约化地用来表达间接警告语力。由于徐至柔对朱虹一直不停地数落弟弟的始发行为表示不满，因而对该反预期行为进行否定，通过反问句的形式对朱虹的抱怨行径加以制止；同时因为背景语境中朱虹与徐至柔是继母女关系，徐至柔一直与其继母朱虹关系不洽，经常因为一些矛盾就对其继母加以斥责，因此当下语境中的正反问也并非要求朱虹从两个选项中进行选择，而是徐至柔依靠共享经验中的潜在惩罚手段指令朱虹停止当前"没完没了"抱怨的不当行为。例（38）的字面意义是警告者对警告对象是否相信自己会实施一定的后续惩罚进行质询；由于庭风对诺芹言及自己家事的反预期行为表示不满，因此通过质询诺芹相不相信自己可以不顾姐妹情谊、将其赶出家门的方式，意在明示后续惩罚、制止诺芹继续谈论该话题的错误行径。这里的正反问显然也没有常规的疑问义，因为警告者不可能通过询问对方的信度来获知自己是否有实施惩罚的意愿或能力，而是试图经由正反问的方式明确告知警告对象以下假设关系：如果你相信我会赶你走，就及时停止当下的不当言论；如果你不相信我会赶你走、继续出言不逊的话，那么我可能接下来就会实施逐客的惩罚行为以向你证明我拥有该意愿及能力。

此外，日常交际中往往还会出现以上三种反问句形式组合使用的情况，用于同时增强始发行为的意外性、反预期性及警告者极度强烈的负面情感表达，如：

（39）胡　三：嗨！没什么，兄弟，我实话告诉你，我也喜欢她。

　　　　志　新：**什么？说什么呢？再说一遍？你丫是不是找死啊！**

　　　　胡　三：算，算了，咱俩儿为人家的媳妇儿打架，犯不上。

（《我爱我家》42）

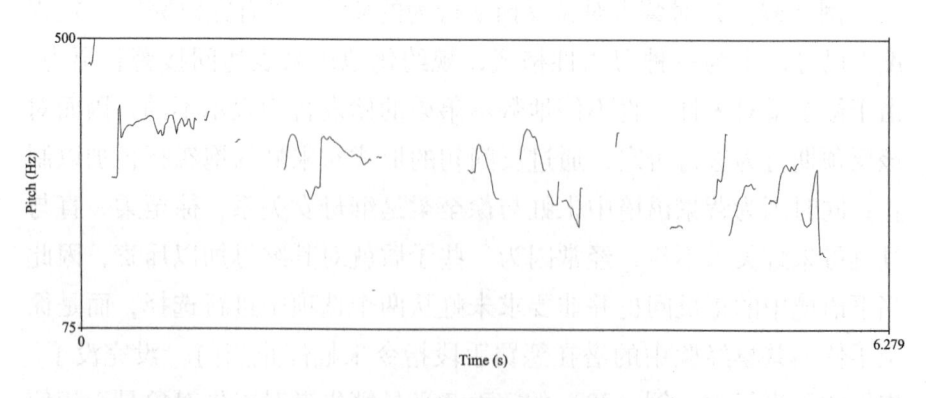

图 4-4　例（39）警告句音高曲拱

例（39）中警告者就同时使用了特指问、是非问和正反问的形式间接传达了警告语力,其中特指问、是非问一般多用于强调警告者对始发行为的质疑,正反问多用于明示可能的后续惩罚手段,因此,三者在语言表层的共现顺序往往也符合警告语义框架的内部假设关系,呈现出"特指问/是非问—正反问"的优先序列倾向。且三者共现时特指问、是非问在韵律上往往多表现为句尾升调,而正反问多表现为句尾强降调:如图4-4中,前两个波形对应特指问"什么? 说什么呢?"第三个波形对应是非问"再说一遍?"最后一个波形对应正反问"你丫是不是找死啊!"可以看出前三个波形尾端均是上升趋势,最后一个波形末端则呈明显的下降趋势。

(二) 陈述句

除了使用各种类型的反问句之外,警告者也可以通过陈述可能实施的惩罚手段、陈述实施警告的施行理由等陈述句形式,触发警告对象依据构成性规则还原、推理出完整的警告语义框架,间接完成警告语力的传递。其中,陈述警告者可能实施的惩罚手段包括一些特殊的规约性句法结构,如"看我(不) VP 你""有你好 VP (的)"等;也包括更多的无固定形式标记的非规约性表达,如一般的简单主谓句"我 VP 你"等在典型警告语境的制约下也可以浮现出警告义解读。如:

(40) 刘　星:不是他们,是我自己发现的!

胡一统:不可能! 这要没有人挑唆,我亲生儿子能背叛我,啊?

刘　星:就是我自己发现的!

胡一统:嘿! 你这个不孝之子,**看我好好收拾你**。

(《家有儿女Ⅱ》30)

(41) 傅　老:上次你提到的你们那个什么骗人公司 =

孟朝阳:= 不是,伯父,您别老这么说呀,您是不是准备向有关部门检举揭发我们?

傅　老:你倒是正好提醒了我,**必要的时候我会考虑**

这样做的。

(《我爱我家》63)

例(40)是"看我(不)VP你"形式的规约性间接警告,其中表态性话语"嘿!你这个不孝之子"是辅助语步,用以辅助加强警告者的情感表达;"看我好好收拾你"是核心行为,用以传递禁止性指令:警告者胡一统通过告知警告对象刘星后续可能会实施"收拾你"的惩罚行为促使刘星不要再背叛他,同时对刘星当前"不孝"的反预期行为表示强烈的不满和否定。例(41)是无形式标记的非规约性间接警告,如果在脱离警告语境的情况下,话语"必要的时候我会考虑这样做的"仅就字面意义而言有可能是表达接受对方的建议或威胁对方等话语功能。而本例中由于孟朝阳打算在傅老家开展看风水的封建活动,该始发行为违反了傅老的心理预期,从第一话轮中傅老称其为"骗人公司"即可侧面验证傅老对对方始发行为的不满,同时傅老在年龄和身份上对孟朝阳固有一定的权威优势,抵制封建活动也符合日常事理,因此傅老具有实施"向有关部门检举揭发"这一惩罚的可能性。整个陈述句的交际意图在于傅老通过陈述一定的惩罚手段保障孟朝阳顺从"停止迷信活动"的隐含指令,警告语力需要警告对象根据明示的惩罚手段还原出具体的指令内容、完成完整假设关系的还原后间接得出。

此外,警告者陈述施行理由的陈述句需要警告对象结合语境同时推理出指令内容和惩罚手段,因此在字面意义上往往不会规约性地言及假设条件或假设结果,难以通过某些形式标记的句式加以表达,一般均表现为非规约性间接警告言语行为。值得注意的是,从话语模式的角度来看,这里陈述施行理由的陈述句均是指核心行为,需要与辅助语步中告知对方施为理由的陈述句加以区别:核心行为的陈述句一般可以在话语结构上独立完成整个话轮,不需要其他类型的句法表现手段与之共现,功能上能够完整传递警告语力;而辅助语步的陈述句在话语结构上必须与其他形式的句法表现手段共同完成话轮，功能上仅起到辅助强化语力的作用，警告语力主要由共现的核心行为传递。我们可以比较以下两例：

(42)"这么晚怎么还不睡觉？小孩子不能喝酒的。"宫辞不悦地说道。

"是是……"桑音敷衍地点点头，宫辞的话就像耳边风一样，自她的左耳进、右耳出，对她来说完全不痛不痒。

"我最讨厌别人敷衍我了。"宫辞警告道。

在听到宫辞警告的音调后，桑音才猛然想起他是"黑道分子"，随时可以杀掉她的。台湾有好几千万人口，少了她，根本没有人会在意的。

"对……对不起……"桑音紧张地低下头，在心中暗骂自己：怎么这么笨呐！

(子婴《爱上黑帮大少》)

(43)魏大勇：((抱住李云龙))团长！

李云龙：你他娘抱我干什么，啊？给我冲上去！放走了敌人我枪毙了你！

魏大勇：团长，你别叫，俺是执行政委的命令，你就是枪毙俺也得 等打完仗以后啊=

李云龙：=((推魏大勇))去！

((两个日本士兵围攻赵刚))

李云龙：**政委他不会玩儿刀。**快去！他有了闪失，我他妈剥了你的皮！快去！

(《亮剑》4)

例(42)是陈述理由的核心行为独立构成话轮的间接警告。由于桑音言辞敷衍了宫辞的关心，该举动违反了宫辞的心理预期，因此宫辞通过陈述理由"我最讨厌别人敷衍我了"明确告知桑音其始发行为的不当性，同时依靠共享语境中身份上的权威优势使桑音推理出话语可能暗含的惩罚手段"随时可以杀掉她",进而还原出潜在的指令内容"不要随意敷衍我",完成警告语力的传递。而例(43)中陈述理由的句子是辅助语步,去掉该陈述句后本话轮通过后面的祈使句及条件复句仍旧可以实施直接警告;反之,如果去掉后面的祈使句及条件复句、仅保留陈述句的话,整个话语的指令性由于缺乏明示的表层形式而消失,陈述句"政委他不会玩儿刀"从语义连贯的角度来看更像是李云龙对自己第二话轮中警告行为的解释和强化,难以从该陈述句中直接解读出警告意图。因此,该例中祈使句及条件复句"快去!他有了闪失,我他妈剥了你的皮!"明示了具体的指令内容及惩罚手段,是警告语力的主要载体和警告话语的核心行为;而陈述句只是为其提供合理性上的支持,起到外部辅助强化警告力度的功能和作用,不是构成警告言语行为的必要条件,也不在我们本章所研究的核心行为的陈述句之列。

(三) 祈使句

各种祈使句同样也可以被警告者独立用于核心行为中实施间接警告,其各种句法表现手段与上一章直接警告言语行为的指示语部分大体相同:内容上也可以根据指令的肯定与否定分为命令型和禁止型两类;形式上往往也通过一定的否定标记词、强调标记词等手段凸显话语的指令义;韵律上当警告者需要强化自己的负面情感表达时,一般也会通过句尾强降调、提高调阶、拓宽调域等方式外显话语的情感功能,此时整个话语在表层形式上就表现出感叹句的句类特征。

需要再次强调的是,祈使句在字面意义上仅具有上位指令义,而指令义究竟表现为哪种具体的下位类型,也即祈使句在字面意义的基础上究竟会衍生、浮现出哪种具体的话语功能,则完全依赖于交际语境的临时性制约。因此,祈使句的指令性字面意义与警告会话含义之间并不具有稳固的对应关联,而是需要在典型特定语境中才能被临时赋予警告义解读,因而独立构成话轮的祈使句均属于非规约性间接警告言语行为。如:

(44) 志　国：劳驾您还能再说的具体点儿么？
　　　和　平：你套我贾志国？你以为我真不知道啊？我是给你一次机会，说不说可全看你了。
　　　志　国：好，我说我说！我说了你可别生气啊。
　　　和　平：**说**！

(《我爱我家》32)

例（44）中和平第四话轮的"说"在命题层面只是对志国实施了指令，要求志国交代与第三者暧昧的事实。但该祈使句不会被单纯解读为命令言语行为的原因在于：首先，交际语境中志国与他人暧昧的始发行为被和平所知晓，该行为严重违反了和平的心理预期，因此和平才发出指令，试图使志国及时交代隐瞒的事实；其次，和平在与志国的感情关系上固有一定的权威地位，事理层面上又被赋予了临时性优势，具备对志国实施道德谴责、法律追责等惩罚的客观可能，从第三话轮中志国的"你可别生气啊"即可验证警告对象已经根据日常经验预判出可能会遭受的后续惩罚。因此交际语境具备了前文所述的典型警告语境的两个特征，祈使句就满足了警告言语行为的语义框架，志国根据指令内容即可扩充、推理出完整的假设关系"如果不听从指令如实交代，和平极有可能会因此生气并做出进一步的惩罚行为"，祈使句也就在特定语境的制约下临时具备了警告的话语功能。

（四）感叹句

由于警告言语行为固有的反同盟立场设置属性，所有的警告言语行为在交际功能上均带有警告者对警告对象及其始发行为的负面情感定位，只不过有些语境中警告者会通过一定的形式手段在语言表层将这种情感功能加以强化和凸显。因此，与直接警告言语行为相同，当警告者选择使用句尾强降调等特定韵律手段在语言表层反映负面情感时，警告话语往往也就兼具了感叹句类的形式特征。上述反问句、陈述句和祈使句三种句法类型都可以在一定动机的推动下，由警告者使用句尾强降调等形式使句子带上感叹义。但同时需要注意的是，警告言语行为的情感功能并非必须依靠感叹范畴的韵律特征加以表达，也即感叹句并不是实现警告语力的必要句类手段，而只是在某些特定情境下可供选择的显著性、优势性手段。

通过感叹句形式规约性地实施间接警告言语行为的只有称谓词独用的形式，警告语力的解读往往必须以句尾强降调的感叹句特征为前提。如：

(45) 夏　雨：我还是不明白。
　　 夏　雪：哎呀，说白了就是，弄虚作假。
　　 刘　梅：**小雪**！
　　 夏　雪：(0.9)
　　 刘　梅：你怎么能这么说妈妈呢！你要是刘星，我早揍你了！
　　 夏　雪：哎妈，您生气啦？妈，您真生气啦？

(《家有儿女Ⅱ》13)

(46) 夏　雪：哎哟，慢点儿慢点儿，起来起来，慢点儿，这咳的。
　　 刘　星：**小雪**。
　　 夏　雪：啊？
　　 刘　星：你可就我这么一个弟弟啊。
　　 夏　雪：嗯？
　　 刘　星：除了小雨以外。

(《家有儿女Ⅱ》89)

如果没有句尾强降调的韵律特征，独立构成话轮的称谓词在引起对方注意的基本意义之外往往不会衍生出强调警告者负面情感的功能，进而引导对方解读出相应的警告语力。如例(45)中，第三话轮中句尾强降调的称谓词形式显然让夏雪感受到了刘梅情绪上的不满，进而迅速根据语境推断出刘梅试图制止自己继续贬损的指令及可能引起的不利后果,从夏雪后续话轮的沉默回应即可验证其已经成功接收到了刘梅的警告意图并顺从了指令。而例(46)中刘星并没有使用感叹句的韵律形式对夏雪进行称呼,因而称谓词只是起到引起夏雪注意的功能,但是夏雪并不能根据语境判断出刘星具体的交际意图,从第三话轮的回应中夏雪对刘星进行追问的"啊?"即可看出。因此,称谓词独立形成话轮实施警告时,往往强制要求警告者使用感叹句的韵律形式,才有间接表达指令和负面情感双重话语功能的可能。

第四节 规约性与非规约性间接警告言语行为的差异

以上各类间接警告言语行为的语力解读不仅与组件部分的字面意义及句内环境直接相关,更关键的是与其所处的语境及警告对象的语用推理过程密不可分,警告语力的浮现离不开字面意义对语境意义的吸收。但各类间接形式的表达手段内部仍具有规约化程度的差异,这种差异一定程度上取决于警告语力的识解对语境的依赖程度:规约化程度较高的形式对语境的依赖较弱(context free),规约化程度较低的形式对语境的依赖较强(context sensitive)(方梅,2017)。而语境依赖程度的强弱在语言事实层面的直接反映,就表现在共时层面上某特定语言形式是否高频、固定用于表达警告的话语功能。方梅(2008)指出,话语的高频运用往往会带来原先字面意义上典型功能的削弱,同时衍生出新的、稳固的语篇和句法功能。也就是说,对于规约性间接警告言语行为而言,虽然话语的字面意义与警告含义之间仍具有一定的不可推导性,但由于警告用法的高频使用,不可推导的警告义有可能就固化在特定的表达形式上,与该形式一起被存储激活,而无须经过特定语境下逐步、繁复的语用推理就可以直接得出(刘大为,

2010a)。因此相较而言，规约性间接警告言语行为对交际语境的依赖程度更低，高频的使用频率对于压制、凝缩规约性的语用推理过程起到了巨大的推动作用。

据此，我们大体上可以通过对各类间接警告言语行为使用频率的量化考察，拟测它们对语境的依赖程度，进而对规约性与非规约性间接警告言语行为做出区分。然而需要指出的是，规约性间接警告言语行为之所以能够被反复、高频地大量使用，很重要的一个因素在于这些规约性间接警告在表层形式上往往高度凝固化：组成成分固定、有限。如人称代词不能随意替换、谓词范畴特征相对弱化；而可替换成分往往也相对封闭，对准入成分的句法、语义特征都具有相对严格的选择和限制，很多特定表达形式的规约性话语功能"并不总是编码在全部的构成成分上，很多情况下它只决定于部分成分的使用"①。只要这些相对固定的组成成分在语言表层上出现，规约性的话语功能依旧可以在高频使用的过程中被稳固地维系和激活。也就是说，规约性间接警告言语行为在表层形式上往往可以提取一定的可替换性"框架"而获得能产性，形式上的能产性与语用上的高频使用紧密相关，一定程度上我们可以将这类规约性间接警告言语行为看作"形式与意义/功能"固定对应的警告义构式。

通过归总我们发现，规约性间接警告言语行为的典型能产性框架主要有：是非问反问句形式的"敢VP"句、"再VP"句等；特指问反问句形式的"V什么V"句、"V什么呢"句等；告知潜在惩罚手段的陈述句形式"看我（不）VP""有你好VP（的）"等②。其中，反问句形式由于较之陈述句、祈使句等句类形式而言，本身就

---

① 刘大为：《从语法构式到修辞构式》（上），《当代修辞学》2010年第3期。
② 由于间接警告言语行为的句法表现手段较为繁杂，不像直接警告言语行为可以归纳出相对规整的形式系统，因此这里我们只能根据语料及前人的研究，列举了较为常见、代表性的典型结构形式，难以对具备能产性框架的间接警告言语行为进行穷尽性考察。

有否定义或禁止义，同时对交际语境的意外性、反预期性也往往具有强制性要求，这些特征相对更为契合警告言语行为的构成性规则，因此，反问句内部一些能产性句式也就更容易发展成为规约性间接警告言语行为。以上这些句式的警告语力解读都不能由构成成分的字面意义及已有的其他句式意义简单推知，且都在语言表层形式上离析出了一定的不变项和可替换成分，因此，在长期的反复使用过程中能够提取出固定的结构框架而获得能产性，进而推动了交际层面的高频使用。我们这里仅以共时层面上陈述警告者后续惩罚手段的"看我（不）VP""有你好VP（的）"及"我VP你"句为例，通过检索北京语言大学 BCC 语料库及北京大学 CCL 语料库进行穷尽性统计，将三者的间接警告用例频率对比如下：

表 4–1　　　　　"看我（不）VP""有你好VP（的）"
　　　　　　　　"我VP你"间接警告用例统计

句式	总频次	有效句频次①	警告句频次	警告句频率
"看我（不）VP"句	754	261	189	72.4%
"有你好VP（的）"句	50	28	20	71.4%
"我VP你"句	2148	1643	204	12.4%

从表 4–1 可知，"看我（不）VP"和"有你好VP（的）"虽然在总体使用频次上远不及形式更为简单的"我VP你"句，但在固定实施间接警告言语行为的使用频率上却远高于后者。相较而言，"看我（不）VP"和"有你好VP（的）"表层形式上的复杂性必然

---

① 这里的"有效句"是指排除了重复使用及充当句法成分、不独立成句的用例后的句子，如以"看我VP"为形式标记检索到的诸如"看我流泪你头也不回""看我吃你如此享受"等参与构句的用例，均不在"有效句"的范围之内。此外，表中"警告句频次/频率"中的"警告句"仅指间接警告用法，我们也将条件复句形式的（"下次再考不好，看我揍你"）直接警告句排除在外。

增加了深层语义上的限制性，如"看"一定程度上已经虚化为一种警示标记，起到提示不利结果且表达负面情感的作用（李宗江，2009）。同时句式的历时形成过程可能来源于完整条件复句对前件分句的形式简省，如刘晨阳（2021）就指出，"看我（不）VP"句是假设关系不断凝缩、结果分句句法地位不断提升后的结果。而"我VP你"句由于没有更多复杂的形式制约，对交际语境也没有明显的选择偏好，因此，大多数情况下更倾向于字面意义上的承诺义解读并在后续即时兑现、完成惩戒。只有在典型警告语境的推动下，听话人才有可能调动语用推理解读出临时的警告意图。

从使用频率上看，某些特定的句法形式已经相对固定地用以表达警告语力，这些句式一旦被高频使用并加以扩散，警告语力往往就由最初的临时性语用意义转变为特定格式的规约性概念意义被打包存储和激活，字面意义与会话含义之间产生了一定的规约性关联，满足了规约性间接警告言语行为的界定要求。同时，关联理论指出，人们交际一般都以追求认知经济性（cognitive economy）为目标，话语的使用和解读往往都是沿着最省力的认知路径，按照语境可及性依次进行认知处理，最终满足交际双方的关联期待（李捷、何自然、霍永寿，2011：119）。特定的句法形式在共时层面上高频用于实施警告言语行为，某种程度上即反映了警告者可以通过该句式最省力地表达警告，且警告对象可以最大效率地从该句式中解读出警告意图，而不必耗费双方过多的认知心力（effort），该句式与警告语力之间也就存在着规约性的最佳关联。因此，以使用频率为量化依据，一定程度上就可以帮助我们对规约性与非规约性间接警告言语行为做出甄别：高频用于间接警告言语行为的特定表达形式往往对语境的依赖程度相对较低，形式上可以提取出固定的能产性框架，字面意义与警告语力之间的对应关系具有一定规约性；反之则一般可以

认定为非规约性间接警告言语行为①。我们将规约性与非规约性间接警告言语行为的区别性特征简单归总如下:

表4-2　　　　规约性与非规约性间接警告言语行为的差异

	规约性间接警告言语行为	非规约性间接警告言语行为
句法形式	能产性结构	固定性结构
语境依赖度	弱	强
使用频率②	高	低

第五节　小结

本章以 Searle 的间接言语行为理论和合作原则、关联理论等为依据,从间接警告言语行为的语用推理过程入手,归纳了现代汉语间接警告言语行为的语力来源类型,并基于现代汉语的词汇、句类、韵律等形式特征,考察了各类间接警告言语行为的语言表现手段及其与不同语力来源之间的互动关系,同时进一步辨析了规约性与非规约性间接警告言语行为在结构框架、语境依赖度、使用频率等方面的相对差异与区分手段。本章的主要结论如下:

第一,间接警告语力的传递与识解离不开交际双方的"明示"与"推理"。交际主体基于合作原则和关联理论,警告者选择最具关

---

① 需要指出的是,无论是结构框架的能产性、语境依赖程度还是用作间接警告言语行为的使用频率,三者都并非严格界定规约性与非规约性间接警告言语行为的绝对标准。如前文所述,从原型范畴理论来看,直接警告、规约性间接警告、非规约性间接警告的边缘成员之间仍会存在一定的家族相似性关联,因此,三者之间仍应看作规约化程度的连续统,我们这里所总结的三条标准某种程度仅适用于区分三者内部的典型成员。

② 这里的"使用频率"特指特定的句法形式在共时层面上用于实施间接警告言语行为的使用频率。

联的表层形式组织警告意图并加以明示，警告对象则在相信警告者选择了最佳关联形式的基础上，依据明示话语的字面意义，结合语境逐步进行语用推理，最终完成传信意图和交际意图的双重解读。警告对象的语用推理过程与警告言语行为的构成性规则紧密相关：警告者的明示话语在字面意义上往往都指涉着特定的构成性规则内容，进而引导警告对象激活、还原出完整的构成性规则及警告语义框架。据此，我们概括出间接警告语力来源主要有指涉警告对象的将来行为、质疑警告对象的始发行为、指涉警告者的惩罚手段及陈述警告者的施行理由四种类型。

第二，间接警告语力的产生对与其共现的交际语境具有一定的选择限制，典型的适切语境往往必须具备警告对象发起反预期的始发行为、警告者具备相对权威两个特征，才能使明示话语临时"浮现"出警告的会话含义及相应的交际意图。因此，对语境的依赖使得现代汉语间接警告言语行为在话语模式及语言表现手段上呈现出一定的不规整性，尤其是非规约性间接警告言语行为与直接警告言语行为之间在表达形式上存在着不小的差异。间接警告言语行为的话语模式往往表现为指示语独用、告知语独用、指示语和告知语共现三种模式；词汇层面上较为特殊的是可以通过独用称谓词、叹词等非规约手段表达间接警告；句类选择上间接警告言语行为可以在各类反问句的否定义、禁止义基础上进一步传递警告意图，同时与直接警告言语行为相同，警告者也可以通过使用各类陈述句、祈使句、感叹句来实施间接警告。

第三，规约性与非规约性间接警告言语行为的关键性差异体现在二者对语境的依赖程度上，规约性间接警告言语行为对语境的依赖度弱，而非规约性间接警告言语行为对语境的依赖度强。这种依赖度在语言事实上的直接反映往往表现为共时使用频率的高低，同时表层结构框架的能产性也对句式的共时使用频率产生了一定的影响。因此，规约性与非规约性间接警告言语行为在语境依赖度、框架能产性及共时使用频率三个维度上均呈现出一定差异。其中框架能产性及共时使用频率某种程度上可以作为操作性手段对二者加以区别，但这种形式验证一般只适用于二者内部的典型成员，从家族相似性上看，二者本质上还是位于规约化程度连续统的两端，中间的过渡地带仍有不少正处于规约化进程中的边缘成员。

第 五 章

现代汉语典型规约性间接警告言语行为个案研究

规约性间接警告言语行为在表层形式上集中表现为反问句和陈述句两种类型，反问句在字面意义上主要是质疑警告对象的始发行为，多涉及警告语义框架中假设关系的假设条件，需要警告对象结合语境推理还原出后续可能遭受的不利后果；陈述句在字面意义上主要是告知警告对象可能会面临的惩罚行为，多指涉假设关系的假设结果，需要警告对象调动语用推理还原出具体的指令内容。前人研究中已经对一些典型的规约性间接警告言语行为有所涉及，较多地集中在"V什么V"（朱军、盛新华，2002；高宁，2009；丁萍，2013；相业伟，2014；金依璇，2019）、"我叫/让你VP"（周继圣，2000；刘宗保，2011；李欣夏，2013；张瑶，2019）、"小心/注意XP"（黄均凤，2005；潘明珠，2015；张晓璐，2016；赵晓琦，2019）、"有你好VP（的）"（周启红，2014；王世凯，2018）等句法结构上。整体而言，现有研究对规约性间接警告言语行为的关注还远远不够，而且由于缺乏对现代汉语警告范畴的清晰认识与体系建构，某些似乎不应归属于警告范畴的表达形式也被纳入其中加以考察[1]，造成了警告范畴界定上的模糊性。因此，我们试图进一步针对一些典型、常见的规约性间接警告言语行为展开个案研究，考察其构成成分的句法语义特征及其与警告语力的互动压制过程，结合历时语料构拟其演化路径并分析产生的语用推理动因及机制。此外，本章尝试通过这些案例总结出现代汉语间接警告言语行为规约化进程中的共性规律，进而深化对现代汉语警告言语行为语言表现手段及内部类型差异的理解和认识。

第一节 "再 VP"构式警告义的获得与规约化[2]

"再 VP"句是现代汉语中常见的口语表达句式，字面意义上可用于一般的指令，表示要求对方继续实施某种行为；同时在特定语境的制约下，也可以用于制止对方继续实施某种行为，表达警告意图。如：

(1) 他一边喷吐着呛人的"蛤蟆头"旱烟，一边喜滋滋地对我说："你听，你听！"四野有鼓噪的蛙声和唧唧的虫声。我听了听说："真吵人！"他摇了摇头，又说：**"你再听！"** 再听还不是蛙鸣和虫叫。他模拟着那种声音说："咔吧，咔吧，包米在拔节呢！"

（《人民日报》1964-10-28）

---

[1] 我们认为"叫/让"句在语境中往往均客观伴随着说话人同步或即时的实际惩罚。根据我们前文的界定，说话人使用"叫/让"句是依靠伴随性的实际惩罚为强力手段保障指令实施的交际行为，并不是通过言语上保证一定的惩罚手段对对方造成心理威慑进而取效。因此我们更倾向于认为"叫/让"句是特殊的承诺言语行为而非警告言语行为，二者在根本规则及准备规则上存在一定的差别。

[2] 本节的主要内容发表在《语言科学》2016 年第 4 期，本书略有修改。

(2) 方青妈在学校就以严厉出了名，方青不知道她要怎样惩罚自己，吓得直哭。"**你再哭**！"方青妈吼道。方青赶紧不哭。

（把裔《小城宝贝》）

例（1）字面意义与会话含义相同，说话人指令听话人继续仔细观察，实施了命令言语行为。而例（2）虽然字面意义上看说话人是要求听话人继续哭下去，但会话含义却是相反的禁止行为，同时说话人在身份上固有一定的权威优势，且根据前文语境可知说话人平时就"以严厉出了名"、经常惩罚听话人，因此说话人在实施了禁止性指令的基础上还具备实施潜在惩罚的可能性，整个话语传递的是警告语力。我们将以例（1）为代表的命令义[①]"再 VP"句和以例（2）为代表的警告义"再 VP"句之间的差异概括如下：

表 5-1　　　　　　命令义与警告义"再 VP"句比较

意义类型 \ 句子类型	命令句	警告句
字面意义	要求对方继续实施某种行为	
会话含义	命令义，促使行为延续下去	警告义，禁止行为延续下去

从表 5-1 可知，命令义与警告义的"再 VP"句是两种表层形式、字面意义相同，但会话含义相异的不同言语行为。相较命令句而言，警告义"再 VP"句对其构成成分的句法语义特征、语气类型、交际语境等都具有一定的选择限制。同时由于字面意义与会话含义之间存在差异，所以警告义"再 VP"句在语力解读与获取上更为复杂，即警告语力的传递需要警告对象对隐含的假设关系进行推理，尤其是根据语境信息对警告者的后续惩罚手段进行预判和还原

[①] 这里的"命令"也特指狭义的让对方做某事，而非包含了制止对方做某事的广义概念。

才能得以实现。警告义"再 VP"句所表达的警告含义不能从命令义"再 VP"句推知,二者是同形异质的两种不同句式;且警告意图也不能从该句的构成成分"再"和动词短语 VP 的概念意义简单加合得出,而是凝固成了一种特定表达形式与警告话语功能的"形式和意义/功能"配对。因此我们认为警告义"再 VP"句可以看作一个独立的语用构式(Goldberg,1995:4),句法结构可以形式化为"(NP)再 + VP",其中主语 NP 只能是第二人称的警告对象,即 VP 的施事主体"你/你们",在指称明确的语境中往往可以省去。整个构式在适切语境中固定用于实施间接警告言语行为,反映了主体双方对于当前交际情境的识解。

一 "再 VP"构式的句法语义特征及其选择限制

(一) 句法功能特征

作为间接警告言语行为的"再 VP"构式在日常交际中一般要求单独成句[①],独立传递警告语力,而不能依附于更高层级的句法结构充任句法成分。在现代汉语 104 条有效语料中,独立成句使用的"再 VP"构式共 60 例,占总数的 57.7%;余下的"再 VP"句或者在假设复句中充当条件分句,或者以紧缩复句构成成分的形式出现在"有 NP(你/你们)再 VP"或"(你/你们)再 VP 试试(看)"中,如:

(3) 阿丑瞧鸿渐认真,知道冰不会到嘴,来个精神战胜,

---

① 这里的"单独成句"是从口语交际互动的最小语篇单位来说的,从韵律的角度来看,其边界末有声段的时长延宕,允许"再 VP"句出现在多个相关话轮构建单位(TCU, Turn-Construction Unit)组成的话轮中,而非严格限定当前话轮中仅有一个"再 VP"句;从话语结构模式的角度来看,"再 VP"句只要充当话轮的核心行为即可,允准相关辅助语步与之共现。关于交际语篇的最小单位和次小单位可参见王洪君、李榕《汉语最小和次小语篇单位的特点和流水句的成因》,载方梅主编《互动语言学与汉语研究》(第一辑),世界图书出版公司 2016 年版,第 21—46 页。

退到比较安全的距离,说:"我不要你的冰,我妈妈会买给我吃。大伯伯最坏,坏大伯伯,死大伯伯。"鸿渐作势道:"**你再胡说,我打你。**"

(钱锺书《围城》)

(4) 大金牙气势汹汹地扑过来,劈头盖脸就是一鞭子,袁九斤一下被激怒了,他已忘了自己是犯人,向前跨了一步说:"**你有本事再来一下!**"

(马烽《袁九斤的故事》)

(5) 她气得用右脚踢他,想制止他。"余念瑶。"他抬头吼道。"**你再乱动试试看。**"他扯下她左脚的袜子。

(陶陶《山寨情话》)

但无论是参与构成假设复句还是紧缩复句,话语的字面意义均可还原出完整的假设关系,警告语力均由假设复句或紧缩复句形式整体承担,属于直接警告言语行为的表现手段,与我们这里讨论的独立使用的"再VP"构式也是两种不同的形式类型。

此外,语气类型上警告义"再VP"构式强制需要通过反问语气和感叹语气表达对警告对象反预期行状的制止和不满。反问语气在命题层面上就表达否定和禁止义,是警告义形成的基础和前提,韵律手段上往往表现为句尾升调。而当警告者需要强化自己的负面情感表达、凸显针对警告对象及其始发行为的负面情感定位时,一般会选择句尾强降调的韵律形式,借助感叹语气同时实现警告言语行为指令和表态功能。在60例现代汉语语料中,反问语气的"再VP"句共16例,占比26.7%;感叹语气共44例,占比73.3%。如:

(6) 德顺急得几乎哭起来,忙说:"冤枉,冤枉啊!""**你再喊冤?**"马二菊用手指着他的嘴,斥责着,问:"叫那么亲切会是冤枉?她有姓没有?"

(刘子成《女子大监狱》)

(7) 李鳄鱼叫道："打劫啊。"另一个光头的用大眼瞪了他一眼："你再叫！"李鳄鱼登时噤住了口。富家子却吓得此时才叫得出声音。

（温瑞安《叶梦色》）

（二）语义选择限制

警告义"再 VP"构式对语义上的选择限制主要体现在动词或动词短语 VP 上。从概念意义上看 VP 总体来说以言说类动词较为典型，如"说""胡说""瞎编""啰嗦"等，在 60 例语例中共出现 35 例，占总数的 58.3% 左右；从感情色彩看 VP 则大多带有消极贬义倾向。我们把进入构式中 VP 的语义选择分为以下两个层面加以讨论：一类是 VP 本身所固有的语义特征，另一类是 VP 进入构式后被强制赋予的语义特征。

1. VP 的固有语义特征

首先，无论警告义"再 VP"构式在语气类型上表现为反问还是感叹，其基本交际功能都是进行间接指令，因此进入句中的动词或动词短语 VP 也都应当具备满足祈使句功能要求的 [＋述人]、[＋可控]、[±自主] 的语义特征（袁毓林，1991）。其中需要注意的是动词短语的"自主"与"非自主"特征，袁毓林（1991）、李勇忠（2005）等都对此做过详尽的分析与阐述：所谓"自主"是指行为主体有意识地控制表现出某种动作或状态，而"非自主"则反之。检验与判断的标准就在于自主动词既能进入肯定形式的祈使句，也能进入否定形式的祈使句；而非自主动词只能进入否定式不能进入肯定式。就警告义"再 VP"构式而言，常出现的"说""吃""打"等大多数中性情感义光杆动词就属于自主动词，而带有消极情感义的光杆动词如"闹""嚷"等，以及述宾结构、状中结构等复杂动词结构如"瞎说""胡闹"等就属于非自主动词。警告义"再 VP"构式表达的是禁止性指令，而否定的行为既可以是对方有意识发出的，也可以是对方无意识发出的（相反，命令义的"再 VP"句是要求对方做某事，所以 VP 在语义特征必须是有意识的），因此自主与非自主的 VP 均可以进入该句。

2. VP 的构式赋义

警告义"再 VP"构式禁止的都是警告者认为常规情况下不应当发生、违反自己心理预期的行为，因此能够进入构式的 VP 在概念意义上也都需要具备 [－常规] 和 [－预期] 的语义特征，情感色彩上大多带有负面消极义，如"骂""乱""淘气"等。

（8）原来白飘羽和自己几次相见，竟已暗生情意，而闷在心不好受，便对丹凤说了，岂知丹凤这个快嘴丫头竟一下子说出来。白飘羽的脸立时红透了，呵道："丹凤，**你再胡说**！"

（司马登徒《虎啸金镖令》）

但如前文所述，仍有部分 VP 孤立来看并不具有负面的情感义，在零语境的情况下是中性情感色彩的。如：

（9）"你不就只谈过一次恋爱吗？懂什么女性心理学？""你再提这个，我就揍你！""可是……""**你再说**！""好啦！我闭嘴……"诗圣表情不善，我心想再不收口可能真要挨打，连忙把下面的话收起来。

（凯子《挪威森林记》）

例（19）中的"说"单独来看在社会道德层面是中性的，没有消极情感特征，但这里 VP 的 [－常规]、[－预期] 特征都是从警告者角度出发的，仅仅是警告对象当前言及的话语内容是警告者认为违反自己主观心理预期的，因此，[－常规] 和 [－预期] 的语义特征实际上是带有警告者强烈主观印记的，并不是动词或动词短语 VP 本身所固有的，而是进入构式后被警告语力所强制赋予的。

此外，重复副词"再"表示某一行为的重复或继续，多数情况下前一个事件已然、后一个事件未然（金立鑫、崔圭钵，2018），因此受制于该语义限制，VP 必然不会表现为一种未发生过的、警告者预判警告对象后续可能会实施的新行为趋势，而一定是一种警告对象已然实施的始发行为在时体上进一步重复或延续。所以，这里 VP 不仅仅具有时范畴（tense）上的［+未然］特征，更凸显出了一种体范畴（aspect）上的［+延续］特征。如：

（10）那被吊着的人看见这情景，又用那乞求的眼光扫着大家道："叔叔大爷，婶子大娘们，替俺讲个情，俺一家老小五口人就托大家的福了……""**你再嚷嚷**！"王二虎又一喝，全场顿时鸦雀无声。

（李晓明《平原枪声》）

从前文语境可知，"嚷嚷"这一始发行为显然在警告者实施制止时已然发生，且如果警告者不加以打断该行为在时体上极有可能延续下去。［+延续］特征也是 VP 进入该构式后被构成成分"再"所强制赋予的语义特征，抽离出该构式的句法环境来看，例（10）中的"嚷嚷"本身并不具有表延续的时体性特征。

二 "再 VP" 构式警告义的规约化过程

规约化是语言使用者在交际中对言语信息含义"认知—推理—固化"的过程，即许多"形式和意义/功能"关系在语言使用过程中逐渐固化的过程（方梅、乐耀，2017：24）。规约化过程多涉及话语的会话含义，在历时过程中通过对语用信息的反复推理并扩散，最终被语言使用者自觉规约成较为固定的语言意义。通过对历时语料的考察我们发现，"再 VP" 构式警告义的生成与稳固就经历了一个语用推理过程不断简省、间接警告语力不断凝缩的规约化过程：该构式最开始的警告语力是从构式所在完整话语的字面意义上推导得出的，而在日后的使用过程中这种理据性不断磨损，依靠完整话语的字面意义得出的警告语力经过高频使用后被压缩到构式本身，与表层形式之间逐渐形成固定的对应关联，不可推导的会话含义也就随之产生，连同表层形式一起形成构式被存储在长期记忆之中，作为整体用于识解和激活。以下我们将具体分析"再VP"构式警告义的规约化过程。

就警告义的来源而言，警告言语行为的交际意图就在于警告者希望通过一系列手段干预警告对象，促使警告对象调整、改变反预期的始发行为。为了达到这样一种目的，警告者往往需要通过某种强制手段来保障该指令意图的实现，而选择明示可能实施的后续惩罚行为就可以从心理上对警告对象造成威慑，进而依靠保证的惩罚手段帮助交际意图取效，这是由警告言语行为的构成性规则所决定的。因此，合理的推断是，该构式最早的话语原型应当是警告者在语言表层形式上明示一定的惩罚手段，即通过反映完整假设关系的复句来完成警告言语行为的施行。我们发现早在元明时期的一些话本小说中已经出现了类似的句子，如：

（11）却说皮氏抬起头来，四顾无人，便骂："小段名！小奴才！你如何乱讲？**今日再乱讲时，到家中活敲杀你。**"

[（元）无名氏《话本选集·玉堂春落难逢夫》]

（12）张委道："放屁！**你若再说句不卖，就写帖儿，送到县里去！**"

[（明）抱瓮老人《今古奇观》]

这些警告句字面意义上直接反映了完整的假设关系，"再VP"句均充当条件复句的前件条件分句，不能独立使用，必须带有明示惩罚手段的后件结果分句，警告义由完整的复句形式所负载，话语的字面意义与警告含义相同。

而后在日后的动态使用过程中，受制于语言经济性、礼貌原则等因素，条件复句的表层形式逐渐发生变化，具体表现就是"再VP"句作为条件分句的句法地位逐步提升、可以独立成句使用，以至于主要由明示惩罚手段而得到凸显的警告语力不断凝固到"再VP"句本身,整个构式的形成过程经历了一个形式简省的过程。首先是在清末民初的小说、评书等文学形式中出现了警告义"再VP"的紧缩复句,乃至独立成句表达警告语力的雏形。如:

(13) 就听贾明在第七间里喊道:"小子们!喊什么?闷了不会拧锁链玩么?**再喊我就要骂你们哪!**"

[(清)张杰鑫《三侠剑》]

(14) 他冲韩仙长一瞪眼:"**你再念佛!你再念我宰你!**"

[(民国)常杰淼《雍正剑侠图》]

例(13)中"再VP"句所在话语已经从一般复句发展为紧缩复句,假设关系不断被句内压缩,使得用来强化警告义的结果分句在语义关系上与"再VP"条件分句更加黏着。例(14)中虽然表层形式上仍出现了紧缩复句用来表明惩罚后果,但是话轮中已然出现了"你再念佛!"这样独立成句的"再VP"句,"再VP"句的句法独立性得到大幅提升和增强,使得整个构式语义功能的不可推导性有所增加。

再进一步演变,就是现代汉语阶段"再VP"句能够完全独立构成话轮,假设关系完全被压缩、凝固在独立使用的"再VP"句上形成构式。此时警告义的不可推导性达到最大化,警告义连同独立使用的表层形式本身凝固下来,成为能产性很强的口语格式被广泛使用,完成规约化的过程[①]。甚至由于长期的规约性使用,依靠"再

---

① 需要指出的是,警告义"再VP"构式的口语性极强。一来历时检索仅依赖书面语为主的语料库必然有所疏漏;二来虽然该构式的复句原型可以追溯到宋元时期,但该构式本身独立使用主要是在现代汉语阶段得到充分发展;再有伴随着该构式原型形式上的简省化,原来的复句形式并未因此消失,而是与完全独立使用的形式共同存在于现代汉语中。基于以上三点,这里规约化过程的推断只是基于共时层面的逻辑构拟,并不能完全展现出一个清晰的历时演变过程。

VP"句独立实现警告意图的能力一定程度上超过了明示惩罚手段的表达形式。如：

（15）真晨的难缠令他疼得眼泛泪光，不过到了这种地步要他放过不成了一场笑话?！他又掴了真晨一巴掌，虚声恫吓失声尖叫的真晨，**"你再叫！我宰了你！"**

（张琦缘《小情人过招》）

当警告者需要强调警告意图时，明示惩罚行为的语言手段也会在表层形式上被警告者共现使用，但上例中明示惩罚的"我宰了你"删去后并不影响"你再叫"的句法独立性，且仅通过"你再叫"依然可以完成警告言语行为的施行。但反之如果表层形式上仅使用"我宰了你"则可能会导致话语产生承诺义的解读，即说话人可能在做出陈述后真的会兑现相应惩罚，而不仅是为了实施指令。

据此，我们认为警告义"再VP"构式的规约化过程就是条件复句不断形式简省、"再VP"句句法地位不断提升、完整假设关系不断凝缩至"再VP"句本身的历时过程。我们将警告义"再VP"构式的规约化过程构拟为如下序列：

构式形式：　　　复句分句 → 紧缩句 → 独立成句
句法独立性：　　低　　　　→　　　　高
警告义可推导性：强　　　　→　　　　弱

三　"再VP"构式警告义的规约化机制

与大多数语法化历程相似，警告义"再VP"构式的规约化过程在语义上大体也经历了由具体到抽象、不可推导性逐渐增强并凝固的过程。这样一个形式简省、语义凝缩的过程中也交互了使用频率和认知因素，这些机制共同促成了"再VP"构式警告义规约化的进程。

(一) 使用频率

"一个语法化的候选者相对于其他参与竞争的候选者使用频率越高,那么它发生语法化的可能性就越大。"① 如果一个语言结构在特定语境中的某话语功能被反复高频使用,那么这个语言结构在该类语境中的意义和用法就会相对固化,取消相应的语用推理过程。

在警告义"再 VP"构式规约化的过程中,使用频率也起到了至关重要的作用:受使用频率的推动,原先需要明示惩罚手段及假设关系进行语用推理的必要性越来越小;在反复的高频刺激下,警告对象对语用推理过程的依赖也持续减退直至消失,最终实现从独立使用的"再 VP"句直接就可以激活并理解背后完整的假设关系。这个过程外化在语言表层形式上就是句法结构的简化,凸显惩罚手段的结果分句不断紧缩、语境化直到完全脱落。我们将警告义"再 VP"构式规约化过程各历时阶段的使用频次统计如下:

表 5-2　　警告义"再 VP"构式历代使用频次

历史时期 句子类型	元	明	清	近代	现代
条件复句	10 (100%)	38 (100%)	142 (95.3%)	46 (92.0%)	32 (30.8%)
紧缩句	0 (0%)	0 (0%)	7 (4.7%)	3 (6.0%)	12 (11.5%)
独立成句	0 (0%)	0 (0%)	0 (0%)	1 (2.0%)	60 (57.7%)

从表 5-2 可以看出,与共时语法化的状态相似,虽然在现代汉语阶段语义上可推导性较强的条件复句使用频次依然很高,但独立使用的"再 VP"句已得到了较大发展,高频次的使用倾向推动了

---

① 罗耀华、牛利:《"再说"的语法化》,《语言教学与研究》2009 年第 1 期。

"再 VP"句固定用于表达警告的规约化进程。

(二) 认知解释

对于每一个警告言语行为而言,其在深层语义上必然反映了一个完整的警告认知框架,即当警告者预判警告对象即将实施某种违反自己心理预期的行为时,警告者就会发出指令及时制止该行为的发生,同时依靠双方共享的假设关系保障指令的取效,即如果警告对象不听从指令的话就会实施相应的惩罚,以此对警告对象造成心理威慑。这一典型的认知框架往往打包存储在交际双方的长期记忆中,当框架中的某些概念在某次交际中被激活时,与之相关的其他概念甚至整个框架都会随之被自动激活。我们借鉴 Fillmore (1977a) 的框架示意方式,再次将警告行为的认知框架用图 5-1 来演示。

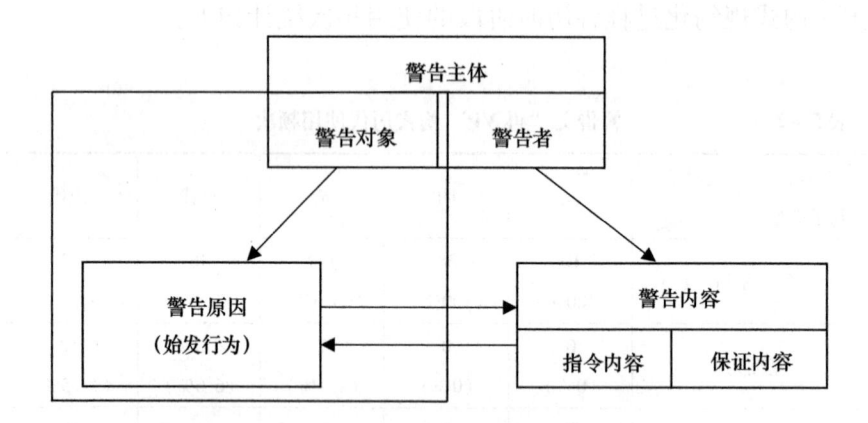

图 5-1 "再 VP"句的警告认知框架图示

如前文第一章所述,完整的警告认知框架一般包括警告主体(警告者、警告对象)、警告原因、警告内容(指令内容、保证内容)三大构成要素。当警告者要实施一个警告言语行为时,框架内的构成要素应当全部出现并填充进不同的句法槽,形成完整的条件复句。但伴随着认知框架的不断凝固,警告者会根据不同情况灵活选择是否需要凸显框架内的所有要素,以完成不同的交际过程。语言手段上则表现为在同一框架内是否选择不同的句法视角，也即是否选择在表层形式上使用明示的指令内容及惩罚手段。同时，当认知框架基于交际双方的经验储存在长期记忆中时，出于认知经济性的原则，警告者依据假设关系，仅选择凸显前件的假设条件部分（图5-1中粗线圈起的两个部分），即表层形式上仅独立使用"再VP"句，如此便可在对方的认知体系中连带唤醒框架内的剩余部分，实现警告义的语用推理和即时建构。

综上，我们认为"再VP"构式警告义的生成与规约化本质上取决于警告行为的认知框架在长期使用过程中的固化与压缩，警告义获取的关键则依赖警告对象结合语境对框架内核心假设关系的还原、推理出可能面临的惩罚后果，进而完成警告义的识解。同时，警告义也会对该构式表层形式的句法语义特征形成一定的互动压制，尤其表现在谓语中心语 VP 上，入句后往往会"浮现"出特定的［-常规］、［-预期］、［+延续］等语义限制条件。

四 "再VP"与"还VP"句警告义规约化的对比分析

（一）"还VP"句的警告义与指责义

此外，交际对话中还有一类与"再VP"句结构极为相近的"还VP"句，也可以在特定情境下通过反问句或感叹句的独用形式传递警告语力。如：

(16)"都是我们命不好"，巴扎扁着嘴，"给世子当伴当，若是跟大王子……""**你还胡说！**"巴鲁狠狠地瞪着弟弟，他的脸涨得通红。蛮族最忌的是背主。

（江南《九州·缥缈录》）

这类"还VP"句从表层形式上看，与"再VP"构式在重复副词（张谊生，2000：22）的选择上有所差异，深层语义上"还"在该句式中的时体范畴义与"再"基本相同，均表示 VP 行为的未然和延续,似乎"还 VP"句与"再 VP"句应该同样规约性地适用于传递间接警告语力。然而根据对语料的考察我们发现,"还 VP"句用于实施警告言语行为的用例并不占优势,在收集到的 213 条语料中,警告义用法仅 93 例,占比 43.7%,更多的共时语料用例则是用于实施指责言语行为。如:

(17)这时,小宝突然大声啼哭起来,哄也哄不住。陈真梅气不过,恼怒地骂:"死鬼,把小姨都累坏了,**你还哭!**"我右手在小宝的身上拍打着,对陈真梅说:"又冷又饿,这么个低低,怎么受得了啰!"

(《人民日报》1961-01)

例(17)中说话人是通过话语表达自己的指责,进而达到制止对方不当行为的交际意图。自指性施为动词"骂"及詈语"死鬼"都辅助点明、强化了"你还哭"的表态功能,且交际语境也表明了说话人对听话人实施后续惩罚的可能性较低。

我们认为这类"还 VP"句是主要依靠表态实施指令的指责言语行为,与表警告义的"还 VP"句在构成性规则上有着显著差异:警告言语行为本质上蕴含着一层假设关系,根本规则上要求警告言语行为要以警告者潜在的惩罚手段为语力保障达到指令的意图,准备规则中则要求警告者预设对方能够激活指令内容与惩罚手段之间的假设关系,补充性规则中也要求警告者对警告对象具有实施潜在惩罚的可能;而指责言语行为的内部结构并不建立在假设关系之上,相应地,根本规则是指责者依靠情绪宣泄促使指责对象产生愧疚心理进而达到指令的目的,补充性规则中也并不要求指责者对指责对象具有实施潜在惩罚的意愿和能力[①]。表层形式上看,指责义"还

[①] 有关指责言语行为的构成性规则具体可参见黄佳媛《现代汉语规约性间接指责言语行为研究》,硕士学位论文,华东师范大学,2017 年。

VP"句句末往往可以添加舒缓主观情绪的句尾语气词"呢",而警告义"还 VP"句则一般不能。如:

(18) a. "二十年了。"玉秋长叹了一声。"是啊……"逸帆附和。**"你还说呢!"** 莫俊硕开始似真似假的炮轰逸帆。"二十年来你和我们联络过几次、吃过几吹饭?我看说不定你早就忘了我们了。"

(叶小岚《想约在来生》)

b. "二十年了。"玉秋长叹了一声。"是啊……"逸帆附合。**"你还说!"** 莫俊硕开始似真似假的炮轰逸帆。"二十年来你和我们联络过几次、吃过几吹饭?我看说不定你早就忘了我们了。"

(19) a. "你还要狡辩!"谭功达朝她吼道。杨福妹果然不吱声了。呆呆地转动着手里的红铅笔,嘴角浮现出一丝冷笑。**"你还笑!"** 谭功达这一叫,把姚佩佩也吓得浑身一哆嗦。

(格非《江南三部曲》)

b. ?"你还要狡辩!"谭功达朝她吼道。杨福妹果然不吱声了。呆呆地转动着手里的红铅笔,嘴角浮现出一丝冷笑。**"你还笑呢!"** 谭功达这一叫,把姚佩佩也吓得浑身一哆嗦。

尽管情感层面上无论是指责义还是警告义的"还 VP"句都具有表达说话人负面情感的功能,但这种情感表达在程度上还是有舒缓与强硬的区别。语音层面上,句尾语气词"呢"会对"还 VP"句的句尾降调产生一定的破坏,有"呢"的句尾语调较为舒缓,无"呢"的句尾语调则较为强硬(宗守云,2017)。一般来说,构成性规则的差异导致警告言语行为依靠一定的惩罚手段威慑警告对象实施指令,因此语气上往往较之指责言语行为要更为强硬,才能在表层形式上通过韵律手段反映出更强的威慑力度,故句末通常不能与语气词"呢"共现。例（18）只是朋友间开玩笑"似真似假"的指责言语行为，句尾可以与语气词"呢"共现，去掉"呢"后语境因素依旧可以保证话语的指责语力，句法上也同样合法，只是情感表达程度上有所差异，a、b 两句均可在交际中自由使用。而例（18）中谭功达对杨福妹具有上级关系的固有权威优势，语境因素中伴随着后续实施潜在惩罚的可能性，决定了该话语只能是警告言语行为，因此使用"呢"舒缓语调后与警告言语行为的构成性规则就产生了矛盾，造成 b 句在使用上往往不合法。

（二）"还 VP"句与"再 VP"句警告义的规约化差异

独立使用的"还 VP"句在共时层面同时发展出了警告和指责两种话语功能，因此虽然"还 VP"与"再 VP"句在结构形式上极为相近，但二者在警告义的规约化程度上却有着一定的差别：以共时的使用频率标准来看，"再 VP"句可以看作典型规约性的间接警告言语行为；而"还 VP"句则仍处于规约化的进程之中，目前仍应看作非规约性的间接警告言语行为。

我们认为，造成"还 VP"与"再 VP"句警告义规约化程度差异的主要原因之一在于副词"还"与"再"的概念意义上。"还 VP"句用于句尾升调或强降调的韵律形式中独立成句时，构件成分的简单加合并不会产生类似指令的字面意义，因此"还 VP"句的指令义其实是建立在反问句的语法意义上的：当听话人未完结的行为 VP 违反社会或说话人预期、有损说话人利益时，说话人坚持使用疑问句上升语调的行为就会必然导致"无疑而问"的反问质疑行为，反问句会导致说话人对反预期行为 VP 本身及其背后产生原因进行否定，进而规约化为一种稳定的间接指令意义。同时，"还"通过时间延续序列到心理延续序列的比喻衍生，使得预期与现实之间的反差蕴含了说话人情感上的负面评价功能（高增霞，2002），造成"还"

在概念意义上规约性地发展出了负面情感义①。因此一定程度上可以说"还VP"句的字面意义就已经稳固地用于表达说话人指责性地禁止,"指责"是"还VP"句规约化出的基本话语语力及话语功能。而警告义则是"还VP"句在具体语境中建立在潜在惩罚手段及假设关系推理上的临时性、非规约性的话语意义,且"再VP"句用于句尾升调或强降调的韵律形式中独立成句时,字面上本身就可以解读出指令的概念意义,副词"再"本身也没有形成固定的主观情感义。因此即便是在禁止义反问句的基础上,"再VP"句也不像"还VP"句一样具有明显的情感形式标记、凸显说话人的负面情感表达,"警告"也就在典型语境的高频使用推动下逐渐凝固为"再VP"句规约性的会话含义。

第二节 "敢VP"构式警告义的解析②

"敢VP"句也是现代汉语中常见的警告义口语表达式,表层形式上由充当主语的第二人称代词"你/你们"③、充当谓语的情态动词"敢"和动词或动词短语VP共同组成,整个句式独立成句用于实施间接警告言语行为,命题层面上表达警告者的否定性意愿,意

---

① 《现代汉语词典》(第7版)(2016)就列出副词"还"有"表示不合理;不寻常;没想到如此,而居然如此(多含赞叹或责备、讥讽的语气)"的评注副词义项,表明"还"的负面评价性用法已经一定程度上成为一种稳固的概念意义被收入辞书之中。而副词"再"则没有收录相应的主观性用法。

② 本节内容拟发表于《新疆大学学报》(哲学社会科学版)2024年第5期。

③ 警告义"敢VP"句中主语也可以是表示任指义的疑问代词"谁""哪个"(如"谁敢再动""哪个敢来")。但这种表任指的疑问代词实际上仍是指代现场所有的听话人,与人称代词"你/你们"没有本质上的差别;此外,在日常使用中这种疑问代词做主语的警告义"敢VP"句用量较少,以BCC和CCL语料库的统计情况来看,有效语料中主语是疑问代词的使用频率仅占3.1%,其中"谁"做主语的使用频率为2.9%,"哪个"做主语的使用频率仅为0.2%。因此,为行文方便,本节暂且仅考察主语为第二人称代词"你/你们"的情况,特此说明。

在制止某事的发生，如：

(20)"别瞎吹，你没有爸爸的。""**你敢说**！你才没有呢！""别急，我昨儿晚上听我妈和我爸说。""说什么？""说你爸不要你们了！""放屁！"环哥挽起袖子来了。"还说，说你爸是个该死的东西。丢下了大姨，在北平娶了一个顶坏顶坏的女人。""你瞎说我揍你！"

（萧乾《篱下》）

上例中的"敢 VP"句不是简单地对警告对象有胆量做某事的描述、判断或询问，而是在语篇结构中制止对方的当前行为，同时表达警告者的负面情感立场。句中的"你敢说"不是环哥对对方敢于乱说话能力的预判；相反，说话人是想要制止对方继续乱说话的行径，警示对方如果继续乱说的话可能会遭受相应的惩罚（从后文伴随的体态语"挽起袖子"及最后明示惩罚手段的话语"你瞎说我揍你"即可验证），让对方"不敢说"。这类"敢 VP"句的话语功能都表达了说话人意图制止听话人实施某种行为，传递警告的语力。同时这种警告语力要求与一定的话语语境相互匹配，形成了较为固定的"形式与意义/功能"配对，符合警告义构式的定义。本节将针对这类规约性用于表达警告意图的"敢 VP"构式进行解析。

一 "敢 VP"构式的句法语义特征

句子的意义来自构式义和词汇义的相互作用，尤其在论元结构构式中，动词的意义和构式本身的意义必须通过句中的动态关系合二为一。"敢 VP"构式中主语人称代词"你/你们"和情态动词"敢"是不变项，动词短语 VP 是可变项，是一种提取了能产性框架的半实体构式。构式的警告义依靠着构件之间的语义互动压制产生，同时警告义本身也对进入该构式的词项具有一定的选择限制。

（一）构式的句法形式特征

1. 句法结构特征

"敢 VP"构式在结构上不充当句法成分，均需单独成句，独立表达警告的会话含义。需要指出的是，实际用例中还有一部分"敢 VP"结构并非单独成句，而是在句法形式上充当更大句法结构的构成成分，同样也传递了警告语力。如：

（21）幸亏她手脚快，一闪身溜出了门，听见身后父亲气呼呼的声音："**看你敢回来！**"

（周而复《上海的早晨》）

（22）"你是什么人？**你敢胡来我就喊人啦！**"费尼娅又用乌克兰语发出威胁。

（《作家文摘》1997 年合刊）

以上两例中的"敢 VP"句虽然同样也传递警告语力，但是我们认为这两种情况与单独成句的"敢 VP"构式不是同一种构式：例（21）中"看你敢回来"的不变项框架并不是"敢 VP"，而是"看你（不）VP"这一结构承担了整个话语警告义的产生，我们如果将"看你敢回来"替换为"看你再回来""看你还回来"甚至是"看你回来"，仍旧不影响整个话语传递警告的会话含义。例（22）中的"你敢胡来"用在紧缩条件复句的形式中充当假设条件，警告语力是由整个紧缩条件复句所反映的完整假设关系"（如果）你敢 VP_1 我就 VP_2"所传递的，字面意义可以直接解读出警告的交际意图，属于直接警告言语行为。因此，我们认为上述两种情况与单独成句的"敢 VP"构式在某种程度上是"同质异构"的不同警告义句法结构，共同组成警告言语行为内部的次级构式系统。

2. 语气类型特征

从句子的语气类型来看，单独成句的"敢 VP"构式主要用在反问语气和感叹语气中。其中，反问语气本身传递否定信息，即用于制止警告对象即将实施的将来行为 VP，是构式否定意愿和警告语力的重要来源，韵律形式上表现为明显的句尾升调。在我们收集到的 482 条现代汉语语料中，反问语气的"敢 VP"句共 281 句，占总数的 58.3%。如：

（23）推土机隆隆地开上了老坟。这时，赵振涛看见赵老巩身子剧烈地晃动着，愤怒的眼睛喷火，走路时脚步落地很重，透着一股狠气。他走到推土机前，猛地从腰间抽出那把阳面太极斧，高高地举过头顶，闪雷似的吼一声："狗日的，**你敢再开？**"

（关仁山《风暴潮》）

感叹语气的"敢 VP"句共 201 句，占总数的 41.7%。如前文所述，当警告者需要强调其对于警告对象及其始发行为的负面情感立场时，"敢 VP"构式往往就会表现为句尾强降调韵律特征的感叹句。如：

（24）"你把我的金银首饰都出脱干净了，我没有向你算过账。你还不宜好。你在外面租了公馆，讨了监视户做小老婆，我也不管你。如今你胡闹得还不够，你居然闹到家里头来了。你这个没有良心的东西！**"你敢再骂！你敢再骂**！"淑贞的父亲克定厉声嚷着，一面把手在桌子上重重地拍了一下。

（巴金《春》）

（二）构式的语义选择限制

1. 不变项的语义选择限制

构式对不变项的语义选择限制首先体现在主语人称的选择上。如前文所述，交际的现场性和言后行为的性质决定了出现在主语位置上的人称代词只能是第二人称的"你"或"你们"。如果主语是第一人称的"我/我们",整个构式只是对行为主体敢于做某事的陈述,不会生成警告义;如果是以第三人称的形式出现,警告对象不在场则无法即时接收到警告指令,警告者也因此无法判断警告言语行为是否取效,进而也就无法达到阻止警告对象的目的。

其次,根据《现代汉语八百词》(增订本)和《现代汉语词典》(第7版)中对"敢"的释义,"敢"在该构式中应表现为"有胆量做某种事情"的情态动词,而排斥"莫非;怕是"的情态副词用法进入构式。相应地,情态功能上"敢"在构式中则进一步表现为"有胆量、敢于"的基本情态功能和"表反诘"的衍生情态功能,而排斥诸如"表谦敬、冒昧""推测""测度问"[①] 等功能进入构式的警告义。

2. 可变项的语义选择限制

通过对语料的梳理我们发现,构式中的可变项 VP 主要有三种类型:一是零形式,即作为宾语的 VP 不出现,说话人直接使用"你敢/你们敢"的形式即可实施警告。这种情况下缺省的动词或动词短语 VP 一般可以通过语境加以补足。二是光杆动词形式,语义类型上多为实义动作动词,如"打""骂""说"等。三是动词短语,多为动词后加宾语的动宾短语,或动宾短语前加状语的形式。此外光杆动词和动词短语也可以是否定形式的"不 V"或"不 VP",从感情色彩来看大多带有负面贬义倾向。与"再 VP"构式相似,从警告言语行为的构成性规则要求来看,VP 进入构式后也会被强制赋予以下两组语义特征:

一是 VP 的概念意义上会被构式的警告义强制赋予[-常态]、[+风险]、[-预期]的语义特征。受制于情态动词"敢"的语义影响,既然 VP 是陈述听话人"有胆量、敢于去做"的某事,那么这种行为一定不是常态发生、听话人一般会去实施的行为,而是一

---

① 关于"敢"的情态功能具体可参见李小军《"敢"的情态功能及其发展》,《中国语文》2018 年第 3 期。

种日常生活中低频发生的小概率事件。且听话人实施该行为往往需要承担一定的风险、会招致一定程度的危险后果，所以一般情况下听话人才会考虑和评估潜在的风险而不会轻易实施该行为。因此，VP所关涉的动作行为都会带有［－常态］、［＋风险］的语义特征。如：

（25）"站住，干什么的？"小陈厉声向他们喝道。同时端起自动步机，推压子弹上膛。两个男子一愣，继而气势汹汹地骂道："少唬人，**你敢开枪**。我们在这关你屁事！"

（《文汇报》2003-10-16）

（26）"……你哥哥哪一点为难了你？什么事又不好商量？"他停了一下，喘息；"动刀三分罪，我是你底哥哥！""再说！"弟弟捶桌子，伸手向刀柄。"**你敢胡闹**！"他向后退，麻木地叫，"你败家的东西，喊政府枪毙你！"

（路翎《棺材》）

例（25）中的"开枪"伤人行为本身在日常生活就发生概率极低，有正常行为能力的人都知道开枪伤人会承担什么样的责任，因此这种行为除非在极端情况下才会得以实施。例（26）中"胡闹"的行为也会损害对方的既得利益，日常状态下往往也不会发生这样故意损害对方利益的行为，而且对方一旦"敢于"实施这个行为后续就会遭受到相应的惩罚，警告者已经在后续句中将"喊政府枪毙你"的不利后果加以明示。因此，能够进入该构式的动词短语VP在情态动词"敢"的语义限制下都具有［－常态］和［＋风险］的语义特征。

听话人行为VP的非常态和高风险也必然会导致该行为会违反说话人的心理预期，也就是说VP行为本身往往都是警告者主观认定对方不应当实施的行为，具有［－预期］的特征，该行为的发生本身也会损害警告者的利益。因而，指涉这种行为的动词或动词短语VP

在情感色彩上大都带有负面消极义,如"打架""说谎""耍赖"等。但同时还有一部分 VP 指涉的行为孤立来看并不具有负面情感义,在脱离语境的情况下往往是中性的。如:

(27)"表哥!"霜霜叫:"我不要顾家三兄弟,你陪我去!""我有事!"魏如峰喊了一声,顿时发动了车子,向前面冲去。"表哥,**你敢走**!"霜霜大叫着,也踩动油门,想追上去。

(琼瑶《几度夕阳红》)

(28)"芊芊!芊芊!"若鸿着急的大喊,但,子默揪着他的衣襟,他无法动弹。"**你敢去**!"子默把他再一推,推在墙上。"这个节骨眼了,你还敢撇下子璇追芊芊去?"

(琼瑶《水云间》)

以上两例中"走""去"的概念意义从社会道德标准来说无所谓积极还是消极,只是在语境中这些行为都是警告者不希望发生的,因此在警告话语中这些行为都带上了负面情感特征。这种[-预期]特征连同[-常态]、[+风险]一样,也不是 VP 本身所具有的,而是进入构式后被构件成分"敢"的语义所强制赋予的,是带有警告者强烈主观立场和情感印记的语义特征。对 VP 非常规、高风险、反预期等语义特征的强调,是警告者实施本次警告行为的原因,也是"敢 VP"构式表达警告功能的必要前提,是警告言语行为的准备规则所决定的。

二是 VP 的时体意义上会被构式的警告义强制赋予[+未然]、[-完结]的语义特征。警告的目的是制止对方即将实施或正在持续的行为,以避免不利后果,时间上必然都是未发生、未完成的行为,因此与"再 VP"构式相同,"敢 VP"构式中的 VP 也同样具有[+未然]、[-完结]的时体范畴特征。如:

(29)"他还有一长。"绍泉笑着说。"你这位表哥还是个猎艳能手，许多女同学写情书给他，据说，女同学们给了他一个外号……""绍泉！"宗尧情急的叫："**你敢再说**！""你说，是什么？"洁漪颇感兴趣的问。"她们叫他……""绍泉！"宗尧叫。

(琼瑶《月满西楼》)

这里"说（表哥外号）"这一行为在警告者发出警告时还未完全完成，只是被警告者强行打断，将来极有可能接着发生，重复副词"再"及后续对话中绍泉继续未完成的话轮"她们叫他……"就表明了"说"的未然性、未完结性特征。这种时体特征也是 VP 进入构式后被警告义所强制赋予的，是警告言语行为的准备规则所要求的。但需要注意的是，有些"敢 VP"句虽然在表层形式上看与警告义的"敢 VP"句相同，但 VP 在时体意义上却是已然完结的行为，此时这些"敢 VP"句的话语功能就不是表警告而是表质疑，需要仔细加以区别。我们可以比较以下两例：

(30) "这是我的家，你不高兴，你就给我滚！""滚？**你敢喊我滚**？说得好容易！我是你用三媒六礼接来的！除非我死，你就把我请不走！"

(巴金《春》)

(31) 尔康一阵心痛，往前一迈。"不行！我不能让你在宫里受委屈，五阿哥不说，我要去说！""**你敢说**！你说了，我这一辈子都不要理你！"紫薇喊着。

(琼瑶《还珠格格》)

例 (30) 中根据前置话轮可知，VP"喊我滚"是已然完成的行为，虽然"敢 VP"所在的整个话轮仍然具有警告的交际功能，即说话人警告对方自己是这家中明媒正娶的太太，她是不会走的，"你敢喊我滚"看似传递了警告语力；但这里的警告功能主要是依靠"敢

VP"后续的条件复句"除非我死,你就把我请不走!"加以表达的。如果删去后续这些句子、说话人只是单独说出"滚?你敢喊我滚?"其会话含义就只是说话人对对方喊她滚这一事实的质疑,是反问语气本身所具有的语法功能,即对已然发生的意外、反预期始发行为提出质疑、驳斥,没有警告的意义。而例(31)中的"说"是具有[+未然]、[-完结]特征的,从前文"我要去说"中的"要去"即可加以验证。虽然"敢VP"句后续明示假设关系的复句"你说了,我这一辈子都不要理你"也帮助建构了整个话语的警告语力,但这种不利后果是对方通过日常经验等背景语境信息可以推理得知的。因此即便省去该复句、警告者仅说出"你敢说",整个话语依然具有警告语力,传递了制止未然行为继续发生的交际意图。

二 "敢VP"构式的语境解析

情态动词"敢"与谓词性宾语VP表现出的各种句法语义特征只是"敢VP"构式在字面意义上触发警告语力推理的条件,而间接警告言语行为的实施和取效必然要求警告对象进一步结合特定的语境信息作为语用推理的补充与支撑。在实际交互过程中警告者往往不仅通过表层形式的"敢VP"句来单独实施警告,还会通过配合相应的语言或非语言手段作为语境信息来凸显、强调完整的警告语义框架,尤其是框架中核心的假设关系,以帮助警告对象完成相应的语用推理。

如前文所述,典型间接警告言语行为的语境包含警告对象始发行为的反预期性、警告者具有相对权威性两个基本特征,这两个语境特征在逻辑上即蕴含了警告语义框架的核心假设关系,始发行为的反预期性大体对应着假设条件,警告者的相对权威性暗含着相应的假设后果。如果警告对象不放弃反预期的始发行为VP,警告者就可能会通过固有或临时赋予的权威优势对其实施相应的惩罚;而如果警告对象不希望警告者对其实施惩罚,就需要放弃即将实施或继续延续的行为VP。警告者既然已经使用了"敢VP"句对警告对象加以明示，那么警告对象的始发行为必然已经违反了警告者的心理预期，该语境特征就伴随着明示话语的发出同步得到了满足。因此，我们这里着重分析的是警告者通过怎样的形式手段在语境中表现自己的权威性，从而帮助警告对象更好地完成警告语力的解读。通过对语料进一步地细化，我们从实现方式上将这种凸显警告者权威性的语境分为语言形式和非语言形式两类。

（一）语言形式

警告者使用语言形式凸显自己的权威性往往会在话轮中借助一定的辅助语步，帮助提示警告对象推理出可能面临的不利后果。常见辅助语步的言语行为类型主要有表态类和阐述类两种：表态类辅助语步多通过詈语、负面评价语等方式显示警告者的身份或事理权威，以强化对警告对象的心理威慑，表达警告言语行为本身的负面情感；阐述类辅助语步则多通过解释警告原因、表明利害关系、告知身份地位等方式，明示实施惩罚的理由、条件等内容，进而辅助警告对象推理出完整的假设结果，传递警告语力。如：

（32）"为什么要我笑？你可以叫旁人笑啊，至少眼前就有一个啊。"她偏过头去，根本不看他。"我要走了。反正你可以找别人帮你。""**该死，你敢走！**"他拉住转身欲走的她。"**你答应过了，怎么可以失信？**你不怕以后没人相信你了吗？"

（于晴《红苹果之恋》）

例（32）中警告者在发出警告前使用了詈语"该死"宣泄负面情感，表态行为的伴随使用往往可以加强对听话人的心理威慑。而后又通过阐述言语行为的辅助语步"你答应过了，怎么可以失信？"解释了警告原因，告知警告对象不能出尔反尔的事理，由此借助该事理权威调动听话人进行假言推理：如果警告对象坚持要走的话，警告者就会依靠事理上的权威优势对其实施指责、怨懑等惩罚行为，进而达到话语的指令目的。

（二）非语言形式

除了通过语言形式的辅助语步对自身权威加以凸显之外，警告者还可以通过配合使用一系列体态语等非语言手段提示惩罚的后果，表明自身固有或临时的权威优势。如：

(33) 手上夹着烟签子，坐起来笑道："自在点吧！这里不是舞台，可别演《翠屏山》，霸王硬……"**谢碧霞站了起来，一只手理着鬓发，一只手指着张四爷道："你敢说！"**

（张恨水《春明外史》）

例 (33) 中警告者通过"站了起来""手指着张四爷"等外化的具身动作，提示警告对象调用日常经验做出一定的假设推理，即如果警告对象不顺从指令的话，后续有可能会发生肢体冲突，否则警告者没必要"站起来"并通过"手指着"的方式拉近与警告对象的物理空间距离。结合前文可知，警告对象的话语进行到一半被警告者通过"你敢说"强行打断并伴随着相应的体态语，可见始发行为的话语内容违反了警告者的心理预期；且被打断的话语是警告对象对警告者较为消极的负面评价，因此警告者提示惩罚手段的体态语也同时凸显了自身事理上的临时权威性，正是这种权威优势保障了警告者具备实施肢体惩罚的理据和可能。

综上，通过对构式句法语义特征和典型语境的分析，我们认为"敢VP"构式在警告者判定警告对象有实施或延续非常态、高风险、反预期行为VP的前提下，结合交际双方固有或临时的权势关系差，该构式就会在特定语境中浮现出警告的话语功能。警告语力的生成依赖于构件成分句法结构、语义内容的准入条件限制。同时，警告语力的实现往往也需要警告对象对交际语境中语言或非语言形式的警告者权威加以识解，推理出潜在的惩罚手段，尤其是语境因素中对警告者权威性的凸显有助于明示、强化话语的警告语力，进而促成警告言语行为的施行和取效。

三 "敢VP"构式警告义的规约化过程与机制

通过对历时语料的考察我们发现，"敢VP"构式的警告义生成也经历了一个与"再VP"构式相似的规约化过程，即警告义最开始在话语的字面意义上都是可推导、有理据的，表现在语言表层形式上即"敢VP"句多伴随着后续的惩罚结果句出现，完整的假设关系能够被句法结构所明示。而在日后的使用过程中，语用推理的过程不断简省、压缩，新的"形式和意义/功能"配对在日常交际中被高频使用，最终导致警告义固化在构式句本身，被使用者打包存储、记忆和激活。

（一）警告义的规约化过程

警告义"敢VP"句最早也来源于完整的条件复句，也即警告的实施最早是伴随着凸显惩罚手段的结果分句的，通过语言表层形式上完整的条件复句传递警告义。我们发现最早在宋元时期的史书和杂剧中已出现相关用例：

（34）淮南大将王韶欲自为留后，令将士推己知军事，且欲大掠。韩滉遣使谓之曰："**汝敢为乱，吾即日全军渡江诛汝矣！**"韶等惧而让。

　　　　　　[（北宋）司马光《资治通鉴·唐纪·唐纪四十七》]

（35）（正末云）哥，怎么都要得我的？（邦老云）**你敢不与我，我就杀你也。**（拔刀科）

　　　　　　　　　　　　[（元）无名氏《朱砂担滴水浮沤记》]

这些警告句都在字面意义上反映了完整的假设关系，"敢VP"句在结构上充当条件复句的前件条件分句，不能独立使用，警告者后续可能实施的惩罚行为由复句的后件结果分句明示。这个时期并未发现可独立使用的"敢VP"句传递警告语力，警告义是通过整个条件复句，尤其是后续明示惩罚手段的结果分句表现出来的。

而在日后的高频使用过程中，出于各种语言或非语言的动因，语言表层形式会逐渐发生变化。表现在该构式上就是"敢 VP"分句句法地位逐步提升，进而导致帮助强化、凸显警告语力的结果分句逐步脱落，语用推理过程不断压缩，完整条件复句的语义内容逐渐凝固前件到条件分句"敢 VP"句本身，依靠"敢 VP"句触发，整个警告义的规约化过程伴随着一个形式简省的过程。首先是在明清时期的小说中出现了警告义"敢 VP"句独立使用的雏形。如：

(36) 气的狄婆子挣挣的，掐着脖子，往外只一搡。素姐还连声说道："**你敢去**！你敢去，你就再不消进来！"

[（明）西周生《醒世姻缘传》]

(37) 那妇人发急道："我说，我说。"将要说出口，姚孟芳把眼一睁道："**你敢说**！你若说了，我叫你比这一回还痛苦。"

[（清）坑余生《续济公传》]

上述两例中虽然仍出现了明示假设后果的句子，但此时"敢 VP"句在句法结构上已经可以独立于假设复句之外，尤其是例(36) 中警告者使用了同形重复的"你敢去"，第二句在结构上仍依附于条件复句，这就为第一句"你敢去"独立成句时依旧传递假设关系提供了推理的基础。

此后，形式简省的过程不断固化，当警告者在典型适切语境中使用"敢 VP"句时，语境信息就可以帮助警告对象推理出完整的假设关系，使警告对象感受到即将面临的惩罚威慑，"敢 VP"句可以独立成句使用，有时配合阐述或表态类辅助语步共同构成警告话轮，有时则可以完全独立形成话轮，形式上完全脱离结果分句也可以传递警告语力。这样的用例在清末民国时期大量出现。如：

(38) 捕役又过来对他说道："好歹求大人把昨夜的情形说了，好脱了小人干系；不然，众位大人在这里，莫怪小人无礼！"臬台又惊，又慌，又怒道："**你敢无礼！**"捕役走近一步道："小人要脱干系，说不得无礼也要做一次！"

[（清）吴趼人《二十年目睹之怪现状》]

(39) 李夫人闻言，怒喝道："好个不肖儿，你为什么名义？你因他是落难女子，不肯顺从为娘的心思。分明是爱富嫌贫，说甚么有关名义！为娘主意已定，**尔敢再阻？**"

[（清）佚名《守宫砂》]

(40) 何达武将手举高道："**你敢动手来抢！**我平生最欢喜这种东西，花钱都买不着。若给你抢坏了，还得了吗？"

[（民国）不肖生《留东外史续集》]

到了现代汉语阶段，"敢 VP"句就大量独立形成话轮使用，甚至在 VP 缺省、仅使用"你/你们敢"形式的情况下也能独立表达警告义。警告义伴随着语用推理完全凝缩到"敢 VP"句本身，成为能产性很强的新型"形式和意义/功能"配对被广泛使用，完成规约化的过程。

（二）警告义的规约化机制

1. 使用频率

如前文所述，共时层面的使用频率往往在间接警告言语行为的规约化过程中起到一定的推动作用。一个已有的语言表达形式在特定的新语境中被反复高频使用，那么新的语境所赋予的话语功能就会在高频使用过程中不断压缩、凝固到该语言形式本身，形成新的"形式和意义/功能"配对。

对于"敢 VP"构式的规约化过程而言，在该构式共时层面上独立用于表达警告功能的反复、高频刺激下，警告对象可以直接从"敢 VP"句的字面形式上识解话语背后的假设关系，甚至将警告义作为一种固化概念意义而非特定语用意义打包存储在长期记忆中。我们将警告义"敢 VP"构式各个阶段的使用频次统计如下：

表5-3　　　警告义"敢 VP"句各时期使用频次统计

历史时期 句子类型	宋	元	明	清	民国	现代
条件复句	1 （100%）	1 （100%）	6 （60%）	14 （35.0%）	3 （23.1%）	48 （9.1%）
反问句	0 （0%）	0 （0%）	0 （0%）	9 （22.5%）	4 （30.8%）	281 （53.0%）
感叹句	0 （0%）	0 （0%）	4 （40%）	17 （42.5%）	6 （46.1%）	201 （37.9%）

从表5-3可知，历时来看，警告义的独立成句用例占比逐渐增高，通过字面意义明示完整假设关系的条件复句用例占比逐渐降低，警告义通过交际语境逐渐压缩到独立成句的"敢 VP"句本身。即便是带有结果分句的条件复句在现代汉语阶段删去明示惩罚手段的结果分句、仅保留"敢 VP"的条件分句，依旧可以独立用于传递警告语力。如：

(41) a. 一名匪徒一看情况不对，立即向赖传猛扑过来，企图抢过舵杆转变方向。在这紧要关头，赖乙举起铁一般的拳头对匪徒喝道："**你敢动，我揍死你！**"这个匪徒一看不对，抢步走向船边，纵身跳进海里去了。

(《人民日报》1963-07-13)

b. 一名匪徒一看情况不对，立即向赖传猛扑过来，企图抢过舵杆转变方向。在这紧要关头，赖乙举起铁一般的拳头对匪徒喝道："**你敢动！**"这个匪徒一看不对，抢步走向船边，纵身跳进海里去了。

相比 a 句而言，尽管 b 句删去了后续的结果分句、仅保留了条件分句"你敢动"，但在适切语境"举起铁一般的拳头""喝道"的制约之下也足以传递警告语力，两句的交际意图完全相同。高频的使用频率使得独立使用的"敢 VP"句得到了较大发展，推进了其规约化的进程。

2. 认知机制

对于"敢 VP"构式而言，其形成的认知机制也同样可以依据 Fillmore 框架语义学的相关理论加以解释。与"再 VP"构式相似，"敢 VP"句最早的原型复句在字面意义上也反映了一个完整的警告认知框架，包括警告者、警告对象、警告原因、指令内容、保证内容等构成要素，指令内容与保证内容之间具有必要条件的假设关系，整个认知框架是由交际双方所共享、存储在双方的长期记忆中的。

一般来说，当警告者要实施一个警告言语行为时，框架内的构成要素应当全部出现在表层形式上并形成完整的条件复句，但警告言语行为本身就有威胁对方消极面子的性质，使得警告者往往会刻意降低面子威胁程度，尽力使用形式简省的间接形式传递交际意图。同时伴随着语用频率的增高，整个框架内部各要素之间的关系不断在认知中加以抽象、凝缩，语言的表层形式也就会产生相应的语义压制，警告者仅选择在字面上明示假设条件，即凸显警告对象及其始发行为两个要素、表层形式上仅使用"敢 VP"句，即可在警告对象的认知中激活整个警告框架。"显映"(manifest) 的"敢 VP"句起到定位和触发作用，促使警告对象根据假设条件还原出框架中完整的假设关系及隐含的假设结果，推理出整个框架压制形成的警告义，进而实现间接警告言语行为"敢 VP"构式的规约化。

第三节　从"看我（不）VP"句看间接警告言语行为的规约化[①]

"看我（不）VP"[②]句也是一种常见的、规约化的间接警告言语行为，字面意义是一种承诺，即说话人允诺对方要对其实施某种不利行为VP。而在特定语境下的会话含义则在于实施指令，完成警告的交际意图：说话人并非真的想对对方实施VP，而是试图通过这样一种字面上的明示达到改变听话人当前行为的目的。如：

（42）小栓刚要回答，映霞暗暗捅了他一把，摆摆手道："爷爷，没什么，您看花眼了，那边什么也没有！"致庸反复转动望远镜，叫："胡说！那是人，怎么看着像是灾民！……不对，那正是灾民！映霞，你这个混小子，干吗糊弄我，说那儿什么也没有？**看我揍你**！"他抡起拐棍要打，映霞早已跳开。

（胡玫执导电视剧《乔家大院》42）

（43）思忘道："我不怪你的，我只是想跟你开玩笑逗你笑的，刚才你笑起来很有风度呢，好象是古书上说的如风摆椰。"有琴闻樱道："我只道你当真一派朴实，却没想到你这样顽皮，**看我不打你**！"说完了一掌向思忘肩上打去，思忘哈哈大笑，脚下一动便早已躲了开去。

（令狐庸《风流老顽童》）

[①]　本节的主要内容发表在《汉语学习》2021年第1期，本书略有修改。

[②]　其中"看"也可以是相关动词"瞧"，否定词"不"的位置也视动词V后有无补语存在相关变体。为行文方便本节统一以"看我（不）VP"加以指称。

(44) 一面叫着，一面吊住萧队长的胳膊，把自己的身子悬空吊起来，两个乌黑的光脚丫子蹬在萧队长的腿上和身上，一股劲地往上爬。赵大嫂子忙喝道："锁住，我看你是少揍了。把叔叔裤袄都蹬埋汰了。还不快下来，**看我揍你了**。"锁住并没有下来。他知道他妈舍不得打他。

（周立波《暴风骤雨》）

(45) 一听忠厚的男人要起誓，玉音怕不吉利，连忙止住哭泣，坐起身子来捂住了桂桂的嘴巴，轻声骂："要死了！**看我不打你**！多少吉利的话讲不得？不生毛毛，是我对不起你……就是你不怪罪我，在圩上摆米豆腐摊子，也有人指背脊……"

（古华《芙蓉镇》）

上述四例中，例（42）和（43）中的"看我（不）VP"句都是承诺类威胁言语行为，说话人都在做出承诺后随即对听话人实施了相应的行为 VP，如（42）中致庸直接"抡起拐棍要打"、例（43）中有琴闻樱言毕"一掌向思忘肩上打去"。而例（44）和（45）句则是间接警告言语行为，虽然字面意义上看说话人是要对听话人实施某种不利行为 VP，但实际的交际意图来看说话人只是为了促使对方改变当前不当行为或趋势，并不会真的对对方加以惩罚，如例（44）中赵大嫂子通过"看我揍你了"句只是为了不让锁住继续纠缠萧队长，锁住也知道赵大嫂子只是吓吓他，最终"舍不得打他"；例（45）中说话人的话语"看我不打你"也不是真的要去打她心爱的男人，后续句"多少吉利的话讲不得"也表明其目的只是指令对方不要继续赌咒。本节的研究对象即是以例（44）、（45）为代表的间接警告句"看我（不）VP"。作为间接言语行为，"看我（不）VP"句如何规约化出警告的交际功能，警告言语行为是在何种制约条件下与承诺类威胁言语行为相互区别，否定形式的"看我不 VP"句如何与肯定形式"看我 VP"句识解出同样的警告意图，间接警告言语行为的规约化过程是否具有共性特征，都是需要展开讨论的问题。

一 "看我（不）VP"句的句法语义特征

从句法结构的角度看，大部分"看我（不）VP"结构均单独成句，其中肯定形式的"看我VP"句句末可以使用"了""啊"等语气词结尾，不充当更高层级句法结构的句法成分即可传达警告意图。独立使用的语例在我们检索到的189例中共135例，占71.43%。此外还有小部分用例句法上依附于更高层级的句法结构，一般充当条件复句的结果分句，否定形式"看我不VP"句往往也可以作为主语后接谓语"才怪"共同成句，整个话语共同在特定语境中表达警告功能。这类充当句法成分的用例共54例，占28.57%。如：

(46) 这下子可把德强羞坏了。他打弟弟的光腚板一下，又冲着妹妹说："你们知道个什么！再瞎说，**看我揍你。**""哼！"秀子把鼻子一哼，头一昂，越发挺着胸脯走上前，气壮壮地说："呀！八路军还能打人？咱就不怕。"

(冯德英《苦菜花》)

(47) 千道人打个哈哈，道："好小子，你是哪壶不开提哪壶，存心要我老人家难看，明知我吃了瘪，还要故意问我一句。好哇！你总有一天，要求着我这哈哈道士，那时候，哈哈！**看我不修理你才怪！**"

(公孙鑫《千门弟子》)

例（46）中"看我揍你"充当条件复句的结果分句，例（47）中"看我不修理你"充当主语。但条件复句与"不VP才怪"句式本身在字面意义上就反映了完整的假设关系，警告的会话含义可以直接传达和解读。因此这种充当句法成分的"看我（不）VP"句属于直接警告言语行为，不在本节的考察范围之内。

(一) VP 的句法语义特征

"看我（不）VP"句字面意义都是说话人言及一个即将对听话人实施的行为，因此作为谓语核心的 VP 大部分是动宾结构，指涉一个完整的动作事件，动词 V 大部分为光杆动词，宾语往往为第二人称代词"你/你们"，如"打你""揍你""收拾你们"等；如果警告者选择凸显动作的致使结果，VP 往往还会使用动补结构 VC，如"踢死你""撕烂你的嘴"等，动补结构中动词 V 往往是单音节动词，补语 C 往往是单音节形容词。此外，还有小部分连动结构、兼语结构等，这些复杂 VP 虽涉及多个动作，但并不影响动作事件内在的连贯性和完整性。如：

(48) ［连动结构］但闻那少女在屋内喝道："我下午就晓得你不是个好东西，**看我把你那双贼眼挖出来喂狗！**"又听雪球幽幽怨怨的说："我没有……我只是……那个嘛……"那少女暴怒如狂："那个什么？你还敢疯言疯语？"

(应天鱼《少林英雄传》)

(49) ［兼语结构］"你这碎嘴的丫头，竟敢胡乱编派是非，**看我不叫人撕了你的嘴**。"尉老夫人从内室走出，怒气横生地指着她。

(寄秋《洛阳花嫁》)

除去"叫""让"等小部分进入兼语结构的动词之外，VP 中的动词 V 在概念意义上往往具有强动作性，补语形容词 C 往往具有强状态性。通过对收集到的 189 句语例进行考察分析，我们将 VP 中动词 V 和补语 C 的使用频次统计如下：

表 5-4　　　　　动词 V 和补语 C 的使用情况及频次

频次统计	动词 V			补语 C
	打 47	揍 37	撕 30	
	弄 8	掐 7	抽 7	
	收拾 7	捶 4	踢 3	
	饶 3	咬 3	整 3	
	砍 2	拍 2	玩 2	死 49　　烂 35
	剥 2	告 2	告诉 2	断 8　　　破 7
	砸 2	剪 1	吐 1	裂 2　　　掉 2
	割 1	修理 1	削 1	
	啃 1	治 1	抓 1	
	烫 1	刮 1	抢 1	
	说 1	缠 1	拆 1	
	叫 1	让 1		

　　从表 5-4 可知，动词 V 大多是强动作义动词，基本都具有 [+述人]、[+可控]、[±自主] 的特征，且往往在使用中均表现出较强的致使义；补语 C 则对应着动作的致使结果①，用以表现致使对象的受损状态。此外，VP 在情感意义上都具有消极义，是警告者一般不会轻易实施的 [-常规]、警告对象不愿接受的 [-预期] 和对警告对象造成损害的 [+受损] 行为。这种 [-常规]、[-预期]、[+受损] 特征是警告言语行为得以取效的重要保证，警告者正是通过言及将要实施的非常规行为，使警告对象意识到自身利益有可能受损，从而达到对警告对象进行心理威慑、促使警告对象调整当前行为的效果。同时这种 [-常规]、[-预期]、[+受损] 特征也带有交际双方强烈的主观印记，是 VP 入句后被警告义强制赋予

---

① 这里的致使结果大多只是一种夸张的修辞用法。以用例最多的 "死" 为例，警告者并不意在后续对对方实施 "致死" 的惩罚，只是借此凸显不利后果的严重性，从而对警告对象造成心理威慑。如果警告者真的有实施 "致死" 行为的意愿及能力，"看我（不）VP" 句表达的则不是警告而是威胁。

的临时性语义特征。

(二) 人称指示词与警示成分"看"① 的语义选择限制

在"看我（不）VP"句中，不变项"看（瞧）"的"观看"主体是警告对象，由于交际的现场性常可缺省。警告者意在使警告对象"看"到将来行为的结果进而改变当前行为，将来行为的施事是警告者，受事是警告对象，因此典型的行为主体在句法结构中应表现为"（你）看（瞧）+我+（不）VP+你"。此外，宾语成分也可以是领属性名词结构如"你的腿""你的脸"及同位性名词结构如"你这个小狗日的"等。

此外，警告者想要警告对象"观看"的是一种将来行为，无法在视觉上直接观测，因此不变项"看"在句中已经没有了客观概念上的动作义，而是演变为一种主观推断义，语用层面上浮现出了"警示"的功能：警告者通过"看"来提示警告对象注意未来可能会遭受的惩罚手段，一定程度上表达了警告者埋怨或嗔怪的情绪（李宗江，2009）。作为警示成分的"看"在句中具有一定的完句功能，在表层形式上往往不可省略，否则会影响句子的话语功能。如：

(50) "快放下来，小心烧了你家的房子。""才烧不了呢。你的灯没那么大本事！"**看我不告诉你娘。**"他吓唬她。"俺娘在这儿呢。"秀秀的声音越发得意了。

（礼平《小站的黄昏》）

例 (50) 删去警示成分"看"后，否定词"不"往往会激活其原本的逻辑否定义，"我不告诉你娘"一般会被解读为告知言语行为

---

① 以往的研究往往把"看"当作"警示标记"，如颜君鸿 (2014)、尹海良 (2015b) 等。我们认为"看"在句式中虽然语义上已经得到一定程度的虚化，但并不完全是一个"标记"，句法形式上仍带有强制性，不可自由隐现，是警告义生成的必要构件，因而我们暂且称为"警示成分"。

而非警告言语行为。因此"看"在表层形式上具有一定的强制性，承载着标记警告语力的作用。

(三) 强调标记"不"的语用功能

受制于句式的警告义，"不"在句子中也不充当否定词，即不在句子的逻辑真值层面上起作用。语音上"不"往往轻声弱读、语流短促，语义上并不具有否定命题的概念意义，句法上也具有非强制性，"不"的出现与否并不影响句子肯定意义的解读，如"看我打你"与"看我不打你"深层语义上都表示肯定意义"我要打你"。同时"不"在句中的位置相对较为灵活，一般出现在整个谓词短语 VP 之前（如"看我不收拾你"）；而当 VP 是带有补语的 VC 结构时，"不"也可以出现在谓语动词 V 和补语 C 之间（如"看我不弄死你/看我弄不死你"）。

"如果语义标记功能羡余的虚词在句中还有其他的语用功能，虽然该虚词的隐现不影响句子的基本语义，但在修辞效果上产生了或多或少的差别，那么该虚词在句中只能属于基本功能羡余。"① 从这个角度看，否定词"不"在句式中也只是在修辞层面起到一定加强警告语气、凸显警告者主观消极情感的作用，属于语用层面的功能标记词。Biq（1989）指出"不"是一种元话语装置，在表达心理等级序列的极大量时，说话人往往会使用对立的否定结构"不 X"来表达强烈的主观态度。如对比肯定形式的"看我打死你"和否定形式的"看我不打死你""看我打不死你"，谓词短语和补语前"不"的轻声弱读，导致句中对比重音自然落在了其后的成分"打"或"死"上。因此相比肯定形式而言，否定形式中的"打"或"死"在音强和音长上都相对更强，惩罚手段及不利后果的严重性也就在语音和语义层面上都得到了凸显，进而警告者试图使警告对象产生畏惧、改变其当前行为的意图也相应得到了强调。也就是说，强调标记"不"的隐现对肯定和否定形式的语用功能造成了一定区

---

① 邵洪亮：《虚词功能的羡余及其修辞作用》，《当代修辞学》2011 年第 6 期。

别：相较而言，否定形式更加强化了警告者的主观情态和交际意图。

二 "看我（不）VP"句警告义的关联推理与规约化

作为间接警告言语行为，"看我（不）VP"句的语力解读离不开警告对象不断使用语境信息对句子的字面意义进行丰富、扩充，同时通过语境假设和关联期待推断出警告者关于字面意义的情感态度和交际意图。而当这种推理过程不断固化、反复压缩被打包存储后，警告义就会与相应的表层形式之间形成稳固的对应关系，完成规约化的过程。

（一）"看我（不）VP"句的适切语境

如前文所述，在警告言语行为构成性规则的制约下，"看我（不）VP"句产生警告义的适切语境也需要具备警告对象反预期的始发行为及警告者的权威性两个特征。当警告对象正在持续或即将实施一个违反警告者心理预期的始发行为时，警告者就会基于双方共享的假设关系给出回应，通过自己固有或临时的权威优势提示对方后续可能对其实施的惩罚手段，从而对警告对象造成心理威慑，完成相应的指令。此外，典型警告语境还要求警告对象的始发行为在时体上是未完结的，这样针对警告对象的指令才具有实际意义；否则，如果警告对象的始发行为已经完成、不会后续给警告者造成不可逆转的后果，也即如果始发行为具有［+完结］的语义特征，那么"看我（不）VP"句往往就只能用于实施字面的承诺类威胁行为。如：

（51）"你以前老笑我重色轻友，现在嘛！回赠给你啦！小色女。"兹莉朝婉华扮鬼脸。"兹莉，**看我打你的坏嘴**。"婉华红着脸向兹莉跳过去。两个女孩就在那儿闹个不停。

（骆亭云《最后的安琪儿》）

（52）云楼迅速地把双手藏在背后，用带笑的眼光瞪视着涵妮，嘴里责备似的喊着说："好呵！跑到院子里来晒太阳！中了暑就好了！**看我告诉你妈去**！""别！好人！"涵妮用手指按在嘴唇上，笑容可掬。

(琼瑶《彩云飞》)

例（51）中从上文语境可以看出，警告对象嘲笑警告者"重色轻友"的行为已然完结，因而"看我打你的坏嘴"失去了指令的意义，只能是警告者惩戒性的承诺，从后文语境中警告者"红着脸向兹莉跳过去"、两个人"闹个不停"即可验证。而例（52）中警告者如果不及时实施指令的话，警告对象"晒太阳"的始发行为显然还会一直持续。同时警告者用"带笑的眼光"及"责备似的"语气发出警告，其兑现"告状"承诺的可能性也极小，交际意图只是为了制止对方继续晒太阳以免中暑。因此，在警告对象始发行为是否完结的语境因素制约下，"看我（不）VP"句也就产生了承诺类威胁与警告不同言语行为之间的分野。

（二）"看我（不）VP"句警告义的关联推理

在上述典型警告语境的制约下，警告对象要解读出句式的警告义，还需要进行交际的关联推理。关联理论认为推理离不开语境，推理就是"命题和一系列语境之间的关系"（何兆熊，2000：203）。语境不仅包括即时的交际环境等客观因素，也包括一个人的主观认知能力（Sperber & Wilson，1986：15-16）。当警告者使用"看我（不）VP"句将自己的交际意图进行明示编码后，警告对象就需要调用自己认知能力中的推理能力，从字面的承诺义中推理出隐含的警告义。

1. 肯定形式的关联推理

关联理论指出，人们在语言交际中使用的主导推理形式是演绎法，这种演绎法是非实证性的，是按一定的思维规律把语言和非语言知识放在一起进行推理的过程。一般要经过先推导出隐含前提（implicated premise），在此基础上再推导隐含结论（implicated conclusion）两个步骤。如前文所述，警告言语行为的施行都必然依赖着一个假设关系，即如果警告对象不顺从指令就会受到警告者对其实施的惩罚。"看我 VP"句也同样以该假设关系为前提，从现代汉语中仍有部分"看我 VP"句充当条件复句的结果分句即可验证，警告语力仍需通过完整条件复句的形式加以表现。但当警告者出于语言经济性等原因，省略完整条件复句的前件条件分句、仅选择明示后件的结果分句时，交际双方也都可以凭借着认知能力调用完整的假设关系作为隐含前提之一进行演绎推理。如：

(53) 琴红了脸，含笑分辨道："三表妹，这跟我有什么相干？你怎么又扯到我身上来？""因为二哥只听你的话，你不教训他，哪个教训他？"淑华辩道。"呸，"琴红着脸啐道，"你越扯越远了。等一会儿**看我撕你的嘴**！""琴姐，你真的要撕我的嘴？"淑华故意戏谑地问道。

（巴金《秋》）

警告者的明示话语"看我撕你的嘴"是针对警告对象继续跟自己乱说话的未完结行为的回应，因此，话语功能上具备了实施警告的可能。警告者的交际意图是为了指令警告对象停止"越扯越远"、嘲弄自己的行为。警告对象需要从认知语境中提取完整的假设关系对隐含前提进行扩充，即"如果你要继续乱说话的话，（看）我（一会儿）就会撕你的嘴"。以此隐含前提为基础，警告对象就可以调用演绎推理。根据对当关系（opposition）推理中"原命题与其逆否命题同真同假"准则（若 p，则 q；那么若¬q，则¬p），警告对象即可推理出隐含前提的逆否命题"如果你不想我撕你的嘴的话，就停止继续乱说话"作为隐含结论，进而在趋利避害的日常经验下，解读出警告者的真正意图是"希望对方停止乱说话的行为"，完成警告义的关联推理。我们将这种推理过程图示如下：

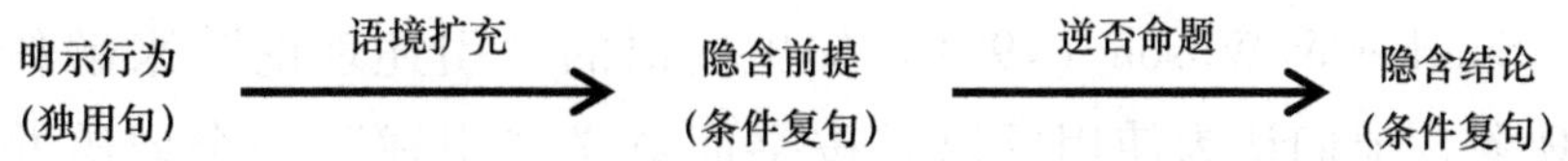

明示行为　　语境扩充　　隐含前提　　逆否命题　　隐含结论
(独用句)　　————→　　(条件复句)　　————→　　(条件复句)

图 5-2　"看我 VP"间接警告句的关联推理过程

2. 否定形式的肯定识解

以上我们梳理了肯定形式的"看我 VP"句的关联推理过程，那么加了否定词"不"的句子为何在命题意义上与肯定形式相同，而没有实现否定识解呢？我们以下例中"看我不打你"加以说明：

(54)"我才不怕你呢，你只晓得欺负妈妈。你是个坏爸爸。"马民真想磕女儿脑壳一个丁公，但是他觉得这没有道理。"你还说一句坏爸爸看？"他威胁女儿说，**"看我不打你！**""坏爸爸，就是坏爸爸、臭爸爸、没用的爸爸。"马民站了起来，马民其实可以伸手就打她，但马民的目的主要是吓她。

(何顿《荒原上的阳光》)

关联理论认为当且仅当一个命题在一定语境中具有某一语境效果时，这个命题在语境中才具有关联性（Sperber & Wilson，1986：122）。从上文女儿的话中可以看出，女儿认为"因为爸爸只会欺负妈妈"，所以判定"爸爸是个坏爸爸"是符合常理的。在此前提下，马民后续就不该因为女儿的合理推断而对其实施"打人"的惩罚，因此"不打人"是符合女儿主观认知期待的结果。如果"不"在句中起否定作用，那么"不打你"的字面意义既不会扩充女儿的认知语境，也不会与女儿的现有语境假设相矛盾，因此也就不会产生任何语境效果，即没有产生关联性。正是这种非关联性刺激警告对象必须调整推理方向，努力寻找否定话语与语境之间的关联并重新进行推理。

Sperber & Wilson（1981）提出反语的"引述理论"来解释这类现象，他们认为使用反语是按字面意义"引述"一个词语并对其表明一种讽刺的态度，引述的内容可以是直接的"回声引述"，也可以是间接的、对对方话语隐含意义的引述（沈家煊，1994）。"看我不打你"也是一种反语用法，警告者通过间接引述"暗含"在对方认知中、符合对方认知期待的"不该打我"来表明驳斥、不赞同的立场：虽然女儿自己认为得出的判断"爸爸是个坏爸爸"是符合常理的，但从马民的立场来说该判断是主观片面、不尽合理的，因此"不打人"、不"吓她"是不符合马民的主观认知期待的。我们在评述他人行为时往往都依凭着自己认知中的常规标准或自己对行为结果的常规期待，而当认为对方明显违反自己的常规标准或期待时，往往会使用反语的方式、引述对方所认为的"常理"来表达讽刺。如：

(55) 甲：你真蛮横！
乙：我哪儿蛮横啦？（我一点不蛮横。）
甲：你好"不蛮横"呀！

（转引自沈家煊，1994）

因此，当马民认为女儿对自己是"坏爸爸"的评价违反了自己的常规期待时，就通过间接引述暗含在对方认知中的常规情状"不打人"，也即表层形式上使用"看我不打你"的反语用法表明自己与女儿立场上的对立，"不打你"也就随之导向了相反的话语意义"要打你"上。进而，否定形式的"看我不VP"句首先经过反语推理等同于肯定形式的概念意义，再进一步发生关联推理，最终使女儿从反语用法中解读出警告意图。我们将否定形式的推理过程图示如下①：

否定形式 →反语推理→ 肯定形式 →语境扩充→ 隐含前提 →逆否命题→ 隐含结论
(独用句)   (独用句)   (条件复句)   (条件复句)

图 5-3　"看我不 VP"间接警告句的关联推理过程

（三）间接警告言语行为"看我（不）VP"句的规约化过程

规约化过程多涉及话语信息的语用含义，在历时过程中通过对语用含义的反复推理并扩散，最终被语言使用者自觉规约成较为固定的语言意义。通过检索我们发现"看我（不）VP"句在历时语料中并不多见，共 10 例，均出现在明清及民国时期。如：

（56）唯师与怀。自若整衣。敷具复坐如故。县到。呵曰。汝更不去。**看我打耶**。师近前不审。

[（明）释明河《补续高僧传》]

（57）说罢，就把身子一扭，就要走。王禅笑道："贼根子，你若走去，**看我打折你的短腿**。"

[（清）无名氏《锋剑春秋》]

（58）黎是韦和芳子都拍手大笑。郑绍畋用身将屏风躬起笑道："你们还不快来揭开，弄出我的淋病来了，**看我不问你老黎要赔偿医药费呢**。"

[（民国）不肖生《留东外史续集》]

---

① 需要指出的是，"不"在历时语法化的过程中已演化出强调标记的功能，关联推理过程已被规约化并在长期记忆中凝固下来，因此现代汉语共时层面的否定形式往往可以直接解读出肯定意义而无须再经过关联推理。该推理过程只是基于共时层面首次出现否定形式的构拟过程（与"好不 X"用法相似，"不"逐渐与后续词语的联系越发松散，句法结构就会被重新分析，引述性用法转变为陈述性用法，表现在形式特征上即"不"逐渐在使用中语音弱化、结构上与其后的"VP"联系松散。可参见袁宾《近代汉语"好不"考》，《中国语文》1984 年第 3 期），但否定形式的用例在历时检索中仅出现一例，因此这个推理过程也只是基于现代汉语语料的构拟，特此说明。

历时语料表明，无论是肯定还是否定形式，"看我（不）VP"句均在句法上充当条件复句的结果分句，警告意图是通过完整复句形式加以传递的。此时，警告言语行为背后的假设关系通过语言表层形式完整明示，属于直接警告言语行为，警告义的解读不需要经过语用推理。而后在现代汉语阶段的高频使用过程中，出于语言经济性等动因，条件复句的前件条件分句逐渐脱落、后件结果分句的句法地位逐步提升，凸显假设结果的部分得以增强。整个语用推理过程逐渐凝固、压缩到人们的长期记忆中，使得字面意义表达承诺的"看我（不）VP"句可以固定地用来表达警告，在一定的典型语境下帮助警告对象激活、还原出完整的假设关系，实现关联推理，完成形式简省的规约化过程。

由此可以看出，规约化与语用推理紧密相关，从直接警告言语行为到间接警告言语行为的规约化过程大体上类似于逆向关联推理的过程。间接警告句的关联推理就是在典型语境中依靠明示话语不断进行语境扩充、推导完整假设关系的过程，句法上由独用句还原为条件复句。而直接警告句的规约化就是不断压制语境、凝缩完整假设关系的过程，句法上由条件复句简省为独用句。

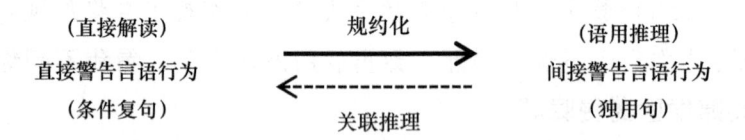

```
（直接解读）         规约化          （语用推理）
直接警告言语行为    ──────→    间接警告言语行为
                  ←- - - - - - -
（条件复句）         关联推理         （独用句）
```

图 5-4　间接警告言语行为的规约化过程

由于假设关系是构成警告言语行为的充要条件，假设关系的推理在间接警告言语行为的规约化过程中起着尤为关键的作用。通过以上对"敢 VP""再 VP""看我（不）VP"三个典型间接警告言语行为的研究发现，在规约化的历时演化过程中，这些警告句在历时上都经历了由完整条件复句到条件或结果分句独立成句的形式简省过程。而这些间接警告语力的解读，背后也都需要警告对象根据明示话语进行语境扩充,最终还原出完整条件复句的隐含前提和结论,才能正确理解警告意图。因而,间接警告言语行为的规约化理应都经历了这样一个句法上由条件复句形式简省、语义上由假设关系压缩凝固的过程。

第四节　小结

本章以现代汉语口语中常见的"再VP""敢VP""看我(不)VP"句为例,主要探讨了三个典型规约性间接警告言语行为的语言表现手段、适切语境特征及各自警告义的生成和规约化过程,并通过进一步将它们与一些非规约性间接警告言语行为、直接警告言语行为加以对比,归总出推动规约性间接警告言语行为发生规约化的共同语用动因与识解机制。本章的主要结论有以下两点:

第一,规约性间接警告言语行为从字面意义上看主要有两种类型,即仅指涉警告对象始发行为的假设条件或仅指涉警告者惩罚手段的假设结果。两类规约性间接警告言语行为都对各自内部构件成分的句法语义特征具有一定的强制性要求和限制:总的来说,规约性间接警告言语行为在句法上往往都独立成句充当话轮的核心行为;语气类型上,指涉假设条件的规约性间接警告如"敢VP""再VP"句主要在表否定的反问句基础上扩展出警告义,而指涉假设结果的规约性间接警告如"看我(不)VP"句主要通过告知对方潜在惩罚手段的陈述句来激活语用推理,同时二者在警告者需要强化负面情感表达时也均可以通过句尾强降调的感叹句形式实施间接警告;语义特征上,规约性间接警告的谓语核心VP除了要求具备常规祈使句的[+述人]、[+可控]、[±自主]等特征之外,一般还要在时体上临时表现出[+未然]和[-完结]的范畴特征,同时警告义往往还会强制要求谓语部分带有[-常规]、[-预期]等概念意义特征。这些句法语义上的具体要求都是由警告言语行为的构成性规则所决定的，警告义的生成是各言语行为内部构件之间的句法语义关系及外部交际语境动态制约下的互动过程。

第二，规约性间接警告言语行为的规约化过程往往都是警告认知框架不断压缩凝固、语言表层上由完整条件复句不断形式简省的过程。通过对三个典型规约性间接警告言语行为的历时考察，我们发现警告义的规约化过程与语用推理过程互逆：规约性间接警告言语行为的语用推理过程就是句法形式上从独立的条件分句或结果分句扩充为完整的条件复句、语义结构上从明示的假设条件或假设结果还原出完整假设关系的过程；而直接警告言语行为的历时规约化过程则相反，是句法上复句的分句地位不断提升、复句形式不断简省，语义上完整警告框架和假设关系不断压制、凝缩的过程。规约化的过程离不开固定"形式和意义/功能"配对在共时层面上的高频使用，使用频率的提升可以促进特定构式的长时记忆、整体提取。同时语言经济性、礼貌原则等因素也影响推动了间接警告言语行为的规约化进程。该进程是动态、连续而非静态、离散的，诸如"还VP"句这样临时性用于表达警告功能的间接言语行为仍然处于规约化变化的进程之中，规约性与非规约性间接警告言语行为之间在语力的规约化程度上依旧只是一个界限相对明晰的"认知—语言"连续统。

第六章

现代汉语警告范畴的语用调控手段研究

至此我们大体梳理了现代汉语中警告范畴的各类直接和间接形式的语言表现手段，从言语行为的角度对警告范畴反映在现代汉语系统中的语音、词汇、句法等方面展开了细致分析和探究。虽然上述内容在以往针对汉语警告言语行为的研究中均不同程度地有所涉及，但这些研究仍主要是基于言语行为理论而展开、对于警告行为本身的关注，而未从语用范畴的角度对作为范畴构成要素的警告主体及其所处的交际情境进行深入考察。因此，本章开始我们将主要从警告者、警告对象以及社会因素之间的互动关系视角出发，以社会语言学的相关理论为基础，全面揭示警告主体要素对警告言语行为的施行所产生的影响和限制。

警告者是警告内容的发出者，也是整个警告言语行为的实施者，因此警告的交际意图究竟依靠何种手段在表层形式上加以实现，警告者就是其中起决定性作用的关键要素；而警告者究竟如何选择不同的语言表现手段传递警告语力，一定程度上也离不开各种外部社会因素对其的制约。对于警告者的关注，以往的研究多集中在警告者通过怎样的语言形式对警告言语行为的语力强弱加以调控，而未全面、系统、针对性地指出影响警告者选择不同语言形式背后的社会因素变量。研究方法上学界虽然也有一些针对指令言语行为社会调控手段的数据统计（如李军，2001；樊小玲，2013 等），但缺少较为科学的分析模型和工具加以验证，且往往都忽略了社会因素与言语行为核心部分的相关性关联。因此，本章我们将综合警告言语行为的语言调控手段和社会调控手段，着重分析一些典型语用变量对警告者使用何种类型的表达方式实施警告产生影响。通过对这些内、外部调节手段的归纳汇总，我们将进一步概括出一些警告者实施警告言语行为时常用的交际策略，并试图对警告者选择使用相关交际策略及语用调控因素背后的原因做出一定的合理解释。

第一节　警告言语行为的外部调节类型

　　如前文所述，根据 Blum-Kulka 等（1989），一个完整言语行为话语序列的辅助语步往往承担着提供原因、宣泄情感、加强指令等辅助调节语力的功能，该部分的隐现不会对言语行为本身的性质产生影响，因此我们通常将话语结构中的辅助语步看作言语行为的外部调节手段。

　　警告言语行为也是如此，警告者在使用核心行为传递警告语力的同时，一般情况下还会时常伴随使用一系列相关的言语行为作为辅助语步推动警告言语行为的实施。这些辅助语步在句法、语义上都独立于核心行为而存在，本身并非构成警告话语的必要构件，表层形式或深层语义上的隐现都不会对警告言语行为的性质造成影响，只是在功能上起到调节警告语力强弱的作用，帮助实现推动警告意图的取效。辅助语步的使用会带来核心行为在话语结构上的扩展，不同类型的辅助语步与警告语力之间的配合也有不同程度的差异。我们仍旧依据 Searle（1979）的言语行为分类框架，将各种辅助语步根据其不同的言外之的进一步细分为阐述类、表态类、指令类以及多种类型共同使用的复合类。

一 阐述类辅助语步

阐述类辅助语步是警告者通过阐述类言语行为对核心行为的警告语力进行外部调节的语言手段。由于警告言语行为本身交际意图上的指令性，警告者往往会对实施指令的原因或目的做出进一步的解释，以表明对方始发行为的反预期性及指令内容的合预期性，从而增强指令的说服力。同时对指令原因的阐释某种程度上也是警告者通过语言手段指涉自己在身份或事理上的权威性，对警告语力的取效起到一定的推动作用。阐述类辅助语步在句类选择上往往由陈述句①或反问句加以实现，既可以辅助调节直接警告言语行为也可以辅助调节间接警告言语行为。如：

（1）杨明大笑——"想到了吗？小宝儿？"阿宝抬眼一瞧客栈已到，于是跳下马背，然后狠狠地瞪他，真巴不得揍去他一脸邪笑！"我可警告你，别再用那恶心兮兮的称呼我。**我可是男子汉大丈夫，这种称呼是污蔑了我**，听清楚了没？"

（于晴《阿宝公主》）

（2）我摇了摇头，喃喃地说："不是我拿的，不是我拿的。""你还敢撒谎！**你说不是你拿的，那你刚才买饼干的钱是谁的？**"妈妈更加生气了。

（BCC 语料库《科技文献》）

例（1）中警告者通过陈述句形式告知对方实施警告的理由，为前文警示语和指示语共用的直接警告核心行为提供施行的解释："（因为）我是男子汉大丈夫，这种称呼是污蔑我，（所以）我警告你不要用恶心兮兮的昵称称呼我。"例（2）中警告者使用了反

---

① 本章中的"陈述句"依旧特指排除了选择复句、条件复句（及相应紧缩复句）的其他陈述语气的单复句形式。

问句的形式实施间接阐述言语行为，意在传递明确的会话含义："（你刚才买饼干了，所以）买饼干的钱就是你拿的"，进而为前文间接警告核心行为"你还敢撒谎！"提供理据。两例中阐述类辅助语步的缺省不会对核心行为的警告语力产生影响，如例（1）省去辅助语步，警告者仅使用完整的警示语和指示语通过字面意义依旧可以传递警告语力；例（2）中警告者仅使用"你还敢撒谎！"的表层形式依然不会改变整个话语的警告语力，阐述类辅助语步仅起到通过陈述施行理由的方式帮助构建警告情境、调节核心行为警告语力的作用。

此外，前文中也指出，我们还需要对陈述句形式的辅助语步与核心行为加以区分：一般来说，陈述句形式的核心行为即陈述警告者潜在惩罚手段或施行理由的间接警告言语行为，话语结构上往往可以独立形成一个完整话轮，深层语义上暗含着警告语义框架完整的假设关系，结合语境信息后可以通过语用推理加以解读。而陈述句形式的辅助语步在话语结构上往往仅形成一个话轮构建单位（TCU，Turn-Construction Unit），往往需要与其他话轮构建单位共同组构完整的独立话轮；且深层语义上仅充当警告语义框架内的边缘语义角色，不参与核心假设关系的建构，只是为假设关系的发生提供充分性解释，起到完善、充实整个警告语义框架的作用。如：

  （3）朵　朵：那能不能给我看一下啊？
    夏　雨：事关重大，不能外传。
    朵　朵：**那咱俩的交情就到此为止了。**（（转身准备走开））
    夏　雨：哎朵朵！你听我说::（（叫住朵朵））
               （《家有儿女Ⅱ》34）
  （4）李云龙：哎呀，该背还得背啊，官儿大一级压死人呐。（（坐下））

旅　　长：李云龙我告诉你，你小子可别狗咬吕洞宾啊！
（（挥皮带））**批评你那是副总指挥指名道姓的，批你那是为了爱护你。**

(《亮剑》15)

例（3）中说话人单独使用了告知后续惩罚手段的陈述句"那咱俩的交情就到此为止了"构成独立话轮，听话人通过调用语境信息可以还原出完整的警告语义框架，属于陈述句形式的核心行为。而例（4）中陈述句"批评你那是副总指挥指名道姓的，批你那是为了爱护你"仅作为话轮构建单位参与组构了完整话轮，警告语力由其前置的警示语及指示语"我告诉你，你小子可别狗咬吕洞宾啊"共同传递，该明示警告理由的陈述句删去后并不影响整个话轮的警告意图，因此该例即为陈述句形式的辅助语步而非核心行为。

二　表态类辅助语步

表态类辅助语步是警告者伴随使用一系列宣泄负面情绪、表达负面态度的詈语、评价语等表态言语行为，对核心行为的负面情感表达功能起到一定的强化作用。表态类辅助语步可以从话语的情感层面上使警告对象更为明确、切实地感受到警告者对自己及相应始发行为的不满，为始发行为的反预期性提供理据支持，迫使警告对象从维护对方利益的合作角度接受警告指令，起到强化警告语力、增强心理威慑的交际效果。表态类辅助语步在句类上以感叹句或陈述句居多，组配的核心行为也同样既可以是直接警告言语行为也可以是间接警告言语行为。如：

（5）有一天，邰秀英鼓了鼓勇气向母亲说："娘，我的事，以后你少操心吧，自己的丈夫应该由我自己找。"娘一听就气黄了脸："**我看你反了**，如果你敢在外面给我'丢人'，打不死你，也叫你另脱生！"邰秀英一见事不妙，也就没有啃气。

（《人民日报》1951 – 10 – 22）

（6）韩老六早迈进里屋，借了日本宪兵队长森田的一枝南洋快，喀巴喀巴的，上好顶门子，赶出来，用枪指着郭全海胸口，喝叫道："你敢动，**你妈的那巴子！兔崽子！**"

（周立波《暴风骤雨》）

例（5）警告者是通过负面评价性的陈述句"我看你反了"完成对后文直接警告核心行为的语力调节，例（6）中警告者则通过感叹语气的置语在话语结构上对前文的间接警告核心行为加以扩展。表态类辅助语步在表层形式上隐去后也不会在深层语义上对核心行为的警告语力造成影响，上述两例中警告者仅通过直接或间接的核心行为"如果你敢在外面给我'丢人'，打不死你，也叫你另脱生"及"你敢动"也仍旧可以完整地实施警告言语行为。

表态类辅助语步通过语言手段明示了警告者对警告对象及其始发行为的负面情感定位，因此相较缺省辅助语步的核心行为而言，警告言语行为的情感功能在表层形式上也就得到了进一步地强调和凸显，同时警告对象也就能够更容易、更高效地获取积极的语境效果，符合认知经济性。因此，表态类辅助语步的隐现虽然不会在交际意图上影响警告言语行为的性质，但一定程度上却在施为的适从向上与警告言语行为保持一致，增强了指令的施为力度，为交际的成功提供了一定的保障。

三 指令类辅助语步

指令类辅助语步是指警告者使用指令类言语行为对核心行为的指令意图加以强化。从话语结构上看，指令类辅助语步与前两种类型有所不同，序列位置上相对固定，均只能在出现在核心行为之后而不能位于核心行为之前或之中。也即如果警告者在话轮中已经通过一个完整的话轮建构单位完成了警告语力的传递，那么后续的话语即便独立使用可以用于表达警告,但由于语言的线性展开规则,也只能起到强化相同交际意图的功能①,应当看作整个言语行为的辅助语步而非核心行为。从语义内容上看,指令类辅助语步或者是对核心行为指令内容的语义重复,以强调指令执行的必要性和强制性;或者是对核心行为假设关系的语义凸显,通过完整的表层形式将核心行为暗含的假设关系明示出来,尤其用于"显映"后续可能实施的惩罚手段。句法结构上这种指令类辅助语步往往表现为反问句、感叹句或条件复句在同一话轮中的共同使用,组配的核心行为一般则是间接警告言语行为。如:

(7)"姊,你有完没完!"林立天嚷嚷。"哈哈!""你再笑!**再笑!**"林立天飞扑上去,将林如是压在底下。

(林如是《青橄榄之恋》)

(8)紫薇拼命挣扎,喊着:"天啊!尔康……你在哪里?赶快来救我啊……来救我啊……尔康……"大汉听她喊得惊天动地,一气,劈哩叭啦,又给了她好几个耳光。"你再叫!**再叫我就打死你!**"紫薇所有的勇气,全部消失。

(琼瑶《还珠格格》)

例(7)是辅助语步对核心行为指令内容的重复,警告者仅使用一次感叹语气的"你再笑"即可独立实施警告言语行为,第二次的同形重复则依靠表层形式上的数量象似性(iconicity)在深层语义上加倍强化了指令力度。例(8)是辅助语步对核心行为暗含假设关系的明示性补充,警告者仅通过"你再叫"也可以规约性地传递警告

---

① 从认知的在线处理来看,我们认为如果同一话轮中如果多个话轮建构单位在独立使用时均可用于表达相同的警告意图,那么序列结构上首个出现的话轮建构单位一般均是警告者认知上首选的最佳关联明示形式,可以使警告对象运用最小认知心力取得最大的认知效果;而后续的话轮建构单位则在警告者的认知效率上处于次要位置,可以看作对前置最佳关联形式的补充。

语力,而紧缩条件复句在表层形式上言明了完整的假设关系,凸显了本需警告对象结合具体语境进行语用推理的惩罚手段,相较而言可以辅助警告对象更高效地识解话语的警告意图,因此也就强化了警告的施为力度。

四 复合类辅助语步

复合类辅助语步是警告者同时使用两种及以上上述类型的辅助语步共同调节核心行为警告语力的情况。日常交际对话中也常出现这类多种辅助语步并用的语例,如:

(9) 刘星、夏雨:@@@
    夏 雪:你们两个干什么呢!
    刘 梅:((进屋)) 干吗呢干吗呢?**嘿!在这儿装神弄鬼的,讨厌**!我告诉你们啊,你们俩再在这儿捣乱,你瞧瞧我,我怎么收拾你们。

(《家有儿女Ⅱ》49)

(10) 老 和:什么?贾志国,你敢说你不认识我!
     志 国:认识认识,我就不认识我妈我也得认识您呐我。
     老 和:**好哇**!背后你还敢说你像我爸!**你这不占我便宜么?急了我抽你**!
     志 国:这都哪儿跟哪儿啊!

(《我爱我家》116)

例(9)刘梅话轮中最后的行事成分"我告诉你们啊"及完整假设复句是整个言语行为的核心行为,用于传递警告语力。前置的叹词"嘿"及负面评价语"讨厌"是表态类辅助语步,用于宣泄对刘星、夏雨及其始发行为的不满;陈述句"在这儿装神弄鬼的"用于指出对方的错误进而对实施指令的原因做出解释说明,是阐述类辅助语步。

两类辅助语步综合使用增强了警告言语行为施为的丰富性，表层形式上均可删去，说话人仅使用最后的警示语和告知语部分依旧可以完整实施直接警告。例（10）中老和的话语"背后你还敢说你像我爸"是核心行为，规约性地表达警告意图。前置感叹句"好哇"用于表达对志国始发行为的负面情感评价，是表态类辅助语步；后续反问句"你这不占我便宜么"用于表明实施警告的原因，是阐述类辅助语步；紧缩复句"急了我抽你"用于明示完整的假设关系，是指令类辅助语步。三者均用来加强核心行为的指令意图"不要在背后乱说话"，省去后仅通过"敢 VP"句仍旧不影响整个话语警告语力的解读。

综上可知，警告言语行为的外部调节手段主要体现在扩展核心行为话语结构的辅助语步上，这些辅助语步并不构成实施警告言语行为的必要条件，仅通过不同的语言手段对核心行为的警告语力起到一定的调控作用。同时，不同类型的辅助语步与核心行为的直接或间接表达形式之间并不存在特定的对应关系，与特定的社会调控因素之间也没有表现出明显的相关性，因此，警告者往往也只是通过辅助语步作为外围手段对警告的核心行为加以干预和调节。从交际策略的角度来说，警告者究竟如何选择适当的语言表现手段传递警告语力，还需要我们进一步考察警告言语行为内部调节手段与各类社会变量之间的互动关联。

第二节　警告言语行为内部调节的语用调控手段[①]

核心行为是整个警告话语中直接传递警告意图、表达警告语力的关键部分，决定着警告言语行为的性质。警告者可以通过使用一定的词汇或句法手段调整核心行为，从而对警告语力的强弱加以调

[①] 本节的主要内容发表在《对外汉语研究》2022 年第 2 期，本书略有修改。

节,也即警告语力的内部调节手段。内部调节手段最直接地反映在语言表层形式上即警告者选择使用何种具体的直接或间接言语行为类型以实施警告,这交际语境中的社会变量之间往往具有一定的倾向性关联,语境中的社会调控因素往往会对说话人在表层形式上使用何种内部调节手段、采用何种交际策略具有重要的影响(徐晶凝、郝雪,2019)。因此,我们根据前文对直接和间接言语行为语言表现手段的研究,基于《我爱我家》《家有儿女Ⅱ》《亮剑》《编辑部的故事》四部影视剧的对话转写剧本①对相应警告言语行为的表现手段进行标注,以此考察警告言语行为的内部调节手段与各类社会调控因素之间的关联,并试图在此基础上进一步归总出现代汉语警告言语行为的常用交际策略。

我们首先根据前文归纳出的警告言语行为的话语模式类型,对四部剧本中检索出的 699 条警告言语行为核心行为进行标注并统计如下:

表6-1　影视剧本中警告核心行为的话语模式及使用频次统计

	话语模式	使用频次	
直接警告	警示语+指示语	36	393
	警示语+告知语	42	
	告知语独用(复句)	247	
	指示语+告知语	47	
	警示语+指示语+告知语	21	
间接警告	指示语独用	140	306
	告知语独用(非复句)	94	
	指示语+告知语	72	

---

① 以往研究社会变量对言语行为语力的影响多采用话语补全测试法(DCT,Discourse Completion Tests)收集语料(Blum-Kulka 等,1989),但这种问卷调查的方式使得被试在作答时往往会形成一定预设,多非自然反应下的作答,因此最终的数据和结论可能不可靠。而影视剧中的对话多代表着一种内化的对话模式,可以用来考察交际情境中的社会因素和交际双方的语用能力。

从表 6-1 可知，核心行为部分警告者使用直接或间接语言手段的用例占比相差不大，其中直接言语行为共 393 例，占比达 56.2%；间接言语行为共 306 例，占比达 43.8%。这说明在口语对话中，警告者总体上更倾向于使用直接策略表达警告意图，但相比间接策略而言优势与偏好并不明显。在直接言语行为内部，警告者更倾向于通过使用选择复句或条件复句（及相应紧缩复句）的形式，也即通过明示告知语的话语模式将可能实施的后续惩罚手段凸显出来，从数据可以看出仅告知语独用的话语模式在五种直接警告言语行为中占比就达 62.8%，而表层形式上出现告知语的四种模式（也即除了警示语和指示语共现的模式之外）合计使用率更是高达 90.8%。同样，在间接言语行为内部，指示语独用的模式虽然也较为常见，在三种间接警告策略中占比就将近一半；但使用告知语提示惩罚后果的其他两种模式占比相对更高，共 166 例，占比 54.2%。这些数据均表明语言表层形式中明示或暗含惩罚手段可能会对警告语力的生成起到重要的调节作用。

此外需要说明的是，在核心行为内部，警告者也会通过一些词汇手段来调节警告语力，如我们前文所述的一些强调标记词（包括情态副词"千万""必须""一定""可得"等，以及语气副词"可是""最好"等）、句末语气词（"你别等我发火啊/你别等我发火"）等。但这些具有显著词汇标记手段的用例数量在四部影视剧对话语料中相对较少，在统计分析时对结果的影响可忽略不计，因此我们这里暂且不把它们单独作为一类内部调节手段加以标注和分析。

一 作为语用调控手段的社会变量

在完成对警告言语行为内部调节手段的标注之后，我们需要再进一步对警告言语行为的语用调控手段进行标注。与补充构成性规则相似，对语用调控手段的抽象概括也主要涉及警告言语行为发生的交际情境。根据 Brown & Levinson（1978：63）的面子保全理论

(Face-saving Theory），我们分别从交际双方的相对权势（relative power，用 P 表示）、社会距离（social distance，用 D 表示）和指令内容本身的强加绝对度（absolute ranking of imposition，用 R 表示）三个维度来重新分析警告言语行为交际情境中的社会变量因素。

根据交际双方的年龄、辈分、身份、社会地位等背景信息，我们大体将相对权势关系分为警告者高于警告对象、警告者与警告对象平等、警告者低于警告对象三种，并分别标注为 P + 、P0 和 P - ①。

（11）刘　星：真是的，都俩小时没人了，叽喝叽喝嘛，哎心理咨询了啊＝

夏东海：＝刘星！**你再在这儿瞎起哄我让你回家待着去！**（（指向家））

刘　梅：闭上你的嘴（（指刘星）），去，那边儿坐着去。

（《家有儿女Ⅱ》54）

（12）刘　梅：嘿！你真行，你怎么当爸爸呢这是，几点了都？都没吃饭呢，我炒了这么多菜。

夏东海：这事儿也怪我？**你再怪我，我也出门看书去了。**

刘　梅：去去去！谁怪你了。

（《家有儿女Ⅱ》53）

（13）刘　梅：明明，你什么时候来的啊？我怎么不知道你进门儿啊。

戴明明：这您就甭管了，那个阿姨，叔叔，老爸，你

---

① 基于客观性量化的考量，本章及后文第七章中的"权势关系"仅指交际双方在社会背景、客观环境中所获得的固定权威优势，暂不涉及具体语境下生活事理等临时赋予的权势差异，特此说明。

们今天晚上觉得怎么样啊？你们那个从睡梦中被吵醒的滋味儿好不好受啊？**如果你们决定把我们的花园改成停车场，那么每天晚上你们都会受到这样的噪音的骚扰。**

   刘 梅：哎哎，夏东海，老戴，我觉得孩子们实在是太舍不得这花园儿了，要不咱们再商量商量？

(《家有儿女Ⅱ》50)

以上三例分别是父对子（警告者辈分高于警告对象）、丈夫对妻子（警告者与警告对象辈分平等）、晚辈对长辈（警告者辈分低于警告对象）实施的警告言语行为，我们就分别将其标注为 P+、P0、P-。

根据交际双方社会距离的远近程度，我们大体将双方的交际关系分为疏远关系、一般关系与亲密关系，并分别标注为 D+、D0 和 D-。其中疏远关系多是敌对关系或初次见面的陌生关系，一般关系指相互熟悉但非亲密的社会关系，亲密关系则是既相互熟识又较为亲昵的主体关系。需要指出的是，社会距离是个动态变化的过程，双方由陌生到熟悉、由亲密到生疏是随着时间推移不断发展的，我们仅根据对话发生时双方的即时关系进行标注。如：

(14) 赵 刚：团长！你这哪是搞什么副业啊？这是作战行动！你有什么权力擅自调动部队，啊？你这是严重的违反纪律！

   李云龙：**赵刚！你少冲我瞪眼睛！**老子在鄂豫皖打仗的时候，你还不知道在哪儿呢！我告诉你，老子干了，怎么着吧？你去向师长旅长打小报告吧，要杀要剐我李云龙顶着！

(《亮剑》3)

(15) 孔 捷：老李，你（（伸手））=

   赵 刚：=（（拦住孔捷））哎老孔，来，坐，来。

   孔 捷：（（坐下，瞪李云龙））

赵　　刚：老孔啊，消消火，这老李正在气头儿上，刚才啊还冲我发火儿呢。

李云龙：**老赵！你也别装好人！**是你去旅部开的会啊，你为什么不和旅长争啊？要是我去，他772团的程瞎子敢跟我抢主攻，反了他了！

（《亮剑》3）

例（14）中李云龙与赵刚在对话时刚认识不久，只是普通战友关系，李云龙对赵刚的一些说教还略微反感，此时两人社会距离仅维持一般关系，相互熟悉但并不亲密。而例（15）中两人已经由普通战友关系发展为亲密朋友关系了，相对较为亲昵，从两次警告时李云龙对赵刚称谓上的转变（从"赵刚"变为"老赵"）即可侧面验证。因此，上述两例的社会距离我们就分别标注为D0和D－。

根据警告者指令警告对象的任务内容难度大小，我们将任务的绝对强加度也划分为三个等级：当警告指令的内容涉及婚姻、财产、生育、人身安全等重大问题，且警告者预设对方很难接受时，强加度较高；当指令内容不涉及以上重大问题，但警告这估计对方不太会轻易接受时，强加度适中；当指令内容既不涉及重大问题，且警告者认为对方一般比较容易接受时，强加度较低①。我们分别用R＋、R0和R－进行标注，如：

（16）朝　　阳：我没想跟您住一块儿啊我，嫂子，您饶了我

---

① 相较权势差与距离差两个因素而言，绝对强加度因素在判定时需要考虑警告者的心理预设，因此相对来说较为主观。在标注时我们也充分考虑了前后话轮，尤其是警告对象的应答话轮来帮助判定该指令的任务难度。如交际双方只是在玩笑场景（joking mode）下发生警告行为，指令内容不管社会文化背景下多么难以完成，其本身的真诚度均不高，因此往往强加度也较低。再如假如警告对象在后续多个话轮中拒绝实施指令，但指令本身从社会标准来看并不涉及重大问题，或最终接受了指令，则任务强加度适中。

第六章 现代汉语警告范畴的语用调控手段研究 273

吧，我给您作揖？我给您鞠躬？我给您磕头？

和　平：你不帮忙是不是？成，以后你什么也甭求我
啊！**我告诉你，小凡是我一手带大的，我说什么她听什么，你
自个儿考虑吧！**

(《我爱我家》77)

（17）莫经理：哎，你不相信我，你还不相信日本人啊？

消费者：谁那儿提日本人呢？**谁提日本人我跟他急！**

莫经理：我说李先生，这主儿怎么回事儿？

李冬宝：不瞒你说，这位刚被纯粹的日本货坑过。

(《编辑部的故事》13)

（18）刘　梅：没人说不行，可是你能不能来之前提前先打
个招呼啊？哪儿有这样的，哦，我们家是公共场所啊？你想来
就推门儿就进？

胡一统：哎，你这话我可不爱听啊！你们家什么地
方，啊？你们家又不是你们医院，是不是？还得提前预约，开
刀动手术提前预约，看专家门诊？**如果要是这样的话，我现在
就预约一个明天下午，不，明天凌晨四点一刻的号，我就来叮
咚叮咚叮咚。**

刘　梅：没法儿跟你说话！((转身离开))

(《家有儿女Ⅱ》68)

例（16）中和平因为一心想要二胎，所以强迫小凡的追求者孟
朝阳跟自己去民政局登记结婚，相较日常生活中警告对方不要说话、
不要乱动等行为，逼迫对方跟自己结婚这一指令在社会文化背景下
实现的难度较大，因此指令的绝对强加度较高。例（17）中消费者
的指令内容只是不让莫经理称赞日本人或日本商品的质量，以社会
标准来看临时禁止某人谈论某特定话题的行为实现起来较为容易，
从后续回应话轮中莫经理没有继续提及有关日本人的话题也可验证
消费者的指令内容得到了一定的配合及顺从，因此任务的绝对强加

度较低。例（18）中胡一统是刘梅的前夫，二人离异后经常来刘梅家中看望儿子刘星，但其不请自来的行为引起了刘梅的反感，而胡一统依旧强词夺理地为自己进行辩护，指令刘梅继续容忍这种情况。虽然社会文化背景中前夫随时看望儿子的要求本身不涉及重大问题，但显然对方并不太容易接受该指令，从刘梅的应答话轮"没法儿跟你说话"也印证了其难以接受的态度。相较例（16）的强迫结婚和例（17）的转换话题，例（18）中指令的任务难度就介于二者之间，处于适中水平。因此，（16）（17）（18）三例的绝对强加度等级分别为 R+、R- 和 R0。

二 核心行为与社会变量之间的关联

在完成对所有语料内部调节手段和语用调控手段的标注之后，我们以 SPSS 软件的二元逻辑回归（binary logistic regression）模型作为分析工具，考察以上三个社会变量与警告核心行为的内部调节手段之间的相关性。其中探究两个重点问题：一是社会变量与核心行为的直接、间接形式之间的关联；二是社会变量与警告者是否选择明示惩罚手段之间的关联。

（一）社会变量与核心行为直接、间接表现形式之间的关联

在检测自变量与因变量之间的相关性之前，我们首先要对作为自变量的三个社会因素之间是否相互影响进行检测，也即对三个社会变量进行共线性分析（collinearity analysis）。我们将直接警告言语行为赋值为 0，间接警告言语行为赋值为 1[①]，393 例直接警告与 306 例间接警告中三个社会变量的分布情况如表 6-2 所示：

[①] 在进行二元逻辑回归统计分析时，只存在两个相互对立的因变量，因此在进行人工标注时只需将两个因变量相互区别分别赋值即可。我们这里均统一将两个因变量赋值为 0 和 1 以方便操作，后文中所有的二元逻辑回归分析中均对因变量如此赋值，特此说明。

表6-2　　　　　警告表现形式在社会变量中的分布情况

社会变量		警告形式		总计
		直接形式（0）	间接形式（1）	
相对权势	P+	247	186	433
	P0	75	66	141
	P-	71	54	125
社会距离	D+	73	65	138
	D0	103	70	173
	D-	217	171	388
强加度	R+	70	88	158
	R0	57	90	147
	R-	266	128	394

然后我们对三个社会变量进行自变量共线性检验，结果如表6-3所示：

表6-3　　　　警告表现形式自变量共线性检验结果

社会变量	B	标准误差	t	显著性	容差	VIF
相对权势	-0.054	0.055	-0.981	0.329	0.966	1.037
社会距离	0.027	0.053	0.756	0.646	0.954	1.052
强加度	-0.137	0.044	-4.561	0.162	0.975	1.023

在共线性检验部分，如果方差膨胀因子VIF值大于等于10（或容差值小于等于0.1），则说明自变量之间存在严重共线性的情况，会对因变量的分析结果产生较大的交互影响，该自变量应当完全排除；如果VIF值大于等于2（或容差值小于等于0.02），说明自变量之间共线性极强需要改善，否则自变量会对统计结果产生交互作用。由表6-3可知，三个社会变量的VIF值均小于2，说明三者之间不存在显著的共线关系，也即不会产生较大的交互影响，因此可以使用二元逻辑回归模型进一步加以检验。

由于我们对本不能定量处理的三个社会变量进行了人为量化及标注，以便对问题描述更为简明，因此三个自变量在回归模型中都属于虚拟变量（Dummy Variables）。为了使结果更清晰直观，我们都以三个自变量中中等水平的变量 P0、D0、R0 作为参照变量，考察三个变量的不同水平对警告核心行为的表现形式有何影响。二元逻辑回归的分析结果如表 6-4 所示：

表 6-4　社会变量与警告核心行为表现形式的二元逻辑回归检验结果

社会变量	B	标准误差	瓦尔德	自由度	显著性	OR
相对权势 P0	—	—	1.532	2	0.512	—
相对权势 P-	-0.233	0.561	0.666	1	0.572	1.143
相对权势 P+	0.351	0.332	1.105	1	0.295	0.963
社会距离 D0	—	—	0.115	2	0.944	—
社会距离 D-	0.018	0.342	0.007	1	0.949	1.001
社会距离 D+	0.156	0.449	0.106	1	0.759	0.093
强加度 R0	—	—	32.158	2	0.025	—
强加度 R-	-1.450	0.461	24.449	1	0.025	0.231
强加度 R+	-0.236	0.407	0.326	1	0.609	0.776

从表 6-4 可以看出，对于警告者在核心行为中更倾向使用直接形式还是间接形式而言，三个社会变量中只有任务的绝对强加度具有显著影响，即显著性值小于 0.05（$p<0.05$）；相对权势、社会距离两个变量则对核心行为形式的选择影响并不显著（$p>0.05$）。

而在绝对强加度变量内部，当任务强加度较低，即强加度为 R-时，警告者更倾向于使用直接警告形式。相比强加度处于中等水平而言，强加度处于较低水平时，警告者使用直接形式的可能性约为中等难度的 23%（$OR=0.231$）；而当强加度水平较高，即强加度为 R+时，任务强加度对核心行为形式的选择影响并不显著（显著性>0.05）。为了控制变量条件均等，我们选取了变量 P、D 均较大但 R 相异的情况为例加以说明：

（19）孟朝阳：她不会说瞎话？现在这孩子可跟咱们小时候不一样，咱们小时候您跟她似的早给掐死了。

陈大妈：**你少跟我咱们咱们的**！我小时候还没你呢。圆圆，你到底认识不认识他？

（《我爱我家》53）

（20）女学生：谢谢大爷！老同志再见！

警　察：**啊别走！这事故没处理完谁也不能走**！必要的时候我们可能给你学校出具证明。

（《我爱我家》16）

（21）和　平：（（拿着鸡毛掸子走近））怎么说话呢这是，啊？我们不操心谁操心呐？我瞅你这两天有点儿人来疯儿（（手指圆圆）），我就没见过你复习功课，你要敢给我考回一不及格你瞧我不撕你的皮我（（手指点圆圆脑袋））！

姑　妈：（（从后面走进客厅））春兰！说什么呢？

和　平：（（回头愣住））

姑　妈：**你说什么呢**！（（手指和平））你要撕谁的皮呀？

（《我爱我家》66）

上述三例中，警告者在相对权势上均高于警告对象，且双方都是初次相识，社会距离均较疏远。例（19）中居委会陈大妈只是不让孟朝阳再套近乎，任务难度较低，警告者使用了祈使句直接表达警告。而例（20）中警察不让女学生擅自离开限制了对方的人身自由，例（21）中远房姑妈不让身为母亲的和平管教圆圆也限制了其人身自由，这两例中任务的绝对强加度均较大，但例（20）中警告者使用了指示语和告知语共用的直接形式表达警告，例（21）中却使用了反问句的间接形式表达警告。根据日常经验，当任务绝对强加度较小，即指令执行起来难度较低时，警告言语行为对警告对象的面子威胁也相对较低，因此即便警告者使用较为直接的方式明示指令也往往不会违反礼貌原则。而当任务绝对强加度较大、指令执行较为困难时，对警告对象面子威胁的程度也随之增大，因此出于礼貌，警告者也往往会使用更为间接的策略实施警告。但如果情况比较急迫、事态急需扭转时，警告者出于合作原则的质准则（quality maxim）也会直接施令而放弃礼貌原则。

（二）社会变量与指涉惩罚手段话语模式之间的关联

如前文所述，从话语结构模式来看，警告者选择指涉（包括明示及暗含）惩罚手段的话语模式无论是在直接还是间接形式中均占有较大比重。警告者通过字面意义上指涉可能实施的惩罚手段可以对警告对象的心理造成更为直接的威慑和冲击，对惩罚手段的关联推理、完整假设关系的还原也是规约性间接警告言语行为产生的重要机制。因此在警告言语行为的话语模式内部，三个社会变量是否会对警告者选择指涉惩罚手段的话语模式产生显著影响，也是警告言语行为内部调节手段需要考察的重要问题①。

我们将指涉惩罚手段的话语模式（即直接警告中的"警示语+告知语"、"指示语+告知语"、告知语独用、"警示语+指示语+告知语"模式以及间接警告中的告知语独用、"指示语+告知语"模式）赋值为0，无指涉惩罚手段的话语模式（即直接警告中的"警示语+指示语"、间接警告的指示语独用模式）赋值为1，依旧首先对三个社会变量进行共线性诊断：

---

① 我们这里仅针对使用与不使用指涉惩罚手段的话语模式是否有语力上的强弱差异展开分析，至于直接形式与间接形式内部的不同表现手段之间是否同样存在语力强弱差异（如祈使句和反问句之间哪种手段语力更强），则无法简单判定。

表6-5　　　明示惩罚手段的不同话语模式自变量共线性检验

社会变量	B	标准误差	t	显著性	容差	VIF
相对权势	-0.056	0.045	-1.305	0.188	0.918	1.077
社会距离	-0.031	0.051	-0.625	0.531	0.926	1.075
强加度	-0.163	0.054	-1.624	0.054	0.980	1.019

由表6-5可知三个自变量的 VIF 值均小于2，自变量之间不存在显著的共线关系。我们仍以每个中等水平的自变量为参照进行二元逻辑回归分析，得出的结果如表6-6所示：

表6-6　　社会变量与明示惩罚手段话语模式的二元逻辑回归检验结果

社会变量	B	标准误差	瓦尔德	自由度	显著性	OR
相对权势 P0	—	—	12.901	2	0.032	—
相对权势 P-	-0.507	0.583	4.515	1	0.047	1.603
相对权势 P+	-0.451	0.334	2.335	1	0.037	0.648
社会距离 D0	—	—	0.623	2	0.762	—
社会距离 D-	-0.119	0.374	0.209	1	0.673	0.894
社会距离 D+	-0.296	0.448	0.594	1	0.501	0.746
强加度 R0	—	—	27.750	2	0.009	—
强加度 R-	-0.709	0.399	18.160	1	0.004	2.455
强加度 R+	-0.621	0.500	1.337	1	0.456	0.619

由表6-6可知，相对权势和强加度两个因素均对警告者是否倾向于使用指涉惩罚手段的话语模式有着显著的影响（$p<0.05$），而社会距离因素依旧影响并不显著（$p>0.05$）。具体来说，当相对权势关系较小，即一般下对上时，警告者更倾向于使用假设复句或"祈使句+假设复句"等明示惩罚手段的话语结构模式，此时警告者倾向于使用字面上指涉惩罚手段的可能性是平等权势情况下的一倍以上（OR=1.603）。而当相对权势关系较大，即上对下实施直接警告时，警告者则更倾向于使用不指涉惩罚手段的话语模式，且可能

性为平等权势关系的 64% 左右（OR = 0.648）。如：

(22) 刘　梅：嘿说什么呢？人家是饭桶？你比谁也不少吃一口啊，喊！

　　　刘　星：**要，要是不让我去的话，别说饺子了，我连饭我都不吃了，我绝食！**

　　　刘　梅：嗯？你要绝食？行，小雨，回屋把你们屋所有的零食都拿出来，他绝食了。

（《家有儿女Ⅱ》2）

(23) 刘　梅：**我告诉你啊刘星，当兵的事儿不行啊！没有商量的余地，甭商量！**

　　　刘　星：凭，凭什么呀？凭什么你们一句话就，就把我给定了啊，我上诉！

（《家有儿女Ⅱ》15）

上述两例中双方均为母子关系，社会距离亲密，任务的绝对强加度也均为适中水平。例（22）中刘星对刘梅是下对上关系，相对权势较小，刘星选择使用假设复句对刘梅实施警告，明示了惩罚手段。而例（23）则相反，刘梅对刘星是上对下关系，相对权势较大，刘梅对刘星仅使用了警示语和指示语共现的话语模式实施警告，而没有在语言表层形式上言及相应的后续惩罚手段。根据日常经验，当上对下实施警告时，尤其是社会距离较为亲密的亲属关系，警告对象往往根据生活经验就能预判自己如果不顺从指令就会受到怎样的惩罚，警告者也明白警告对象知道这一点，因此表层形式上仅实施指令而无须指涉惩罚手段即可使对方根据语境推断出后续惩罚。而下对上实施警告时刚好相反，因为双方之间存在固有的权势差异，身份、地位较高的警告对象往往并不具备认知经验推知自己将会受到何种惩罚，此时往往就需要警告者通过语言表层形式指涉具体惩罚手段①才能使不利后果具象化，进而达到威慑警告对象心理、推动警告指令取效的目的。

此外，任务的绝对强加度与警告者是否指涉惩罚手段之间也具有显著的相关性。当强加度较低，也即任务执行较为容易时，警告者更倾向于使用指涉惩罚手段的话语模式，可能性为强加度适中水平的两倍以上（OR=2.455）。而当强加度较高时，其对话语模式的选择影响并不显著。如：

（24）老　胡：不是不原谅他，我就恨当年他揪住人一点儿小错他不放。

　　　傅　老：什么揪住不放？现在明明是你揪住我不放嘛，啊？**你要再这样的话，我可就真不原谅你了！**

（《我爱我家》50）

（25）燕　红：没看见老板正跟胡三董事长谈话呢么？大呼小叫的一点儿规矩都没有，**一边儿待着去！**

　　　志　新：你给我一边儿待着去！

（《我爱我家》42）

（26）小　骆：孟朝阳！给我出来！

　　　孟朝阳：各位叔叔大爷大妈大婶大侄女，千万别开门啊！

　　　小　骆：孟朝阳，**你再不开门我可踹门了啊！**

（《我爱我家》96）

以上三例交际双方在相对权势上较为平等，社会距离上也均适中。例（24）中傅老指令邻居老胡不要再记恨他之前的所作所为，

---

①　根据语料我们发现下对上的明示性惩罚有时会通过对自己进行"惩罚"（实际上往往大多是威慑对方，并不会真的让自己利益受损），进而利用双方的亲密关系间接让对方蒙受情感或心理上的损失。如例（22）中刘星并不会真的绝食让自己饿死，只是通过利用刘梅身为母亲舍不得自己挨饿的心理而间接希望刘梅答应他出去过夜的请求。我们这里仍依据表层形式的句法结构界定其为直接警告而非间接警告。

老胡其实本心也想帮助傅老，因而任务难度较小，傅老也预判老胡不会拒绝，于是使用了明示惩罚手段的假设复句。而后两例中任务的绝对强加度都较大，例（25）中燕红想让志新放弃山庄的生意，涉及志新的财产利益；例（26）中小骆指令孟朝阳开门并试图打他，涉及孟朝阳的人身安全。但例（25）中燕红使用了祈使句直接实施警告，例（26）中小骆则使用了假设复句明示了惩罚手段。根据日常经验，指令难度越低时，警告者预设警告对象越容易接受、实施指令，因而当极易完成的任务还无法完成时，警告者也就更容易实施相应的惩罚手段以对警告对象进行惩戒，因此也就更倾向于使用指涉惩罚手段的话语模式以保证指令取效。而当任务执行难度较大时，警告者也无法预测警告对象是否接受指令并保证实施，因此往往不一定会指涉惩罚手段强制对方；但当警告者迫切想要实施指令的情况下，通常也会通过指涉惩罚手段的方式加强警告语力，进而保证指令尽可能地得以取效。

第三节　警告言语行为的语用交际策略

根据上述分析可知，警告言语行为的不同话语模式及各种语言表现手段除了受语言经济性等因素影响，还深受各类社会因素的多重调控；且社会因素变量对警告言语行为礼貌程度及语言表现手段的影响也并不是像 Brown & Levinson（1978）中指出的那样，是三种社会因素的简单加合 $W_x = D(S, H) + P(H, S) + R_x$[①]，而是不同社会因素在影响语言表现手段的程度上有所偏重。此外，警告者是否同步使用一定的辅助语步对核心行为的警告语力进行外部调节也构成了警告言语行为语用交际策略的重要方面，即警告者可以采

---

① 公式中 Wx 代表面子威胁行为的大小，S 代表说话人，H 代表听话人，Rx 代表一种社会文化背景中面子威胁行为的绝对强加度。

用不同类型的辅助语步手段从话语结构模式上扩充警告核心行为，以帮助完成警告言语行为的实际取效。

一 调和性语用交际策略

调和性语用交际策略是针对各类辅助语步而言的，也即该交际策略的使用与否并不影响警告言语行为本身的性质，仅从言语行为外部对警告语力起到调和性作用。

如前文所述，辅助语步并不是警告话语的必要构件部分，但依旧在警告语力的取效上发挥了一定的调节作用。Brown & Levinson（1978）指出，警告言语行为本质上与警告对象的面子需求背道而驰，本身具有威胁警告对象消极面子（negative face）的性质[1]，因此出于礼貌原则，警告者往往会采取一些补救策略（redressive strategies）尽力去维护对方的消极面子、减弱对警告对象的面子威胁程度。如语言表层形式上通过伴随使用阐述类辅助语步，警告者就为指令的实施提供了事理上的理据性、身份上的权威性等信息，进而促使对方意识到自己当前行为的不当并主动接受指令内容。通过说理的方式可以部分地建构起交际双方之间立场的一致性、同盟性，一定程度上也就调和了指令意图与礼貌需求之间的关系，缓解了警告核心行为的无礼性。Leech（1983：104）也指出，阐述类言语行为本质上是一种合作类（collaborative）言外行为，可以帮助交际双方最高效、最大限度地传递共同关注的信息，本质上并非不礼貌的。因此，阐述类辅助语步从实际效力来看部分满足了警告对象的消极面子需求，相较不使用阐述类辅助语步的核心行为而言总体上起到了缓解威胁面子程度的作用，可以看作一种消极的礼貌策略（negative politeness strategy）。

相反，对于表态类和指令类辅助语步而言，某些表态类言语行为（如"诅咒""责骂"等）和指令类言语行为（如"警告""威

---

[1] 参见何兆熊《新编语用学概要》，上海外语教育出版社2000年版，第227页。

胁"等）本身就是一种冲突性（conflictive）的言外行为（Leech，1983：104），其话语语力与社会功能之间本质上就是相互冲突、不礼貌的，很难想象"礼貌地责骂"或"礼貌地威胁"之类的情况。同时，负面表态类辅助语步的使用也违反了 Leech 礼貌原则的"赞誉准则"（approbation maxim，尽力缩小对他人的贬损）和"同情准则"（sympathy maxim，尽力缩小自身对他人的厌恶），指令类辅助语步则违反了礼貌原则的"得体准则"（tact maxim，使他人受损最小）和"慷慨准则"（generosity maxim，使自身受惠最小），二者都各自强化了警告言语行为对对方消极面子的威胁程度，尤其相较不使用指令类辅助语步的核心行为而言，指令类辅助语步从形式和意义上都加倍强化、凸显了警告者对对方意志地干预。因此表态类和指令类辅助语步均是一种不使用补救策略、公开实施面子威胁的行为（bald on record without redressive actions）。这种情况往往是语境中交际效率的需求占据首位、礼貌需求退居其次，或警告者对警告对象具有绝对的固有权威优势（如长辈对晚辈、警察对犯人等）而不必担心对方可能的报复（何兆熊，2000：231）。

据此，我们将调和性的语用交际策略与对应的语言表现手段总结为表6-7，从交际策略和语力配合的角度对各类警告言语行为的辅助语步做出重新分类①：

---

① 需要指出的是，这里的归总首先要建立在核心行为语言表现形式相同的基础之上，即在核心行为的直接形式或间接形式一致、语言表现手段相同的情况下，阐述类辅助语步相对而言具有弱化语力的作用，而表态类和指令类辅助语步具有强化语力的功能。如果核心行为的语言表现形式不同，如将"假设复句+阐述类辅助语步"与"反问句+指令类辅助语步"相比，则不能简单判断两种辅助语步下究竟哪种话语模式的警告语力更强。此外，针对辅助语步调和性功能的总结也只是基于 Brown & Levinson（1978）、Leech（1983）等相关理论的基础上所作的内省性、经验性总结，难以通过量化的形式指标去判定这些辅助语步最终带来的取效程度和语力效果。因此，针对较为复杂的复合类辅助语步而言，我们这里难以展开更为详细的讨论，只能提供如下猜测：表态类和指令类辅助语步的综合使用应该是警告语力最强、最大效度强化面子威胁程度的话语结构模式；而阐述类和表态类复合、阐述类和指令类复合以及三者共现的情况则需要根据具体交际语境的实际取效才能最终加以判定。

表6–7　　调和性语用交际策略与警告语力强弱的配合情况

辅助语步类型	语用动机	警告语力强弱	语用交际策略
阐述类辅助语步	弱化面子威胁	弱	消极礼貌策略
无辅助语步	面子威胁	中	无礼貌策略
表态类辅助语步	强化面子威胁	强	非补救策略
指令类辅助语步			

二　基本性语用交际策略

基本性语用交际策略是针对作为内部调节手段的核心行为而言的，该类语用交际策略直接作用于警告言语行为的表层形式上，是警告者实施警告言语行为时必须强制使用的交际策略、不可省去，对警告语力的强弱起到关键性的调控和制约作用。

警告言语行为固有的面子威胁性质导致核心行为的不同语言表现手段之间难以明确、形式化地区分出警告语力的强弱，因此我们这里大体以直接和间接形式的语言表层手段作为两类基本性语用交际策略[①]，总结制约警告者使用直接或间接语言表现形式的不同社会因素变量。此外，警告言语行为的根本规则要求警告者通过一定的潜在惩罚手段作为语力保障，因此警告者在语言表层形式上是否选

[①]　根据面子威胁理论的语用调控策略，一般情况下，话语的面子威胁程度、语力强度会随着表层形式委婉性、间接性的增加而递减，礼貌程度与话语的间接度之间呈反向相关关系："语言的礼貌级别是一个连续体，一般来说，最直接的表达方式是最欠礼貌的；最间接的表达方式则是最讲究礼貌的。换句话说，语言手段越间接，话语就显得越礼貌。"（李捷、何自然、霍永寿，2011：101）但是由于警告言语行为想达到的交际意图和礼貌的需求之间本身就是相互冲突的，所以以上结论很难适用于警告言语行为，我们很难通过一些明确的形式手段验证不同变量的直接警告言语行为（如"我警告你，不要再说了！"）与间接警告言语行为（如"你再说！"）之间的语力强弱关系，以及同类交际策略内部不同形式之间（如同属于间接警告言语行为的"你还乱说！"与"你再乱说！"）的面子威胁程度差异。因此我们这里只能笼统地从形式分类的角度将核心行为的语用交际策略分为直接和间接两种类型，难以进一步考证二者之间及二者内部不同表现手段的细微语力差异。

择指涉后续的惩罚手段也可以作为一种语用交际策略,进一步形成直接核心行为和间接核心行为内部类型的分化:指涉潜在惩罚手段的表层形式违反了礼貌原则的"得体准则"(使他人受损最小)和"慷慨准则"(使自身受惠最小),是冲突类的言外行为,对警告对象具有较高的面子威胁程度;相较而言,不使用指涉惩罚的语言手段、字面上仅言及指令内容的话语模式,属于竞争类(competitive)的言外行为,往往对警告对象的面子威胁程度相对较低。

根据上一小节的量化统计分析可知,就基本性语用交际策略而言,警告者使用直接警告策略与间接警告策略的比重相差不大,而指令内容的绝对强加度因素与警告者究竟使用直接还是间接策略有着显著的关联:在任务绝对强加度较低时警告者往往更倾向于使用直接警告策略,而绝对强加度较高时该因素对警告者交际策略的选择没有明显的倾向性影响。同时,在直接和间接策略内部,警告者是否进一步选择指涉惩罚手段的语言形式来强化对警告对象的面子威胁,主要则受到相对权势关系和任务绝对强加度的双重调控:当相对权势关系较低、任务绝对强加度较低时,警告者更倾向于采用指涉潜在惩罚手段的语用交际策略;而当相对权势关系较高时,警告者更倾向于采用不指涉潜在惩罚手段的语用交际策略。我们也进一步将基本性语用交际策略与相应的社会调控因素的配合情况总结如下:

表6-8　　　　基本性语用交际策略与话语结构模式及社会调控因素的配合情况

语用交际策略		话语结构模式	社会调控因素
直接警告策略	指涉惩罚手段	警示语+告知语	P-/R-
		指示语+告知语	
		告知语独用(复句)	
		警示语+指示语+告知语	
	不指涉惩罚手段	警示语+指示语	P+

续表

语用交际策略		话语结构模式	社会调控因素
间接警告策略	指涉惩罚手段	告知语独用（非复句）	P−/R−
		指示语+告知语	
	不指涉惩罚手段	指示语独用	P+

第四节 小结

本章主要从作为交际主体的警告者角度出发，考察了警告言语行为的内外部调控手段及对应的话语模式表现，基于礼貌原则、合作原则、面子威胁理论分析了影响警告语力强弱及面子威胁程度的各类社会调控因素，在此基础上进一步总结了警告者在实施警告言语行为时可采用的一系列基本性和调和性语用交际策略。本章的主要结论如下：

第一，影响警告语力强弱的外部调节手段主要集中在辅助语步的语义内容与言语行为类型上。辅助语步在韵律、句法、语义上均与核心行为相互独立，作为单独的话轮构建单位与核心行为共同组构成完整的警告话轮。根据辅助语步的言外之力我们可以大体将警告言语行为的辅助语步分为阐述类、表态类、指令类及复合类四种。其中指令类辅助语步较为特殊，在话轮内的位置只能出现于核心行为之后，字面意义上主要表现为相同语力的警告言语行为，依据数量象似性在形式和功能层面均起到加倍强化核心行为警告语力的作用。

第二，对于警告核心行为而言，难以仅从语言表层形式上对不同警告表现手段的语力强弱加以形式化，因此我们选择相对权势、社会距离和指令任务的绝对强加度三个社会因素作为语用调控变量，对警告言语行为的内部调节手段加以考察。通过量化分析我们发现，三个社会变量对警告言语行为的语言表现形式产生的影响并不是以往认为的简单相加，而是各有侧重。其中，相对权势、社会距离因素与警告者使用直接或间接形式实施警告并不显著相关，而绝对强加度较小时警告者更倾向于使用直接警告手段。此外，当绝对强加度较小、相对权势较低时，警告者更倾向于选择指涉潜在惩罚手段的话语模式实施警告；而当相对权势较大时警告者不需要通过字面意义指涉潜在的惩罚手段也可以激活对方的认知语境，促使警告对象还原出完整的警告语义框架，完成警告言语行为的施行。

第三，警告者可以根据具体交际情境的需要，灵活使用一系列基本性和调和性语用交际策略去实施警告言语行为。对于核心行为来说，警告者通过对交际双方社会权势关系及特定文化背景下指令内容难度的估算，即可选择相应的直接或间接策略适当地表达警告。对于辅助语步来说，当警告者需要弱化对警告对象的面子威胁、减弱警告语力、增强礼貌程度时，即可选择伴随使用解释原因等阐述类言语行为，也即通过消极补救策略缓解双方之间的立场反同盟性；而当警告者需要强化对警告对象的面子威胁、加强警告语力、减弱礼貌程度时，往往就会在语言表层伴随使用负面表态类及指令类言语行为，此时警告者不会使用任何补救策略，而是在牺牲礼貌原则的前提下公开威胁对方的消极面子，以遵守会话的合作原则。

第 七 章

现代汉语警告范畴的
回应行为研究

　　本章我们将关注的重点从警告者转换到作为交际主体的警告对象上，通过对警告对象的后续回应行为展开细致分析，考察警告意图接收与取效的表现手段与制约因素。在日常会话中，听话人角色对于实现话轮的顺利交替和交际双方的交互主观性（intersubjectivity）发挥着重要的作用。如果在话轮转换的相关位置（TRP, Transition Relevance Place）缺少了听话人适时的回应，说话人就无法确定其话语内容是否被理解、立场是否被接受，随之可能会出现相应的话轮修正（repair）或话语中断（lapse），进而导致交际行为的失败。以往的会话分析研究已经充分关注到了听话人回应（responding）的重要性（Goodwin, 1986; Sacks, 1992a; Garde, 2001; Stivers & Rossano, 2010; Xu, 2014 等），汉语学界也不断有学者对汉语会话序列中的回应行为展开研究，如有对回应语的话语结构模式及话语功能进行的充分描写（钱冠连，1989；吕明臣，2000；郭整风，2004；李永华，2008；李宗江，2010 等），也有对回应语的语言表现手段进行的专题讨论（邵敬敏、朱晓亚，2005；赵聪，2006；尹世超，2008；张先亮，2011；张海涛，2014 等）；此外，还有对一些特定言语行为类型的回应语探究，如称赞回应语（李俊儒，2007；

汪精华，2008；李爱菊，2012 等）、同意回应语（张治，2011 等）、批评回应语（朱湘燕，2004；徐志敏，2005 等），以及相关交际情境中汉外回应语使用差异的对比研究（王集杰、徐正华，2005；李艳洵，2006；吴惠贞，2009；陈钧，2012 等）。

　　同样，现代汉语中警告言语行为的回应行为对于我们全面、深刻地理解现代汉语警告范畴也起到了极为重要的作用，尤其是回应行为作为言后行为的关键部分，可以直接、即时地反映出警告语力的取效情况以及警告交际的成功与否。同时，通过加强对警告回应行为的考察，我们也可以更好地把握制约警告言语行为取效的语境因素，进而深化对警告语力的解读动因、机制及效力的认识。然而，已有的研究就范围而言，虽然对汉语会话回应行为的各方面都有所涉及，但还缺乏针对现代汉语警告回应行为的专题研究，且仍存在警告回应语的界定不明、分类粗略等问题。Couper-Kuhlen & Selting（2018：259）在研究请求（request）言语行为的回应语中，就根据听话人客观上是否接受指令，将该言语行为的回应语分为顺从（compliance）和拒绝（refusal）两种类型。然而这种简单的二分并不能完全匹配现代汉语指令言语行为回应语系统内部的复杂情况；且从情感立场上来看，仅顺从性回应语内部就足以自成一个复杂体系，不同的回应语形式会影响交际双方人际关系的亲疏，如 Xu（2014）在研究任务型指令行为的顺从性回应语时就发现，零形式（absence of reactive tokens）、反馈信号（backchannels）、重复与话轮共建（repeats and collaborative productions）等回应语形式在建构人际关系上的差异极为显著。此外，就研究方法而言，以往针对回应行为的研究多进行经验性的举例归类，或仅针对回应语的语言表现手段进行简单描写后提出相应的回应策略，而忽略了回应语表层形式与交际情境中社会变量之间的相关性。但是对于不少二语学习者来说，如何根据具体情境中的权势关系、指令任务的绝对强加度等语用调控因素选取合适的表现手段进行回应，才是问题的关键。因此，本章在前人研究的基础之上展开针对现代汉语警告回应语的分析，以回应语的表层形式与话语功能为重点，考察各类警告回应语的内部差异，以及不同回应语与各种社会变量之间的倾向性关联，进而完成现代汉语警告回应语"形式—功能—语境"的系统网络建构①。

第一节 警告回应语的界定及特征

警告回应语是会话交际中警告对象针对警告者发起的警告言语行为进行的即时性回应。该回应行为连同警告者的警告行为、警告对象的始发行为共同形成了一个依照时间顺序逐次展开的"始发行为—警告行为—回应行为"的序列结构。Clancy 等（1996）在回应语标记的研究中指出，回应语往往具有两个重要的条件限制：一是回应语是由交际主体的听话人发出的，二是回应语是在说话人持续发言的序列中出现的。这两个限制条件体现了回应语在序列结构上要满足听话人导向的话轮设计（turn design）这一要求，但是由于不同言语行为类型的回应语在语言表现手段上的多样性和序列位置上的灵活性，我们在这两个限制条件的基础上进一步将警告回应语的序列结构特征扩展如下：

（Ⅰ）警告回应语是警告对象在持续进行的警告会话序列中发出的。

（Ⅱ）警告回应语可以包含多个话轮构建单位（TCU），但这些话轮构建单位在语义上互相关联，共同形成一个独立话轮。

（Ⅲ）警告回应语是针对警告行为的回应，与警告者的警告话轮形成"指令—回应"的相邻对结构（adjacency pair）。

---

① 考虑到回应行为的即时性、交互性等特点，本章的警告回应行为考察仍是基于《我爱我家》《家有儿女Ⅱ》《编辑部的故事》《亮剑》四部影视剧对白转写语料所做的会话分析。

此外，从交际功能的角度看，回应语往往与警告对象的情感立场密切相关，体现出警告对象对交际过程的参与度（engagement）及双方情感立场上的亲近性（affiliation）。参与度是指"交际者往往在会话序列的下一个话轮中表现他们对前一个话轮的理解"（Hutchby & Wooffitt，1998：15），也就是说警告对象要对警告者的话语进行即时的、相关联的回应，以展现他们对警告者话语的理解及对交际过程的参与，而不是故意争夺警告者的话语权转而谈论完全不相关的其他话题或进行其他活动。亲近性则表明听话人对说话人在情感立场上的认同度、接受度和一致性[①]（Wright，1998：11）。亲近性程度有高有低，从"亲近"到"疏离"（disaffiliation）形成了一个关于交际主体之间亲近性程度的连续统，而警告对象对于警告指令的顺从和拒绝性回应就构成了主体双方情感立场上亲近和疏离的分化。但即便是顺从性回应语内部，从"好""行"等认同标记（tokens）到一言不发的沉默接受也构成了双方参与度、亲近性之间的差异。因此，除了上述三个序列结构特征之外，警告回应语还应当表现出一定的互动功能特征：

（Ⅳ）警告回应语体现了警告对象在互动功能层面的参与度和亲近性。

从会话分析的角度将以上四个特征与警告回应语的表层形式考察相结合，我们会发现警告回应语在维系交际的顺利进行、建构交际主体间的情感立场等方面发挥着重要的作用，而不同的表现手段对警告交际过程的塑造也有着显著的影响。

[①] 这里"亲近性"仅指在当前会话中警告对象对警告者指令内容的认同或接受，而不是交际主体间固有社会情感关系的亲近与否。

第二节 现代汉语警告回应语的内部类型及表现手段

一 合作性回应与非合作性回应

特定的言语行为类型必定会产生相应的语力，只要听话人理解到语力的存在，言语行为在以言行事层面上就已经获得成功。但在实际取效层面上，有时候听话人虽然领会了说话人的语力，但却质疑这一言语行为本身成立的基础，就会导致交际的失败（何兆熊，2000：93）。只有在成功交际的基础上言语行为才有进一步取效的可能，因此我们首先根据听话人是否承认言语行为的有效性，将言语行为的回应语分为合作性回应与非合作性回应两类。

就警告言语行为而言，警告对象在承认警告者当下警告言语行为正当、有效的前提下进行即时回应，即为合作性回应。如果警告对象质疑警告者实施警告言语行为的条件和基础，则为非合作性回应。非合作性回应在深层语义上往往表现为警告对象对其始发行为的自我辩解，或对警告者实施警告的能力提出质疑和否定。如：

（1）燕　红：我要是不说明啊，别人老以为是我男朋友。

老　郑：哎，你要是敢找我这么大岁数的男朋友我就不让你进家门儿！

燕　红：**我这不夸您长得少兴嘛！**

（《我爱我家》27）

（2）李云龙：@@@你小子嘴还挺硬（（指魏大勇）），那我的酒怎么少了？

魏大勇：那谁知道，八成你自己做梦时候喝的呗。

李云龙：我从来就不做梦，肯定是你！我看你是欠揍了！

魏大勇：团长，**你，你又打不过俺**。

(《亮剑》10)

例（1）中燕红为了让父亲老郑在健康老人评选中胜出，在第一话轮中极力夸大老郑年轻，但第二话轮中老郑显然没有理解燕红的言外之意，使用了假设复句对燕红进行警告，指令燕红不能找像他这种年纪的男朋友。于是燕红在第三话轮进行了辩解性回应，意在维护自己始发行为的合理性；同时也表明老郑误解了她话语的语用意图，因而第二话轮的警告行为是不合理的。例（2）中李云龙在第三话轮使用了明示惩罚手段的方式"我看你是欠揍了"间接实施了警告，意图指令魏大勇承认偷酒喝的不当行为，而第四话轮中魏大勇则通过陈述李云龙打不过自己的事实，对李云龙实施警告行为的能力进行了否定。通过这种非合作性回应，警告对象实际上取消了警告言语行为成立的合格性、有效性，不认可其为合适的警告言语行为，也就谈不上对指令的顺从与否。因此，我们这里只针对警告对象承认警告言语行为有效的合作性回应中展开进一步探讨。

二 顺从性回应与拒绝性回应

在合作性回应内部，根据警告的指令内容客观上是否被听话人所接受、执行，也即警告言语行为客观上是否取效，我们进一步将警告回应语分为顺从性和拒绝性两类。顺从性回应往往是说话人所期待的优先（preferred）回应，拒绝性回应则是不期待的非优先（dispreferred）回应。如：

（3）牛玉清：那是你，我可瞅着自个儿挺不错的，心里怎么想的不管，那面儿上还=

余德利：=比谁咋豁的都凶。

牛玉清：哎我说，你这人怎么老接下茬儿？什么毛病？

余德利：**你说你说。**

(《编辑部的故事》23)

(4) 体育委员：我是体育委员，我最有发言权，你要用四四二我就不踢了。

刘　星：**你不踢你出去！**

体育委员：你让我出去是不是？

刘　星：是！

(《家有儿女Ⅱ》63)

例（3）的第三话轮中牛玉清通过反问句的形式警告余德利不要打扰自己讲话，余德利在第四话轮使用了肯定性的祈使句予以回应，语义上重复了警告的指令内容"让我说话"，后续交际中也停止了"接话茬儿"的不当行为，体现了对警告指令的认同和接受，警告言语行为在客观上得以取效，是顺从性回应行为。例（4）相反，身为班长的刘星在第二话轮位置上使用了省略关联词的假设复句形式，以相同语力的警告行为回应了体育委员的"不要使用四四二阵型"的警告指令，试图以相对权势差强迫对方接受四四二阵型，表现出双方情感立场上的对立和疏离，客观上体育委员的警告指令并没有得到刘星的执行，因而是拒绝性回应行为。

然而如前文所述，警告言语行为除了在命题层面上涉及警告者对警告对象实施指令，还在情感层面上蕴含了警告者对警告对象及其始发行为的负面评价。因此，在合作性警告回应语中，警告对象除了客观上对是否顺从警告者的指令内容进行回应，还涉及主观上对警告者的立场设置进行回应，也即对警告者立场设置的认可与否。就两种合作性回应而言，拒绝性回应在命题层面上拒绝接受警告指令，因而情感层面上警告对象也必然会否定警告者对自己的反同盟立场设置，否定警告指令的合理性，亲近度上也就往往表现出与警告者之间的疏离性；而在顺从性回应内部，虽然警告者客观上都接受了警告指令，但情感立场上则较为复杂，在交际语境的社会因素制约和影响下，警告对象可能在情感上并不认可警告者对其始发行为的负面评价，也即否定警告指令的合理性，这样就构成了不同表现手段的顺从性回应语在情感立场上的复杂差异。

三 顺从性回应的表现手段及内部差异

我们首先对语料中的顺从性回应语进行归类标注，发现顺从性回应行为内部大体存在着沉默、转移话题、认同标记、语义重复四种表现形式①，四种类型以参与度和亲近性为标准构成了一个由弱到强的情感立场连续统。

（一）沉默

沉默是警告对象在表层形式上不使用任何语言手段对警告指令进行回应，但最终客观上仍对指令内容加以顺从②。Pomerantz（1984）指出，听话人的沉默回应往往会促使说话人做出三种推断：一是听话人没有理解话语或其中某个概念术语；二是听话人对说话人认为双方共享的事件并不知情而感到困惑；三是听话人对说话人的论断并不认同。我们这里所说的沉默性回应就是第三种情况，警告对象故意"不参与合作"在情感立场上往往体现出交际双方情感立场上的对立及疏离，一般可以通过沉默形式本身的语义缺失及警告对象的伴随体态语等手段加以验证。如：

---

① 四种表现手段只是对常见的典型顺从性回应形式进行的概括性归类，不可能完全穷尽性囊括所有顺从性回应的具体形式类型，特此说明。

② 沉默作为一种回应行为其内部情况也较为复杂。就一般会话结构而言，沉默、延迟（delay）、弱化（mitigation）、细化信息（elaboration）等手段往往都预示着非优先回应（于国栋，2008：113—119），即沉默往往对应着受话人的拒绝性回应。而警告作为一种特殊的指令类言语行为，沉默是否仍然是一种非优先的回应手段，则要参照警告指令的具体内容来决定：如果警告者的指令是禁止性的不要插嘴、不要提意见等，那么沉默在命题层面上就是一种顺从性的优先回应；如果警告者的指令是命令性的提供信息、回答问题等，命题层面上沉默则是一种拒绝性回应。我们这里仅先考察顺从性沉默回应的情况。

(5) 傅　老：这样不好，啊，和平母亲也是劳动人民嘛！而且还是文艺工作者，你们不能这样对待她嘛！啊，我决定了，把她接来，你们看看还有什么反对意见没有？

　　　　志　国：爸！反正我也不好说什么了，听听大伙的意见吧。((给志新、小凡、圆圆使眼色))

　　　　和　平：我瞅瞅我瞅瞅我瞅瞅，我瞅瞅谁反对？((皱眉扫视一周))

　　　　全　体：**(3.0)**((低头，眼神向下))

　　　　和　平：爸，全体通过！

(《我爱我家》5)

例（5）中志国、志新、小凡、圆圆都对和平的母亲比较反感，当和平提议要把母亲接来暂住几天的时候志国带头表示不满。但鉴于和平拉拢了身为家长的傅老撑腰，大家表面上也都不敢反对。第二话轮中志国试图联合大家一起再次反对，该始发行为导致和平在第三话轮使用了反问句的间接形式实施警告，指令大家不要试图反对，属于禁止性指令。第三话轮独立形成了一个语义完整的话轮构建单位，在末尾的转换关联位置（TRP）大家并没有紧接着给出话语回应，而是选择集体沉默了3秒。后续第五话轮也可以验证大家并没有提出反对意见，指令得到了顺从，该话轮就作为话题界限语（topic-bounding device）使得"和平母亲来家里暂住"的话题到此终结。

因为语义上的缺失（semantically empty），相较语言形式的"我没意见""我不反对"甚至独词句的"没"等，沉默作为一种回应手段本身就缺乏表层形式的证据证明听话人具有积极的合作性和互动性，表现出较低的会话参与度。同时在上例中，警告对象在沉默时还伴有明显的低头、视线回避等表明负面情感的体态语，这种多模态验证手段也证明警告对象并不认可警告者指令的合理性，而是出于权势关系等社会因素客观上被迫服从，体现出了双方情感上的疏离性。

(二) 转移话题

转移话题是警告对象通过语言形式将警告者的指令内容转移到其他话题上，从而进行的间接的顺从性回应。相较无语言形式的沉默回应而言，转移话题通过语言形式进行回应，本身就表现出警告对象对交际过程的主动关注、对警告者话语内容的积极理解。但相较认同标记或语义重复等手段而言，转移话题在语音上往往伴随着一定的短时间隔（gap）、笑声（laughter）或"啊""嗯"等表示犹疑的语气词开启话轮；语义上往往不是对接受指令与否进行直接回应，而是通过转向交际情境尤其是现场语境中的其他话题，间接执行警告指令的具体内容。这种语音上的间隔和语义上的转移表明警告对象在情感上对警告指令并不完全认同，立场上呈现出一定的对立性和疏离性，如：

（6）李云龙：这可是你说的，啊，院长要是再批我，我可拿你的话当挡箭牌。

常乃超：我写一篇论文，是专门讨论你的，我觉得你在解放军指挥官中＝

李云龙：＝你说什么？写我的论文？你拉倒吧你！我可警告你啊，第一，你蒙不了我，第二，我不用你写，第三，除非你害我。

常乃超：@@ (0.6) **楚云飞曾经拿你举例，他对你评价很高啊。**

李云龙：楚云飞？你也认识楚云飞？

常乃超：当然，我在作战厅时，蒋介石十分器重他，徐州城破时，曾特意下令，用专机直接送他去福州治伤。

(《亮剑》27)

例（6）中常乃超本在夸赞李云龙的军事指挥能力，并试图将李云龙作为研究对象写进论文，但李云龙觉得常乃超的行为过于捧杀了自己，于是在第三话轮直接打断了常乃超的溢美之词并发出了警告。常乃超在第四话轮进行了回应，但该回应不是即时性的，而是首先伴随了一个 0.6 秒的笑声延时；之后常乃超直接将话题从讨论自己的论文转向了二人共享语境中共识的楚云飞身上，用间接的方式执行了李云龙"不要写论文并停止讨论该话题"的禁止性指令。从后续的第五和第六话轮中二人开始聊起楚云飞的过往也可看出，关于常乃超论文的话题已然结束，交际的话题就此完成转移。

Schegloff（2007：67）指出，相邻对中疏离性回应和前置话轮之间在转换关联位置（TRP）一般会有短时停延，即听话人往往不会即时开启回应话轮。此外，疏离性回应往往也会避免语言上确切、清晰的表达，而是通过表层形式及深层语义上的"缺省"（default）也即非直接形式进行蕴含性回应。可以看出，相较即时、优先的回应形式如"好""我不写""不说了"等，常乃超在开启话轮时的笑声和延时表明了他在面对李云龙冲突性指令时的意外和犹疑；而后语义上使用转移话题的手段虽然客观结果上顺从了李云龙的指令，没有从自我的视角继续讨论、称赞李云龙的军事才能，但转移后的新话题仍旧是间接从他人（楚云飞）的视角旁证李云龙突出的军事指挥能力，情感上并没有完全接受、认同李云龙自认为被"恶意捧杀"的立场。因此，虽然警告对象通过语言形式积极参与了互动，客观上也顺从了警告指令，但转移话题的间接手段一定程度上仍体现了警告对象对警告指令情感上的疏离。

（三）认同标记

认同标记是警告对象根据警告指令内容使用肯定性语词（如"好""行""是"等）或否定性语词（如"不""别"等）进行回

应,表达对指令的认同①。相较前两种回应方式而言,认同标记使用语言形式进行即时回应,语音上无延迟、停顿,句法形式比较简单,往往仅是单个语词或其同形重复,语义上直接对指令加以接受,无细化信息、解释原因(explanation)等间接方式(于国栋,2008:113—119)作为辅助语步。这些语言形式上的证据均凸显了交际双方情感立场上的亲近性。如:

(7)余德利:这我姐夫把咱们这革命圣地都歪曲成这样了,咱可不能这么纵容他啊,不是,你常跟外国人打交道,咱要有不满,能不能公开表示出来?

张永安:能,甭迁就他,不高兴啊,就给他点儿脸色看。

余德利:我可告诉你说啊,如果他再对中国革命妄加评论,我可,可就说世界上还有三分之二外国人在水深火热当中了啊!

张永安:**行**!

杰　夫:张先生。

张永安:啊?

杰　夫:余先生是不是有一点,不高兴?

张永安:何止是不高兴,余先生啊是延安的后代,您刚才的话极大地伤害了余先生的感情!

(《编辑部的故事》2)

---

① 这里"认同标记"中所说的"认同"仅指话语功能上对指令内容的认同,而不是回应语在概念意义上一定是指表认同义的肯定性词语。当警告指令言及警告对象当前行为的不当时,警告对象往往会使用否定性词语,否定警告者对自己行为的判断,进而表达对警告指令的认同。如:

　　林　爸:什么?保证书?
　　民　警:现在可还是在民事调解的范围内,你要是不写=
　　林　妈:=不不不,我们写!

(《家有儿女Ⅱ》20)

第四话轮中张永安通过肯定性语词"行"直接对余德利的警告指令进行回应。从第二话轮中张永安对余德利的回应以及后续第八话轮中张永安对杰夫的回应均可验证,张永安对杰夫作为一个美国人妄加评论中国历史这件事情上,与余德利保持着认知和情感立场上的一致,尤其在第八话轮中直接指出了杰夫的不当并建议杰夫道歉,很好地执行了余德利的警告指令。认同标记"行"在语音、句法、语义方面均符合警告者期待的优先回应的语言特征,与前两种回应方式相比体现出了明显的立场亲近性。

(四)语义重复

语义重复是警告对象对指令内容的部分重要信息进行语义上的重构性回应。被警告对象回应话轮加以重构的信息往往是警告话轮中重要的名词或动词短语。相较简单语词的认同标记而言,这种表现手段的情感亲近性最强:警告对象部分地重复前一话轮中指令的重要信息,说明警告对象对警告者的话语内容进行了信息过滤(filtering),并试图选择提取和重构其中最相关、最显著的信息对前一话轮进行回应,体现了警告对象对警告者的话语信息更自觉的关注、对交互过程更积极的参与。如:

(8)李云龙:传我的命令,全体上刺刀,准备进攻!

张大彪:((表情惊讶))进攻?团长,现在是敌人在进攻啊。

李云龙:没听见命令吗?啊?听仔细喽!啊,到了这个份儿上咱不会别的,就会进攻!

张大彪:((眼神坚定))**全体上刺刀,准备进攻**!

(《亮剑》1)

例(8)中第一话轮李云龙实施了上对下的命令言语行为,但在第二话轮遭到了张大彪的质疑,因此第三话轮中李云龙通过反问句及祈使句的形式实施了间接警告，指令张大彪立即执行命令，第四话轮张大彪就即时截取了指令的关键动词"进攻"及需要其传达的命令内容进行了语义重复。相较单纯使用"是""好"等肯定性语词而言，"全体上刺刀，准备进攻"在语义上更凸显了警告对象对指令内容的接受和认同[①]。此后李云龙没有继续追加话轮对张大彪再度进行回应，也可以辅助验证张大彪第四话轮的回应已经将自己调整到了与李云龙一致的情感立场上，因此李云龙也就无须再通过话语方式拉近双方之间的亲近性，警告者的指令内容在客观现实和主观情感上均得到了接受与顺从。实际语例中语义重复往往可以与认同标记共同使用，从形式和语义上强化警告对象对警告指令的认同度。语义重复可以看作是一种积极接受（active recipiency）的信号，体现了主体双方信息传递上的相互理解，实现了交互主观性的建构（Xu, 2014）。

基于上述分析我们认为，不同的顺从性回应表现手段与交际主体间的情感立场存在一定的关联性[②]，我们依据情感立场的参与度和亲近性为标准，将警告言语行为的顺从性回应语归纳为如图 7-1 所示的连续统。

[①] 一个证明方式是，很多语例中认同标记和语义重复在回应语中会同时使用，但在语序上一般是认同标记在前、语义重复在后。根据信息焦点理论，语序在后的部分往往信息量更大，因而即便是实现相同的顺从性回应功能，语义重复手段也往往比单纯的认同标记在信息量上更为凸显，顺从性程度上也更为强化。

[②] 需要指出的是，该关联性框架只是针对各类典型情境中"原型"回应语形式的简化操作，并不能完全覆盖特定情境中的所有回应语成员。如后附句尾语气词"吧"的认同标记（"好吧""行吧"）与光杆形式的原型认同标记（"好""行"）在情感立场上就存在着一定程度的差异。该连续统内每个层级的边界都存在着少数非典型的边缘成员，但该连续统体系依旧可以反映大多数交际用例中较为规整、统一的顺从性回应语规律。此外，特定的表现手段与交际主体间的立场关系也并非严格的一一对应，如"沉默""转移话题"也可以用在拒绝性回应中，相较顺从性回应而言主体之间疏离性的强度更大。同时，语音语调等韵律手段也会对该连续统产生一定的影响：如果警告对象通过一种不坚定的口气（creaky voice）使用认同标记"好"进行回应，那么这种顺从性回应往往也可以认为是被动接受（passive recipiency）而不能体现双方立场间的亲近性（Grivičić & Nilep, 2004）。

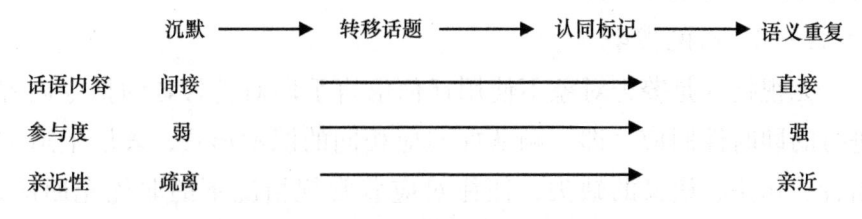

```
沉默 ──────→ 转移话题 ──────→ 认同标记 ──────→ 语义重复
话语内容    间接  ──────────────────────────→  直接
参与度      弱    ──────────────────────────→  强
亲近性      疏离  ──────────────────────────→  亲近
```

图 7-1　顺从性警告回应语连续统

从该连续统中可以看出，不同表现手段的回应语大体可以把交互主体间的情感立场区分出由弱到强的四个层级。以语义功能为主要验证手段，从沉默到语义重复四种回应语类型在意义上由间接到直接地逐级关联、对应着警告者的指令内容，以愈发明示的语义手段凸显着警告对象的顺从意图。警告对象选取特定的回应手段往往对应着不同的情感立场导向：当警告对象使用沉默或转移话题手段进行回应时，往往体现出对警告指令的合理性并不完全认同，主体双方的情感关系相对有些疏离；而当警告对象使用认同标记或语义重复的方式参与回应时，往往表明主体间情感立场较为亲近，警告对象对指令的合理性较为接受和认可。尤其是语义重复手段体现了警告对象对警告者指令内容、整个交互过程的积极理解和参与，推进建构了交际主体之间情感立场的一致性。

四　拒绝性回应的表现手段及内部差异

相较顺从性回应的表现手段而言，拒绝性回应在认识和情感立场上均表现出交际双方之间的对立性与不一致性，因此各类拒绝性回应在交际主体立场设置上的差异并不像顺从性回应内部那么显著。根据对语料的考察归总，我们依旧从语义功能的角度出发，大体将拒绝性回应语内部进一步分为无视指令、否定标记、诉诸权威和警告指令四种类型加以探讨①。

(一) 无视指令

无视指令是警告对象不使用任何语言手段对警告者的指令内容进行的即时性回应,即与顺从性回应相同的沉默形式,表层上造成语音、句法、语义的缺失,往往对应着常规情况下的非优先回应;或表现为警告对象通过语言手段明示其任由警告者实施后续的潜在惩罚,进而在客观上拒绝对警告指令加以执行。如:

(9) 刘　梅:嘿!你说你到底上哪儿去了?
　　 刘　星:(2.4)
　　 刘　梅:说不说啊你!((皱眉,眼神盯着刘星))
　　 刘　星:(**1.8**)
　　 刘　梅:((转身寻找工具准备打刘星))
　　 刘　星:哎,姥姥!((躲到姥姥身后))

(《家有儿女Ⅱ》12)

(10) 夏　雨:对,你怎么那么没知识啊?还当我姐哪?还搞这实验?真是。
　　　夏　雪:你们俩要是再说的话,我就不管你们了!
　　　刘　星:**爱管不管**!真是的,反正我们吃了。
　　　夏　雪:再也不理你们了!
　　　刘　星:**爱理不理**,真是。

(《家有儿女Ⅱ》95)

---

① 需要指出的是这四种表现手段也只是对常见的典型拒绝性回应形式进行的概括性归类,并非穷尽性囊括所有拒绝性回应语的具体形式类型。此外,日常交际中常见的反驳、解释原因等回应形式,虽然客观上警告对象最终都没有接受指令,看起来似乎应当归属于拒绝性回应语;但如前文所述,大部分的反驳、解释原因(自我辩解)在语义功能上都是质疑警告者实施警告的条件和基础,也即质疑警告言语行为的有效性、合格性。因此我们还是统一将其归入非合作性回应行为中,不再继续展开过多讨论。

例（9）中刘星在第二和第四话轮中分别使用了两次沉默对刘梅的指令加以回应，但第一话轮中刘梅的话语只是常规的祈使句命令刘星说出未知信息，并非警告言语行为；在第二话轮刘星拒绝合作后刘梅才在第三话轮通过感叹句的间接形式警告刘星，因此第四话轮中刘星的沉默才是针对警告言语行为的回应。第三话轮中刘梅的警告指令仍然是对第一话轮的延续，即试图使刘星说出晚归的去向，此时的沉默本质上就是拒绝执行说出事实的指令，客观上主动不采取任何行动提供警告者需要的信息，体现出交际双方情感立场上的疏离性。例（10）中夏雪的第二和第四话轮均是明示了惩罚手段的警告言语行为，刘星在第三和第五话轮中的即时回应"爱管不管""爱理不理"在语义上就是任由这种潜在惩罚的发生。以第二和第三话轮构成的相邻对为例，夏雪在第二话轮通过假设复句传递了完整的假设关系，刘星第三话轮的回应"爱管不管"在字面上就肯定了假设关系的后件结果"不用你管"，因此语义逻辑上也就蕴含肯定了假设关系的前件条件"我们就要再说"，通过无视潜在惩罚的方式达到了拒绝执行指令内容的目的。

需要指出的是，无视指令的沉默形式虽然从表面上看与顺从性的沉默回应相同，均表现为警告对象在语言表层手段上的长时空白；但与顺从性沉默回应不同的是，拒绝性沉默的这种语音和语义缺失并不意味着警告对象对交际行为的低关注度与低参与度，相反，拒绝性的沉默回应往往与警告者言说性的指令内容直接相关。因此，无视指令的沉默回应从会话序列结构上看实际上反映了警告对象对警告者发出的言说性指令的积极回应而非消极参与，只不过这种积极回应并不是警告者所期待的优先回应，因而拒绝性的沉默回应展现了警告对象对于警告者情感上的疏离，表明了双方立场设置的对立性。

（二）否定标记

与顺从性回应中的认同标记相似，否定标记是警告对象选择否定词"不""别"等对警告指令进行回应，以明示对指令内容的抗拒。否定标记在句法结构上也比较简单，一般也表现为单个语词或其同形重复的形式；语义上直接对指令内容加以拒绝；表层形式上往往没有细化信息、解释原因等话轮构建单位与之共现，凸显了交际双方情感立场上的疏离性。如：

（11）胖　婶：听见了吧，孩子们？都回家吧，啊，别在这儿闹了。
　　　夏　雪：哎呀胖婶儿::我不走！
　　　胖　婶：我告诉你啊，回去我告诉你们爸妈，小心他们扇你们一大耳光！
　　　夏雪、刘星：哎胖婶儿，胖婶儿！**别呀**！
　　　胖　婶：快！走吧走吧！((推孩子们出门))

（《家有儿女Ⅱ》49）

（12）夏　雨：我不认输！我现在就去打电话。
　　　刘　梅：干吗呢干吗呢？小雨，放回去，放回去！告诉你，我现在正式宣布，咱们家的电话停止使用！
　　　夏　雨：哎爸妈！**不行啊**！
　　　刘　梅：闭嘴！

（《家有儿女Ⅱ》97）

以上两例中警告对象分别通过否定标记"别"和"不行"对警告者的指令"赶紧回家""不要再乱打电话"加以回应，否定标记均在字面意义上明示了警告对象试图拒绝执行警告指令的意图。同时，会话分析研究往往通过"下一个话轮证明"（next-turn proof）的方法，以相邻的下一话轮为证据验证听话人对说话人前一话轮话语的理解及交际双方的立场设置等（刘运同，2007：57）。因此，我们也可以从警告者针对否定标记的后续回应话轮中继续验证交际双方情感立场的一致性。如例（11），胖婶针对孩子们第四话轮的拒绝性回应"别呀"，依旧在第五话轮中维持了原先的警告指令内容、坚持让孩子们赶紧回家离开物业办公室，由此可以验证双方的认识和情感立场最终没有通过交际过程达成一致。因此，第三和第四话轮构成的"警告—回应"相邻对中，作为警告者的胖婶与作为警告对象的孩子们之间在情感立场上必然也是疏离的关系，否则作为回应行为的第四话轮中如果双方在立场设置上达成了一致，胖婶在后续"回应之回应"的第五话轮中就会在语言形式上选择亲近性表达而非继续坚持指令内容，或不再继续就第三话轮的警告指令话题推进第五话轮。同样例（12），刘梅在第四话轮中依旧通过强指令"闭嘴"回应了夏雨前一话轮中的拒绝性话语，表达了双方情感的疏离性，由此可以验证夏雨第三话轮的否定标记"不行"也体现了二人立场设置上的对立性。

（三）诉诸权威

诉诸权威是警告对象通过语言形式转向在场具有绝对权威优势的第三方寻求支持，试图通过建立与第三方之间的立场一致性来避免执行警告者指令并规避相应的潜在惩罚。相较无视指令或否定标记的回应形式而言，诉诸权威在语言表层形式上往往较为复杂，需要多个话轮构建单位共同配合完成完整的独立话轮；且语义上通常不是对警告指令的直接回应，而是通过细化、扩展相关信息的方式征求他人的认同和支持，进而间接实现对警告者指令的拒绝。如：

(13) 志　国：什么？和平，这么大事你怎么不先跟我商量商量啊你？爸，那老太太要一来，您不知道咱家可就热闹了。

　　傅　老：我怎么不知道啊？我看见过好几次嘛，前年圆圆生病，她还到咱们家来过嘛。

　　志　国：那一时半会儿不要紧，它问题是她这回要住这儿，反正她来我就走。

　　和　平：嘿！**爸，您瞅志国！我没瞎说吧。他对我妈的态度一贯就这么不端正！**

　　傅　老：志国，人人两重父母，要尊老敬老嘛！你受党的教育这么多年了，怎么连这个都不知道呢？

　　志　国：不用党的教育我也懂。老吾老以及人之老，和平对您也挺孝顺，我也应该孝顺她妈，可问题是，那老太太，她妈那叫一没文化。

(《我爱我家》5)

例（13）第三话轮中志国通过紧缩复句"反正她来我就走"的形式对和平实施警告指令，试图不让和平把其母接来暂住；第四话轮中和平通过即时性回应向身为家长的傅老寻求支持，希望傅老与自己保持一致立场，利用傅老固有的身份权威优势作为拒绝指令的资本，消除警告者实施惩罚行为的潜在可能性。同时，诉诸权威的拒绝性回应往往多伴随着警告对象为自己的拒绝行为提供原因解释等辅助语步。如上例第四话轮中和平的话语"他对我妈的态度一贯就这么不端正"即表明了志国警告指令内容的不合理性，从而进一步消解了"由警告对象反预期始发行为所引起"这一准备规则的正当性，间接为自己的拒绝性回应提供理据支持。根据志国后续第六话轮的回应还可继续验证，在收到和平第四话轮的拒绝性回应以及傅老第五话轮的进一步劝说之后，志国依旧没有对和平母亲的认识和态度有所转变，坚持认为"她妈那叫一没文化"，这种负面评价也明示了交际双方立场设置上的持续对立，辅助证明了和平寻求傅老支持的拒绝性回应也是一种与警告者情感疏离的立场表达行为。

（四）警告指令

警告指令的回应形式即警告对象通过相同语力的警告言语行为对警告指令加以拒绝的回应方式。作为回应语的警告在句法表现形式上与前置话轮基本一致，警告对象通常也使用一些直接形式的假设复句或间接形式的反问句、陈述句等方式拒绝指令；深层语义上作为回应语的警告言语行为也满足所有构成性规则，此时警告者前置的警告指令一定程度上可以看作违反了警告对象心理预期的始发行为，由此引发了警告对象相应的警告言语行为作为回应。交际双方往往客观上不存在固有的权势差,而仅在临时的事理权威上表现出一定的差异,同时交际主体相互警告的行为在情感立场上自然体现出双方较强的对立性。如:

(14) 老胡妻子:哎!这事有打比方的吗?我们可是正经人家。

老　胡:@@@
傅　老:@@@还正经人家?@@我实话=
老　胡:=我告诉你,我太太教训你教训的对,你不许顶嘴!自己犯了错误态度还那么不好,你要再这么这样我们不管你了啊!
傅　老:**那我还不管你了呢!**

(《我爱我家》94)

例(14)中傅老与老胡是邻居及前同事的关系,二人年纪、身份相当,不存在社会文化所赋予的固有权势差。但交际情境中老胡请求傅老帮助自己一起逢场作戏欺骗自己的妻子,而傅老试图揭穿老胡时被其发出警告加以制止。常规事理上来说故意欺骗他人具有一定的不合理性,因此傅老自认为在这件事情上自己相对于老胡而言具有一定的临时性权威;而老胡从朋友关系的事理角度来看则认为傅老不该出卖他,所以也自认为具有实施警告的临时性权威。因此,针对第四话轮中老胡的警告指令,傅老在第五话轮中也通过明示惩罚手段的陈述句、以同样语力的警告言语行为予以了回应,拒绝了老胡"不许顶嘴"的指令。由于警告言语行为本身就具有负面立场表达的交际功能,警告对象使用同样语力的警告话语回应对方就必然表明着双方在情感立场上的对立与疏离。此外,警告言语行为的构成性规则要求警告语力必须依靠一定的惩罚手段保障取效,因此相较前三种拒绝性回应来说,警告形式的回应语还额外对警告者具有一定的心理威慑作用,在命题层面表达拒绝的基础之上还同时对警告者施以新的指令，因而该拒绝性回应的情感疏离性相对最强，对警告者消极面子的威胁程度也相对最高。

以上四种典型的拒绝性回应类型在立场表达上均体现了交际双方的高参与度与强疏离性，但四种类型相互之间难以像顺从性回应一样通过一些显赫的形式特征或操作手段对各自立场的疏离程度加以分化、区别，仅能通过语义上的明示或暗含、直接或间接等方式经验性地判定至少警告指令的回应形式在疏离性程度上要高于无视指令、否定标记、诉诸权威等三种形式。四者在韵律、句法等表层形式上无法像顺从性回应那样呈现出明显的连续统差别，因此，我们这里不再以情感立场的参与度和亲近性为标准对拒绝性回应的内部类型进行细致区分。结合上节对顺从性回应的探究和讨论，我们将现代汉语警告言语行为的回应行为体系图示如下：

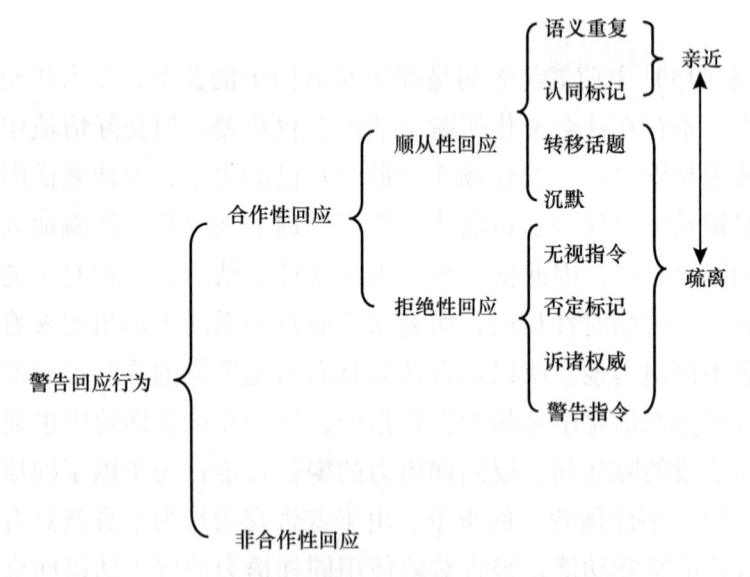

```
                                     ┌ 语义重复  ┐
                                     │ 认同标记  │ 亲近
                          ┌ 顺从性回应┤ 转移话题  │  ↕
               ┌ 合作性回应┤          └ 沉默      ┘
警告回应行为 ──┤          │          ┌ 无视指令  ┐
               │          └ 拒绝性回应┤ 否定标记  │ 疏离
               │                     │ 诉诸权威  │
               │                     └ 警告指令  ┘
               └ 非合作性回应
```

图7-2 现代汉语警告言语行为的回应行为类型

第三节　警告回应语内部类型的语用调控手段

交际情境中究竟何种语用调控手段会影响警告对象选取不同的回应形式,我们仍需要通过一定的量化手段加以验证。基于上述对警告回应语的内部类型分析,我们再次将四部影视作品中转写收集到的699例警告回应语依据相对权势(P)、社会距离(D)、任务的绝对强加度(R)三个社会因素变量逐一进行语用调控手段的对应标注,并进一步使用二元逻辑回归模型对三个社会变量与警告回应语表现手段之间的相关性进行统计分析。其中关注两个重点:一是考察各社会变量与警告指令客观上得到顺从或拒绝之间是否存在倾向性关联,二是考察各社会变量是否对警告对象选取的顺从性回应语的亲近度具有一定的制约作用。

一　社会变量与顺从或拒绝性回应之间的关联

在检测自变量(社会因素)与因变量(回应的顺从与否)之间的相关性之前,我们首先仍要对作为自变量的三个社会因素之间是否相互影响进行检测,也即对三个社会变量展开共线性分析。我们将顺从性回应赋值为0,拒绝性回应赋值为1。361条顺从性回应与338条拒绝性回应在三个社会变量中的数量分布情况如表7-1所示:

表7-1　顺从或拒绝性回应在各社会变量中的分布情况

社会变量		回应类型		总计
		顺从(0)	拒绝(1)	
相对权势	P+	216	167	383
	P0	97	87	184
	P-	48	84	132

续表

社会变量		回应类型		总计
		顺从（0）	拒绝（1）	
社会距离	D+	79	61	140
	D0	113	96	209
	D-	169	181	350
强加度	R+	47	98	145
	R0	67	81	148
	R-	247	159	406

然后我们对三个社会因素进行自变量共线性检验，结果如下：

表7-2　　　顺从或拒绝性回应自变量共线性检验结果

社会变量	B	标准误差	t	显著性	容差	VIF
相对权势	-0.129	0.038	-3.129	0.081	0.947	1.057
社会距离	-0.040	0.043	-0.928	0.355	0.950	1.053
强加度	-0.061	0.049	-0.005	0.048	0.993	1.007

由表7-2可知，三个社会变量的VIF值均小于2，说明三者之间不存在显著共线性关系，即不会产生较大的交互影响，因此可以使用二元逻辑回归模型进行进一步检验。我们仍旧以三个自变量中中等水平的变量P0、D0及R0作为参照变量，考察三个自变量的不同水平对警告对象选择顺从或拒绝性回应有何影响。最终的二元逻辑回归分析结果如表7-3所示：

表7-3　　社会变量与顺从或拒绝性回应的二元逻辑回归检验结果

社会变量	B	标准误差	瓦尔德	自由度	显著性	OR
相对权势 P0	—	—	13.787	2	0.001	—
相对权势 P-	0.422	0.588	2.315	1	0.018	1.535
相对权势 P+	-1.092	0.349	8.767	1	0.614	0.500

续表

社会变量	B	标准误差	瓦尔德	自由度	显著性	OR
社会距离 D0	—	—	3.192	2	0.234	—
社会距离 D -	0.150	0.349	0.941	1	0.563	1.171
社会距离 D +	-0.499	0.439	1.099	1	0.329	0.639
强加度 R0	—	—	28.239	2	0.030	—
强加度 R -	-1.045	0.423	9.847	1	0.022	0.364
强加度 R +	-0.522	0.498	4.257	1	0.036	1.406

从表 7-3 可以看出，警告对象对警告指令的回应是顺从还是拒绝，三个社会变量中相对权势和任务的绝对强加度两个因素均对该结果具有显著的影响，即显著性值小于 0.05（$p<0.05$），而社会距离因素对于警告对象的顺从或拒绝回应影响并不显著（$p>0.05$）。

具体来说，当相对权势差较小，即下对上实施警告时，相对权势更高的警告对象更倾向于拒绝实施指令，此时出现拒绝性回应的可能性是平等权势关系下的 1.5 倍以上（OR = 1.535）。而当相对权势差较大，即上对下实施警告时，相对权势关系因素对指令得到顺从或拒绝的影响并不显著（显著性 $p>0.05$）。此外，当警告指令的绝对强加度较低，也即指令内容执行起来较为容易时，警告对象更倾向于顺从警告者的警告指令，此时出现顺从性回应的可能性占强加度适中水平的 36% 左右（OR = 0.364）；反之，当指令内容强加度较高、任务难度较大时，警告对象更倾向于对警告指令使用拒绝性回应，此时出现拒绝性回应的可能性约为强加度适中水平的一倍以上（OR = 1.406）。如：

(15) 刘　梅：你跟谁一条线？干什么呀你？我这教育孩子呢你老在这拖后腿。去去去！回屋去回屋去，那么烦呢。((赶走夏东海))

刘　星：((隔着房门))告诉你，你给我开门我也不出去,我绝食,我不吃,我饿死算!

刘　梅:**你爱出来不出来!你爱吃不吃!** 你饿死算了!真是的,这孩子。

(《家有儿女Ⅱ》15)

(16) 刘　星:哎呀,这是创作的激情迸发出来的。

刘　梅:我告诉你刘星,你再不赶紧把这一身儿脏衣服给我脱了,给我好好洗洗你那脸,我可就要迸发揍你的激情了,去!

刘　星:**嗯嗯嗯。**

(《家有儿女Ⅱ》46)

(17) 刘　梅:你不吃是不是?

刘　星:嗯!

刘　梅:行,你甭吃,我也不吃了!从现在开始,我也绝食,你爱吃不吃!

刘　星:(1.2)((夏东海、夏雪劝阻))

(《家有儿女Ⅱ》76)

为了控制社会距离变量,我们选取了三例交际双方社会距离均相同(交际双方社会距离较亲密)的语例进行分析。例(15)第二话轮中刘星通过警示语和告知语共现模式实施的警告是相对权势差较小的下对上警告,旨在希望刘梅允准他离家当兵。第三话轮中刘梅通过两个"爱V不V"句即时做出了拒绝性回应,任由刘星实施假设的"绝食"惩罚并向其表明威慑无效,是一种通过语言形式无视对方指令的拒绝性回应。在下对上的警告回应中,因为双方之间存在固有的权势差异,警告对象往往并不具备充足的认知经验获知自己将会受到何种惩罚,在该例中就表现为刘梅断定刘星实施"绝食"行为的可能性不大,只是以此来要挟她满足其指令要求,因此一般情况下往往会选择拒绝警告者的警告指令。

而(16)和(17)两例中,警告言语行为均发生在上对下的母子关系中，不同的是例（16）第二话轮中刘梅的警告指令难度较小，只是让刘星换衣服洗脸，一定程度上该指令也是符合刘星自身利益的。因此第三话轮中刘星通过重复使用认同标记"嗯"做出了即时回应以表明对前置指令的认可，体现了对指令的积极顺从。而例（17）中刘梅的警告指令表面上是试图让刘星去吃饭，实际上是自作主张不跟刘星商量为其办理了转学，刘星试图通过绝食表示抗议，刘梅真正的指令意图是使刘星放弃抵抗、服从转学安排。因而指令任务难度较大（即试图利用固有的身份权威决定刘星的择校权利，并剥夺刘星的知情权及话语权，不给刘星商量的权利），导致第四话轮中刘星通过长时沉默、不积极行动的方式来表达对指令的拒绝。根据日常经验，当任务的绝对强加度较小、指令执行起来难度较低时，对警告对象的面子威胁程度也相对较低，相对来说得到顺从性回应的可能性就更大；反之，当指令内容的绝对强加度较大时，对警告对象的利益损伤也就较重，面子威胁程度也随之增大，因此即便警告者相对权势更高、社会距离较近，指令往往也不会得到警告对象的顺从和执行。

二 社会变量与顺从性回应内部情感立场的亲近度关联

前文中我们以情感立场为标准建构的顺从性回应语连续统表明，沉默和转移话题的回应形式仍带有警告对象对警告指令情感立场上的不认同，表现出主体间一定程度的疏离性。而认同标记和语义重复则体现了警告对象对指令更高程度的认同和接受，体现了双方之间的亲近性。因此，在顺从性回应语内部，三个社会变量是否会对主体间情感立场的亲疏关系产生显著影响，也是特定情境下我们应如何选择回应手段的重要问题。

我们将情感立场较为亲近的认同标记、语义重复形式赋值为0，情感立场偏向疏离关系的沉默、转移话题形式赋值为1，首先将361例顺从性回应语在三个社会变量中的具体分布情况统计如下：

表7-4　　　　　　　顺从性回应语在社会变量中的分布情况

社会变量		回应类型		总计
		亲近（0）	疏离（1）	
相对权势	P+	133	86	219
	P0	46	45	91
	P-	36	15	51
社会距离	D+	35	42	77
	D0	65	43	108
	D-	114	62	176
强加度	R+	20	33	53
	R0	18	72	90
	R-	178	40	218

然后我们对三个社会变量进行共线性分析，得到的结果如表7-5所示：

表7-5　　　　　　顺从性回应语自变量共线性检验结果

社会变量	B	标准误差	t	显著性	容差	VIF
相对权势	-0.046	0.050	-0.909	0.366	0.924	1.083
社会距离	0.041	0.058	0.972	0.389	0.914	1.095
强加度	-0.231	0.063	-7.043	0.089	0.959	1.043

由表7-5可知，三个社会变量的 VIF 值均小于2，说明三者之间不存在显著的共线关系，不会产生较大的交互影响，因此可以使用二元逻辑回归模型进行进一步检验。以三个自变量中等水平的P0、D0及R0作为参照变量，我们仍旧使用二元逻辑回归分析的方法考察三个变量的不同水平对顺从性回应语内部类型的亲近度有何影响，结果如表7-6所示：

表7-6　　　　　　　社会变量与顺从性回应语类型的
二元逻辑回归检验结果

社会变量	B	标准误差	瓦尔德	自由度	显著性	OR
相对权势 P0	—	—	1.654	2	0.504	—
相对权势 P -	-1.272	1.646	0.459	1	0.668	0.322
相对权势 P +	-0.345	0.466	0.540	1	0.463	0.963
社会距离 D0	—	—	1.050	2	0.599	—
社会距离 D -	-0.129	0.492	0.702	1	0.540	1.197
社会距离 D +	0.410	0.612	0.428	1	0.514	1.527
强加度 R0	—	—	5.794	2	0.018	—
强加度 R -	-1.655	0.560	4.089	1	0.033	0.386
强加度 R +	-0.739	0.746	0.905	1	0.515	0.583

由表7-6可知，在顺从性回应内部，只有指令内容的绝对强加度因素对主体间情感立场的亲近性有显著影响（$p<0.05$），而相对权势和社会距离因素则对警告对象选择何种回应方式的影响并不显著（$p>0.05$）。

具体来说，当任务绝对强加度较低，也即警告指令执行较为容易时，警告者更倾向于使用认同标记或语义重复的形式进行顺从性回应，此时使用其他两种回应形式的可能性仅为强加度适中水平的5%左右（$OR=0.051$）；而当任务绝对强加度较高时，其对警告对象选择不同情感立场回应语的影响并不显著。如：

(18) 莉　达：是你呼的我不是杨子啊？

　　　志　新：哼，我要不使点儿招儿能把你请出来嘛？

　　　莉　达：((神情慌乱，环顾四周))

　　　志　新：哎，我说，你甭想逃的事儿了啊，在学校我拿过短跑冠军，不信咱俩就赛赛。

　　　莉　达：**哎信信信，我信。**

(《我爱我家》12)

(19) 刘　星：哎呀，这不正赶上评明星小区的时候嘛。

胖　婶：所以，我今天来郑重声明一下啊，咱小区如果能顺利当选，不是某个人的成绩，是集体的功劳，这荣誉是咱小区的。咱小区代表什么啊？代表咱们区知道吗？这荣誉是区委区政府和全区人民的！

刘　梅：**是是是。**

胖　婶：而且这次评选的意义啊，是树立了一个良好的小区的典型，让大伙儿都学到，从而呢也就提升了北京的形象。

(《家有儿女Ⅱ》81)

(20) 余德利：甭听我大爷唠叨，一提旧社会啊他坐那儿能说俩礼拜。

戈　玲：不行我真待不下去了，冬宝，你就不脸红啊？大爷都把话说这份儿上了。

李冬宝：这会儿走。

余德利：哎，别提走啊，提走我跟你们俩急！

李冬宝、戈玲：(**1.2**) ((相视叹气，纷纷又坐下))

余德利：乐什么？这也是为了工作，当头炮！

(《编辑部的故事》7)

上述三例中交际双方均相对权势平等、社会距离一般，只是指令任务的绝对强加度有所差别。例(18)第四话轮中志新使用指示语"甭想逃的事儿"和告知语"不信咱俩就赛赛"的共现模式对莉达实施警告。根据日常经验及二人共享的背景语境知识，莉达作为一名身体素质差于志新的女性是难以逃出志新的追赶的，因此志新指令莉达不要试图逃跑的指令内容在社会标准下强加度较小，第五话轮中莉达也即时使用了语义重复的形式"信信信"进行回应，提取了紧缩复句中指涉指令内容的假设条件信息，表达了对指令的积极认同和接受。而例(19)中刘梅的女儿夏雪写了一封举报信举报小区居委会公共设施存在安全隐患，第二话轮中作为居委会负责人的胖婶通过阐述言语行为的间接形式实施警告，意图指令刘梅让夏雪撤回举报信。将已经刊登的信件撤回、强行限制夏雪的言论自由本身任务难度较大，但刘梅认为这件事上夏雪也确有不当之处，因此认同了胖婶指令的合理性，选择了表现亲近立场的认同标记进行了即时回应。例（20）中李冬宝、戈玲、余德利三人求取王大爷家的祖传秘方不得，余德利提议赖在王大爷家不走，从第二和第三话轮中可以看出李冬宝、戈玲二人出于礼貌不想继续待下去；而第四话轮中余德利却使用紧缩复句的形式限制二人人身自由，任务难度较大且不符合二人意愿，只是为了维护同事之间的面子二人才迫于无奈又顺从了余德利的指令选择继续留下；第五话轮中二人使用了沉默的形式进行回应，且伴随叹气、视线转移等体态语，表明二人并不认同余德利指令的合理性，情感立场上体现出一定的疏离性。

　　日常经验表明，当警告指令内容的绝对强加度较小时，间接说明警告者认为警告对象始发行为的不当程度较低，相应地警告者对始发行为的负面评价程度也较低。因此警告对象相对更容易接受警告指令，往往会使用较为亲近的形式进行回应。而当任务的绝对强加度较大时，警告者对始发行为的负面评价程度也较高，面子威胁性较大，如果警告对象倾向于接受该评价，则往往会使用较为亲近性的回应方式；反之则会使用更为疏离的方式加以顺从甚至可能走向拒绝。此外，如果警告者使用较为间接、委婉的形式实施警告，如例（19）中使用阐明不利后果等间接言语行为的方式提出警告，往往也更容易得到警告对象亲近性的顺从回应；而如例（20）中警告者使用紧缩条件复句的方式实施直接警告，警告对象往往也就容易在情感立场设置上表现出一定的疏离性。

第四节 小结

本章从作为交际主体的警告对象出发，基于四部影视剧对白的转写语料，以会话分析的理论和方法为基础，对警告言语行为回应语的性质特征、内部类型及其与各类语用调控手段之间的相关性进行了深入分析和考察。从警告对象对警告指令接受与否的客观结果及交际双方的立场设置入手，我们大体上厘清了警告回应语内部的具体差异与交互功能。警告回应语作为警告言语行为的重要反馈信号（backchannel），体现了警告对象参与交际过程中立场表达的主观性与交互主观性。同时，作为语用调控手段的社会变量同样也对警告对象究竟选择何种形式的表现手段回应警告指令造成一定的倾向性影响。本章的主要结论如下：

第一，警告回应行为是构成完整警告会话序列的必要组成部分，与警告者的警告话轮在序列结构上构成"指令—回应"的相邻对。警告回应语既是警告对象对自己接受或拒绝指令态度的主观性表达，蕴含着对警告指令合理性、正当性的主观评价，同时也体现了警告对象对交际行为的参与过程及其对警告者、警告指令内容的立场设置过程，是互动过程中交互主观性的重要表现。

第二，根据言后行为的客观结果和立场表达的程度差别，我们可以对警告回应语的内部类别做进一步的划分。其中，根据警告对象客观上是否接受了警告指令我们可以将警告回应语区分为顺从性和拒绝性两类。而根据警告对象对交互过程参与度的高低、情感定位上的亲近与疏离，两类回应语内部还可进一步细分：顺从性回应语可以分为沉默、转移话题、认同标记和语义重复四种表现手段，四者之间形成了一个参与度由低到高、情感立场由疏离到亲近的回应连续统；拒绝性回应语可以分为无视指令、否定标记、诉诸权威和警告指令四种主要的回应方式，四者均体现了警告对象对交际互动的高参与度和强疏离性。

第三，通过对社会因素与警告回应语之间的相关性进行二元逻辑回归分析我们发现，交际双方之间的相对权势因素和警告指令内容本身的绝对强加度因素会对警告回应方式的选择产生一定的制约作用。当相对权势较小、任务的绝对强加度较大时，警告对象更倾向于使用拒绝性回应；而当任务的绝对强加度较小时警告对象往往会顺从警告者的指令。在顺从性回应语内部，警告对象是选择亲近性还是疏离性的回应形式，则仅与任务的绝对强加度因素有显著关联。绝对强加度较低时警告对象更倾向于使用认同标记、语义重复的回应形式顺从警告指令，以表达交际双方情感立场上的参与度和亲近性。上述这个分析结论与其他研究者的考察结果略有不同，如Xu（2014）对任务型指令回应语的研究中指出，听话人在回应任务型指令时还会使用诸如反馈标记语、笑声等手段进行顺从性回应，且文章认为笑声是亲近度最强的回应形式，而认同标记只是中立性的表达（neutral recipiency）。这表明现代汉语指令范畴的回应行为在不同下位范畴之间也存在着诸多的细微差异，且各种回应形式与话语功能之间并非严格的一一对应关系，而是一对多的散发式分布（如同样的沉默形式既可以用于顺从性回应也可以用于拒绝性回应）。这就需要我们针对具体的指令范畴类型及交际语境展开进一步的细致探索。

第八章

结　语

　　本书基于国内外已有研究，通过对大量汉语事实进行梳理整合，在系统功能语言学、认知语言学、语用学、社会语言学等相关理论的基础上，全面、深入、系统地建构起现代汉语警告范畴的框架体系及研究范式。围绕着现代汉语警告范畴的语义框架为中心，遵循着"从意义/功能到形式"的研究路径及"句法—语义—语用"相互结合的研究方式，本书在语义结构和语用功能层面详细解析了现代汉语警告范畴的范畴化过程、性质特征、界定标准和内部类型，进而在表层形式上细致考察了现代汉语警告范畴的各种直接和间接表现手段，揭示了间接警告言语行为的语力来源及相应的推理机制，完成对现代汉语警告范畴的理论建构。同时，在专题探究方面，本书针对特殊的规约性间接警告言语行为进行了个案讨论，构拟了部分典型警告义构式的历时演化过程，并从交际主体及交际语境的角度上明确了警告者与警告对象在动态交互过程中的重要作用，阐释了作为语用调控手段的社会因素对警告实施与回应行为的关键影响，力求多维度、全方位地展现现代汉语警告范畴的完整面貌。

第一节 本书的主要观点

通过对本书主要内容的总结和回顾,我们大体归纳概括出以下几点重要结论:

第一,警告作为一个重要的语用范畴,范畴要素所组构的语义框架规定了范畴成员的属性特征,进而明确了警告范畴的性质和边界。

客观世界中的警告行为经过人们主观心智的抽象压制形成一定的认知行为范畴,而后投射到语言系统中进行重新编码并转化为一系列表征警告认知框架的规约性命题、定识,就产生了警告的语义框架、稳固为特定的语用范畴,即本书所展开研究的警告范畴。警告范畴由完整警告行为所要求的警告主体(包括警告者和警告对象)、警告原因、警告内容(包括指令内容和保证内容)三个基本要素构成,范畴成员的实现方式即表现为交际过程中一系列的警告言语行为。依据警告指令任务的允准或制止可以将警告言语行为分为命令型和禁止型两种内容类型;依据字面意义与会话含义之间是否具有一致性也可以将警告言语行为分为直接警告和间接警告两种形式类型。

深层的警告语义框架是现代汉语警告范畴的核心,也是警告范畴区别于其他相关邻近范畴的本质属性集束。警告语义框架一定程度上对应表现为制约警告言语行为的一系列构成性规则,其中基本构成性规则从警告言语行为的内部结构出发,反映了警告言语行为各要素间的内在逻辑关系,包括:命题内容规则(警告者指涉警告对象需要完成的某将来行为)、准备规则(警告对象正在持续或即将实施的始发行为违反了警告者的心理预期;警告对象有能力且警告者也相信其能够完成指涉的将来行为;警告者指涉的将来行为是符合自身预期但违反警告对象心理预期的;警告者预设双方共享并激活指令内容与保证内容之间的假设关系)、诚意规则(警告者真诚地希望警告对象完成指涉的将来行为)、根本规则(警告者依靠保证的惩罚手段促使警告对象调整或改变始发行为)。补充构成性规则从警告言语行为的外部情境出发,规定了警告主体之间的相互关系及交际语境的调控因素,包括:主体双方的立场表达(警告者与警告对象之间的反同盟立场设置)、语力保障手段的施为力度(社会文化背景知识下惩罚手段的施为力度相对轻微)。各项构成性规则及相应细则是判定所有警告范畴成员类属所必须满足的充要条件。

通过辨析警告与其他相关言语行为的构成性规则,我们进一步归纳整合了警告言语行为的区别性、关键性属性规则并明确了现代汉语警告范畴的界定标准,包括三条核心标准和八条扩展的具体要求。由于一些具体细则认知上的模糊性,现代汉语警告范畴本质上也是一个以典型成员为中心建构起的原型范畴,其内部的边缘成员与其他范畴的边缘成员通过家族相似性建立起一定的关联,尤其是由于惩罚手段施为力度上的量级连续统,需要以警告者对警告对象的心理预估为基准进行适当的语用推理,导致警告范畴与威胁等邻近范畴之间的边界产生了一定的过渡地带,体现了警告范畴的原型性、预设性等范畴特性。

第二,现代汉语警告范畴的直接表现手段是对警告语义框架的表层句法反映,其话语结构模式和语言形式特征都是对相应构成性规则的遵循。

现代汉语警告范畴的直接表现形式即体现为一系列直接警告言语行为。警告言语行为的内部话语结构一般包括警示语、指示语和告知语三个部分,直接警告言语行为要求每个组成部分都能够通过字面意义直接解读出相应的交际意图,因此对各个部分的语言形式特征都具有一定的选择限制。直接警告言语行为中最典型的话语结构模式是警示语、指示语、告知语三个部分全部共现,字面意义上完全反映出警告语义框架的内在结构,该模式即位于范畴中心地位的原型范畴成员。但是受制于语言经济性、礼貌原则及自然语言的多义性等因素，直接警告言语行为也可以通过告知语独用（选择复句、条件复句及其紧缩复句）、警示语和指示语并用、指示语和告知语并用、警示语和告知语并用四种话语结构模式实现警告语力的传递。

警示语部分主要表现为固定形式的行事成分"第一人称代词＋施为动词＋第二人称代词"，字面意义上对警告语力起到一定的提示作用，一定程度上可以将警示语部分作为区别直接与间接警告言语行为的形式标记。但施为动词与话语功能之间并不存在严格的一一对应关系，表层形式上出现警示语并不代表话语一定实施了警告言语行为，同时警告言语行为也并不必然要求形式上出现施为动词"警告"及相应的行事成分。此外，出于交际的礼貌原则，警告者往往会替换使用施为力度更弱的"告诉""劝""（跟你）说"等言说动词替代"警告"作为施为动词以减轻对警告对象的面子威胁程度。

指示语部分在句类上主要通过祈使句传递指令意图，同时也会通过句尾强降调、提高调阶、拓宽调域等韵律手段附着在祈使句的命题层面以表达警告者主观情感上的感叹功能。同时，指示语的谓语部分往往会被准备规则强制赋予一定的时体范畴特征和意外范畴特征。警告者也会通过使用一系列否定标记词（"别""少""甭""小心""注意"等）和强调标记词（"可""一定""千万"等）明示指令意图、强化主观情态。

告知语部分往往是警告言语行为根本规则的体现，主要通过选择复句、条件复句及其紧缩复句的形式加以表达，而不能通过其他陈述语气的单复句形式加以呈现，否则可能会造成间接警告言语行为的产生。复句本身语义逻辑上的复杂性使得选择复句和条件复句在命题层面上都蕴含了具体的指令内容，因此告知语部分可以通过字面意义相对完整地还原警告语义框架的核心假设关系，具备独立实施直接警告言语行为的能力。

第三，间接警告言语行为的语力解读离不开警告对象对完整警告语义框架的语用推理，规约性间接警告言语行为的语用推理过程与其规约化过程互逆。

现代汉语警告范畴的间接表现形式即体现为一系列间接警告言语行为。相较直接警告言语行为而言，间接警告言语行为的施为和取效过程都更为复杂，表层形式上也更为多样。间接警告语力的传递和识解离不开交际双方的"明示—推理"模式。在合作原则和关联理论的基础上，警告者选择最具关联的表层形式组织警告意图并加以明示，警告对象则需要依据最佳关联原则，将明示话语与具体语境相互结合逐步进行语用推理，最终完成警告意图的解读。警告对象的语用推理过程与警告言语行为的构成性规则紧密相关，间接警告言语行为的字面意义往往都关联着特定的构成性规则，引导警告对象激活、还原出完整的构成性规则及警告语义框架。间接警告语力的来源主要有指涉警告对象的将来行为、质疑警告对象的始发行为、指涉警告者的后续惩罚手段、陈述警告者的施行理由四种类型。

间接警告言语行为内部根据字面意义与会话含义之间的规约化程度又可以进一步分为规约性间接警告与非规约性间接警告，二者的差异体现在对交际语境的依赖程度上：规约性间接警告言语行为对语境的依赖度相对较弱，而非规约性间接警告对语境的依赖度相对较强。规约性与非规约性间接警告言语行为在语境依赖度、框架能产性及共时使用频率三个维度上均表现出一定的差异，但从家族相似性上看，二者本质上还是位于规约化程度这一连续统的两端，中间的过渡地带仍有不少正处于规约化进程之中的边缘成员。

同时，间接警告言语行为在话语结构模式及语言表现手段上均呈现出一定的不规整性：间接警告言语行为的话语结构模式往往表现为指示语独用、告知语独用（除选择复句、条件复句及相应紧缩复句以外）、指示语和告知语共现三种模式；词汇层面上较为特殊的是可以通过称谓词、叹词独立构成话轮等非规约手段表达间接警告；句类上突出表现为可以通过各类反问句来传递警告意图，同时也可以使用各类陈述句、祈使句、感叹句来实施间接警告。

而规约性间接警告言语行为因表现出一定的框架能产性，具有特殊的形式标记，往往会形成一定的"形式和意义/功能"结合体的警告义构式。总的来说，规约性间接警告言语行为在语义内容上主要有两种类型，即字面上指涉假设条件和字面上指涉假设结果。规约性警告义的生成对构成成分的句法语义特征都具有一定强制性的要求和限制：句法上往往都独立成句充当话语的核心行为；语气上指涉假设条件的规约性间接警告如"敢VP""再VP"句主要表现为反问语气，而指涉假设结果的规约性间接警告如"看我（不）VP"句主要通过陈述语气激活语用推理。语义特征上规约性间接警告的谓语部分一般会被临时赋予［－已然］、［－完结］的时体特征及［－常规］、［－预期］等概念特征。通过对三个典型规约性间接警告言语行为的历时考察，我们发现警告义的规约化过程与语用推理过程互逆：规约性间接警告言语行为的语用推理过程就是句法形式上从独立的条件或结果分句扩充为完整条件复句、语义结构上从明示的假设条件或假设结果还原出完整假设关系的过程；而直接警告言语行为的规约化过程则相反，句法上表现为条件复句的前后件分句地位不断提升、复句形式不断简省，语义上表现为完整假设关系不断压缩的过程。整个规约化过程与共时层面的高频使用及认知框架的凸显激活等机制密切相关；该进程是动态的、连续的，而非静态的、离散的。

第四，交际主体及交际情境的互动关系对现代汉语警告范畴的确立、警告言语行为的交互过程都具有重要影响，交际主体之间的相对权势关系、指令内容的绝对强加度等社会因素构成了警告者实施警告与警告对象回应警告的重要调控手段。

从警告者的视角出发，警告者可以根据具体语境的需要通过一系列基本性和调和性语用交际策略实施警告言语行为。对于核心行为来说，警告者通过对交际双方社会背景信息及特定文化背景下指令任务难度的估算，即可选择相应的直接或间接策略适当地表达警告：当任务绝对强加度较小时，警告者更倾向于使用直接形式表达警告，而其他社会因素不会对警告言语行为的直接或间接形式产生影响；当任务绝对强加度较小、相对权势较低时，警告者更倾向于选择指涉潜在惩罚手段的话语模式实施警告，而当相对权势较大时警告者不需要言及潜在的惩罚手段即可激活对方的认知语境，促使警告对象还原出完整的假设关系，完成警告言语行为的施行。对于辅助语步来说，当警告者需要弱化对警告对象的面子威胁、减弱警告语力、增强礼貌程度时，往往可以伴随使用解释原因等阐述类言语行为，通过消极补救策略缓解双方立场之间的对立与冲突；而当警告者需要强化对警告对象的面子威胁、增强警告语力、减弱礼貌程度时，往往就会伴随使用表态类及指令类言语行为凸显警告言语行为本身的指令和表态功能，此时警告者不会使用任何补救策略，而是通过公开实施威胁对方消极面子的行为以遵守会话的合作原则。

从警告对象的视角出发，警告回应行为是构成完整警告会话序列的必要组成部分。警告回应语既是警告对象对自己接受或拒绝警告内容的主观性表达，蕴含着对警告指令合理性的主观评价；同时也体现了警告对象对交际活动的参与过程及对警告者的立场设置过程，是交际过程中交互主观性的重要表现。交际双方之间的相对权势和警告指令本身的绝对强加度都会对警告回应方式的选择表现出一定的倾向性：当相对权势关系较小、任务的绝对强加度较大时，警告对象更倾向于使用拒绝性回应；而当任务的绝对强加度较小时，警告对象往往会选择顺从警告者的指令。在顺从性回应语内部，警告对象是选择更亲近还是更疏离的回应形式，则仅与任务的绝对强加度因素显著关联：当任务的绝对强加度较低时，警告对象往往更倾向于使用认同标记、语义重复等回应形式以表达对交互过程的积极参与及双方情感立场上的亲近关系。

第二节 余论

由于目前的语用范畴研究在理论背景和方法范式上还不完善、统一，学界对现代汉语警告范畴及其他相关语用范畴的考察积累不足，因此本书对现代汉语警告范畴的研究及其系统建构仍处于较为初步的探索阶段，归总出的主要结论及相应观点也具有一定的尝试性、开放性。受本人学识和精力所限，本书在很多方面仍有不少疏漏和缺憾，有待日后不断地修正、完善。

第一，对现代汉语警告范畴的理论建构仍有待于进一步精准、深化。

虽然本书已经在言语行为理论的基础上将汉语警告的研究范围扩展至语用范畴的层面，尝试对范畴的语义框架、属性特征进行全面描写和系统勾画，同时引入交际主体的相互关系、交际语境的制约因素两个维度提出相应的补充构成性规则对 Searle 的构成性规则体系加以补充，完善了对现代汉语警告范畴边界、性质的判定，但该研究范式仍略为粗糙，有些标准仍无法通过一些量化、可操作的形式手段加以细致明晰，如补充构成性规则中惩罚手段的施为力度究竟如何判定其严重程度、施为力度是否可以通过语言表现手段直接反映等，都有待于后续更精确的方式加以验证。此外，警告语力是否与表层语言形式直接相关，不同表层形式之间如何通过更为适当的手段区分语力强弱的级别，进而能否在警告范畴内部分化出新的次级系统，都值得日后更加深入地思考和研究。

第二，对现代汉语警告范畴表现手段的考察还需要进一步细化、加强。

现代汉语警告范畴的表现手段种类繁杂，尤其是非规约性间接警告言语行为对交际语境的依赖程度较强，因此本书对现代汉语警告范畴表现手段的分类只能以深层语义功能为基础，并不能在表层形式上找到规整的匹配和对应规则，尤其对现代汉语警告范畴的词汇、句法表现手段仍需要不断细化，对相似句式之间、规约性与非规约性间接警告句之间的区分仍有待于进一步加强。当然，造成这种现象的原因一定程度上也是由作为研究对象的警告言语行为本身的性质所决定的，因此针对警告范畴的研究也只能依据其行为结构和语义功能特点将其归属至语用范畴的（或"语义语用范畴"）研究，而不能将其纳入传统意义上的句法语义范畴研究。此外，由于研究对象本身的口语性、交互性较强，而本书的语料仍多以书面语语料库的语例为主；尽管对一些准会话性的影视剧对白进行了转写分析，但剧本对话与自然会话之间的语法现象仍具有一定的差距，因此基于上述语料分析的考察结果必然会与完全遵循会话分析理论展开的研究、得出的结论有所出入。这些问题都需要在日后不断加以完善，尽可能保留自然口语会话的真实性，更为细致地梳理现代汉语警告范畴的语言表现手段，进而建立层级更为分明的现代汉语警告范畴的表达形式体系。

第三，警告范畴的研究范围仍可以进一步充实、扩展。

如果将现代汉语的警告行为作为语用范畴加以处理，那么我们将研究视角扩展至交际主体及交际语境等语言外部因素层面则无可厚非。但本书的操作仍多是建立在传统语用学理论的基础上，基于 Leech 的礼貌原则和 Brown & Levinson 的面子威胁理论，对影响警告者与警告对象施为、回应行为的社会因素变量进行考察分析。实际上，副语言和体态语等表达形式作为互动交际的重要手段，也在警告言语行为的实施过程中发挥了重要的作用，参与了警告言语行为的建构过程，汉语学界已经有一些学者开始尝试从多模态的角度对现代汉语警告言语行为展开多维研究（如张丽萍，2015、2017；韩欣彤，2020 等）。此外，语言生活中需要依赖警告言语行为完成特定交际任务的特殊场合（如司法领域、纠纷调解领域、外交辞令领域等）我们也应当更多地予以重点关注，对机构性会话中现代汉语警告言语行为的使用情况、表现手段进行深入分析和专题探讨，可以帮助我们更好地指导特定场域下的警告交际实践,也可以推动我们更加全面地了解不同语境下警告言语行为的交互过程,从而进一步拓宽现代汉语警告范畴的研究深度和广度。

总而言之,通过本书的研究,我们希望未来能够以此为契机,为现代汉语的语义、语用和句法接口研究提供新的内容、平台和范式,深入探讨语言的形式、功能与语境之间的互动关系,不断拓宽现代汉语语义语用研究的范围和领域,从多元化、多层次的视角构筑起崭新的现代汉语语用范畴理论体系和研究网络。

参考文献

一 中文文献
（一）中文著作

樊小玲，2013，《指令言语行为的重新分析》，上海社会科学院出版社。

方梅，2008，《动态呈现语法理论与汉语"用法"研究》，《当代语言学理论和汉语研究》，沈阳、冯胜利主编，商务印书馆。

方梅、乐耀，2017，《规约化与立场表达》，北京大学出版社。

何兆熊主编，2000，《新编语用学概要》，上海外语教育出版社。

胡德明，2010，《现代汉语反问句研究》，安徽人民出版社。

李捷、何自然、霍永寿主编，2011，《语用学十二讲》，华东师范大学出版社。

黎锦熙，1924/1992，《新著国语文法》，商务印书馆。

刘运同编著，2007，《会话分析概要》，学林出版社。

吕叔湘，1942/1982，《中国文法要略》，商务印书馆。

邵敬敏，2014，《现代汉语疑问句研究》（增订本），商务印书馆。

王洪君、李榕，2016，《汉语最小和次小语篇单位的特点和流水句的成因》，《互动语言学与汉语研究》（第一辑），方梅主编，世界图书出版公司。

邢福义，1996，《汉语语法学》，东北师范大学出版社。

袁毓林，1993，《现代汉语祈使句研究》，北京大学出版社。

张丽萍，2017，《多模态警示语的整体意义建构》，上海交通大学出版社。

赵元任，1928/2011，《现代吴语的研究》，商务印书馆。

朱德熙，1982，《语法讲义》，商务印书馆。

（二）中文辞书

岑玉珍主编，2013，《汉语副词词典》，北京大学出版社。

《当代汉语词典》编委会主编，2009，《当代汉语词典》，中华书局。

李行健主编，2014，《现代汉语规范词典》（第3版），外语教学与研究出版社/语文出版社。

罗竹风主编，2022，《汉语大词典》，上海辞书出版社。

吕叔湘主编，1980/1999，《现代汉语八百词》（增订本），商务印书馆。

齐沪扬主编，2011，《现代汉语语气成分用法词典》，商务印书馆。

阮智富、郭忠新主编，2009，《现代汉语大词典》，上海辞书出版社。

英国牛津大学出版社主编，2013，《牛津现代英汉双解大词典》（第12版），外语教学与研究出版社/英国：牛津大学出版社。

英国培生教育有限公司主编，2019，《朗文当代高级英语辞典》（第6版），外语教学与研究出版社。

中国社会科学院语言研究所词典编辑室主编，2016，《现代汉语词典》（第7版），商务印书馆。

张谊生，2000，《现代汉语副词研究》，学林出版社。

（三）中文期刊

曹炜，2005，《现代汉语中的称谓语和称呼语》，《江苏大学学报》（社会科学版）第2期。

常敬宇，1988，《对外汉语教学应重视语气情态表达——兼谈汉语语气情态的语用功能》，《世界汉语教学》第4期。

陈平，2016，《汉语定指范畴和语法化问题》，《当代修辞学》第4期。

陈振宇、张莹，2018，《再论感叹的定义与性质》，《语法研究和探索》（十九），商务印书馆。

丁萍，2012，《"V 什么 V"构式的研究》，《国际汉语学报》第 1 期。

董秀芳，2010，《来源于完整小句的话语标记"我告诉你"》，《语言科学》第 3 期。

樊小玲，2011，《指令类言语行为构成的重新分析》，《华东师范大学学报》（哲学社会科学版）第 1 期。

方霁，1999，《现代汉语祈使句的语用研究》（上），《语文研究》第 4 期。

方霁，2000，《现代汉语祈使句的语用研究》（下），《语文研究》第 1 期。

方梅，2017，《负面评价表达的规约化》，《中国语文》第 2 期。

高增霞，2002，《副词"还"的基本义》，《世界汉语教学》第 2 期。

郭鏊风，2004，《试析会话语篇中"毗邻相关应对"现象的多元性》，《外语与外语教学》第 9 期。

贺阳，1992，《试论汉语书面语的语气系统》，《中国人民大学学报》第 5 期。

何意德，2012，《警告言语行为之以言取效的语用分析》，《考试周刊》第 18 期。

侯召溪，2007，《汉语警告言语行为分析》，《湖北社会科学》第 2 期。

侯艺源，2022，《夫妻争吵话语的多模态互动分析——兼论权势关系对争吵话语模态选择的影响》，《汉字文化》第 13 期。

胡范铸，2009，《"言语主体"：语用学一个重要范畴的"日常语言"分析》，《华东师范大学学报》（哲学社会科学版）第 6 期。

胡明扬，1981，《北京话的语气助词和叹词》（上），《中国语文》第 5 期。

金立鑫、崔圭钵，2018，《复续义"又、再、还、也"的句法语义特征》,《语言教学与研究》第 5 期。

劲松,1992,《北京话的语气和语调》,《中国语文》第 2 期。

李军,1998a,《汉语使役性言语行为的话语构造及其功能》(上),《语文建设》第 5 期。

李军,1998b,《汉语使役性言语行为的话语构造及其功能》(下),《语文建设》第 6 期。

李军,2001,《使役方式选择与社会情景制约关系分析》,《现代外语》第 4 期。

李军,2003,《使役性言语行为分析》,《语言文字应用》第 3 期。

李俊儒,2007,《称赞语及其应答语对比研究》,《国外外语教学》第 4 期。

李小军,2018,《"敢"的情态功能及其发展》,《中国语文》第 3 期。

李勇忠,2005,《祈使句语法构式的转喻阐释》,《外语教学》第 2 期。

李祯,2015,《"NP + 敢 + VP"构式探析》,《闽南师范大学学报》(哲学社会科学版)第 4 期。

李宗江,2009,《"看你"类话语标记分析》,《语言科学》第 3 期。

李宗江,2010,《对话中的最简反馈句及其人际功能》,《当代修辞学》第 5 期。

梁赟,2016,《广东信宜话指示范畴的表意分布》,《钦州学院学报》第 6 期。

刘彬、袁毓林,2017,《反问句否定意义的形成与识解机制》,《语文研究》第 4 期。

刘彬、袁毓林,2020,《疑问与感叹的相关性及其转化机制》,《世界汉语教学》第 1 期。

刘晨阳,2016,《警告义"再 VP"构式探析》,《语言科学》第 4 期。

刘晨阳,2021,《从"看我(不)VP"句看间接警告言语行为的规约化》,《汉语学习》第 1 期。

刘晨阳,2022,《汉语警告言语行为内部调节的语用调控手段探究》,《对外汉语研究》第 2 期。

刘大为,2010a,《从语法构式到修辞构式》(上),《当代修辞学》第 3 期。

刘大为,2010b,《从语法构式到修辞构式》(下),《当代修辞学》第 4 期。

刘少基,2002,《俄语警示语拾零与初探》,《新疆教育学院学报》第 2 期。

刘月华,1985,《"怎么"与"为什么"》,《语言教学与研究》第 4 期。

刘宗保,2011,《警告义构式"叫/让"句探析》,《汉语学习》第 2 期。

罗耀华、牛利,2009,《"再说"的语法化》,《语言教学与研究》第 1 期。

吕明臣,2000,《现代汉语应对句的功能》,《汉语学习》第 6 期。

孟艳丽,2021,《现代汉语"敢"字句研究——兼谈威胁与警告的区别与联系》,《对外汉语研究》第 1 期。

潘明珠,2015,《对外汉语教学中的"小心 + VP"结构》,《考试周刊》第 17 期。

裴少华,2010a,《外交警告的言语行为探析》,《郑州航空工业管理学院学报》(社会科学版)第 1 期。

裴少华,2010b,《中美警告言语行为跨文化对比研究》,《武汉船舶职业技术学院学报》第 1 期。

齐沪扬,2002,《论现代汉语语气系统的建立》,《汉语学习》第 2 期。

钱冠连,1989,《"不合作"现象》,《现代外语》第 1 期。

千勇,2018,《"S + V + 试试"构式及话语功能解析》,《中国民族博览》第 3 期。

邵洪亮，2011，《虚词功能的羡余及其修辞作用》，《当代修辞学》第 6 期。

邵敬敏、朱晓亚，2005，《"好"的话语功能及其虚化轨迹》，《中国语文》第 5 期。

沈家煊，1994，《"好不"不对称用法的语义和语用解释》，《中国语文》第 4 期。

孙艳芳，2017，《古代法律俗语的言语行为分析》，《淮海工学院学报》（人文社会科学版）第 8 期。

汤卉，2016，《谈汉语口语中"嗯"的多义性》，《语文学刊》第 9 期。

陶红印、刘娅琼，2010，《从语体差异到语法差异（下）——以自然会话与影视对白中的把字句、被动结构、光杆动词句、否定反问句为例》，《当代修辞学》第 2 期。

陶原珂，2013，《广州话指示范畴的表意分布》，《暨南学报》（哲学社会科学版）第 4 期。

王彩丽，2005，《对警示类告示语的认知语用分析》，《江苏工业学院学报》（社会科学版）第 1 期。

王集杰、徐正华，2005，《称赞语及其应答语的跨文化对比研究》，《天津大学学报》（社会科学版）2005 年第 3 期。

王世凯，2018，《否定性警告构式"有 X 好 VP（的）"的判定、来源及其构式化》，《汉语学习》第 1 期。

王秀荣，2001，《言语交际中"祈使行为"的表达形式》，《北京教育学院学报》第 2 期。

王跃平，2014，《规约隐涵、一般性会话隐涵与预设范畴的扩展》，《学海》第 6 期。

夏俐萍，2013，《益阳方言"阿"的多功能用法探析——兼论由指称范畴引发的语义演变》，《中国语文》第 1 期。

相业伟，2014，《"V 什么 V"构式探析》，《渤海大学学报》（哲学社会科学版）第 5 期。

徐晶凝、郝雪，2019，《建议言语行为内部调节手段的语用调控》，《世界汉语教学》第3期。

徐默凡，2008，《言说动词的隐现规律》，《修辞学习》第1期。

徐志敏，2005，《批评语及其应答语的话语分析》，《安徽工业大学学报》（社会科学版）第3期。

尹海良，2014，《强势指令义构式"给我 + VP"探析》，《汉语学习》第1期。

尹海良，2015，《否定结构"（看我）不 VP + NP"的肯定识解》，《中南大学学报》（社会科学版）第4期。

尹世超，2008，《应答句式说略》，《汉语学习》第2期。

袁宾，1984，《近代汉语"好不"考》，《中国语文》第3期。

袁毓林，1991，《祈使句式和动词的类》，《中国语文》第1期。

袁毓林，2008，《反预期、递进关系和语用尺度的类型："甚至"和"反而"的语义功能比较》，《当代语言学》第2期。

袁毓林，2012，《动词内隐性否定的语义层次和溢出条件》，《中国语文》第2期。

乐耀，2010，《汉语中表达建议的主观性标记词"最好"》，《语言科学》第2期。

张海涛，2014，《"必须的"的形成机制与话语功能探析》，《语言教学与研究》第3期。

张晶，2014，《汉语中的话语标记"我跟你说"》，《现代语文》（学术综合版）第9期。

张丽萍，2015，《对话论视角下多模态商品警示语的艺术建构》，《俄罗斯文艺》第2期。

张丽萍、周超，2017，《警告言语行为在纠纷调解话语中的动态建构》，《浙江外国语学院学报》第5期。

张先亮，2011，《"可不是"的语篇功能及词汇化》，《世界汉语教学》第2期。

张谊生，1997，《"把 + N + Vv"祈使句的成句因素》，《汉语学习》

第 1 期。

张治，2011，《汉语同意相邻对中同意应答语的表现手段》，《当代修辞学》第 3 期。

赵英玲，1997，《论称谓词的社交指示功能》，《东北师范大学学报》（哲学社会科学版）第 1 期。

周继圣，2000，《"刺激—反应"语境中的"让（叫）"字兼语句——兼谈汉语口语中的警告—威胁性祈使句》，《青岛海洋大学学报》（社会科学版）第 1 期。

周启红，2014，《"有 X 好 VP 的"构式意义及历史形成》，《宁夏大学学报》（人文社会科学版）第 2 期。

朱斌，2011，《"如果 A，那么 B，否则 C"的语义关联及其"否"的辖域》，《世界汉语教学》第 4 期。

朱军、盛新华，2002，《"V 什么 V"式的句法、语义、语用分析》，《延安大学学报》（社会科学版）第 4 期。

朱湘燕，2004，《汉语批评语用策略调查》，《语言文字应用》第 1 期。

宗守云，2017，《"还 X 呢"构式：行域贬抑、知域否定、言域嗔怪》，《语言教学与研究》第 4 期。

（四）学位论文

程庆玉，2011，《家庭纠纷调解中的警告言语研究：形式与功能》，硕士学位论文，南京理工大学。

高宁，2009，《"V 什么 V"格式研究》，硕士学位论文，吉林大学。

韩欣彤，2020，《公共安全警示漫画中的多模态隐喻研究》，硕士学位论文，云南师范大学。

洪姗，2012，《中澳大学生警告言语行为对比研究》，硕士学位论文，安徽大学。

黄佳媛，2017，《现代汉语规约性间接指责言语行为研究》，硕士学位论文，华东师范大学。

黄均凤，2005，《"小心 X"祈使句研究》，硕士学位论文，华中师范大学。

金依璇，2019，《"V 什么 V"句式研究》，硕士学位论文，大连外国语大学。

李爱菊，2012，《现代汉语赞扬语及其应答语研究》，硕士学位论文，哈尔滨师范大学。

李娟，2007，《汉语对话中威胁言语行为的语用学分析》，硕士学位论文，暨南大学。

李柯慧，2012，《汉语威胁型话语的言语行为研究》，硕士学位论文，渤海大学。

李欣夏，2013，《"我+让/叫+你+VP"构式解析》，硕士学位论文，上海师范大学。

李艳洵，2006，《日韩留学生汉语道歉言语行为及其应答策略习得研究》，硕士学位论文，暨南大学。

李永华，2008，《汉语会话之应答语研究》，硕士学位论文，暨南大学。

刘晨阳，2017，《现代汉语警告言语行为研究》，硕士学位论文，复旦大学。

陆厚祥，2006，《中美大学生威胁言语行为对比研究》，硕士学位论文，安徽大学。

彭利贞，2005，《现代汉语情态研究》，博士学位论文，复旦大学。

孙慧增，2005，《祈使言语行为的功能分析》，硕士学位论文，河北师范大学。

孙蕾，2018，《现代汉语肯定形式的否定识解研究》，硕士学位论文，山东大学。

唐琳，2009，《俄语警告言语行为研究》，硕士学位论文，吉林大学。

王丹荣，2017，《现代汉语祈使范畴及其表达手段研究》，博士学位论文，武汉大学。

汪精华，2008，《现代汉语赞扬语之应答言语行为研究》，硕士学位论文，南昌大学。

吴惠贞，2009，《汉韩称赞语及其应答语对比研究》，硕士学位论文，华东师范大学。

武星，2012，《现代汉语制止警告类应答词语研究》，硕士学位论文，黑龙江大学。

谢佳玲，2002，《汉语的情态动词》，博士学位论文，台湾清华大学。

颜君鸿，2014，《"看（N）＋不＋VP"结构及相关问题的研究》，硕士学位论文，浙江师范大学。

尹相熙，2013，《现代汉语祈使范畴研究》，博士学位论文，复旦大学。

于川，2011，《英语警告言语行为的探讨》，硕士学位论文，长春理工大学。

张晓璐，2016，《"小心＋（别）VP"构式研究及对外汉语教学策略》，硕士学位论文，吉林大学。

张瑶，2019，《表主动"我让你（们）＋VP"结构研究》，硕士学位论文，辽宁大学。

赵聪，2006，《应答词"是、对、行、好"的话语功能分析》，硕士学位论文，延边大学。

赵微，2005，《指令行为与汉语祈使句研究》，博士学位论文，复旦大学。

赵晓琦，2019，《现代汉语"注意XP"结构研究》，硕士学位论文，沈阳师范大学。

朱雪琴，2013，《多模态烟盒警告语的分析》，硕士学位论文，南京理工大学。

（五）中文译著

［英］A. S. Hornby（霍恩比），2009，《牛津高阶英汉双解词典》（第7版），王玉章等译，商务印书馆/英国：牛津大学出版社。

［法］丹·斯珀波、［英］迪埃珏·威尔逊，2008，《关联：交际与认知》，蒋严译，中国社会科学出版社。

［德］德克·盖拉茨主编，2012，《认知语言学基础》，邵军航、杨

波译，上海译文出版社。

［德］弗里德里希·温格瑞尔、汉斯－尤格·施密特，2009，《认知语言学导论》（第二版），彭利贞、许国萍、赵微译，复旦大学出版社。

［英］J. L. 奥斯汀，2013，《如何以言行事——1955 年哈佛大学威廉·詹姆斯讲座［英］J. O. 厄姆森、［奥］玛丽娜·斯比萨编，杨玉成、赵京超译，商务印书馆。

［美］约翰·R. 塞尔，2017，《表达与意义：言语行为理论研究》，王加为、赵明珠译，商务印书馆。

二 英文文献

（一）英文著作

Allan, Keith, 1986, *Linguistics Meaning*. London：Routledge & Kegan Paul Plc, Vol. 2.

Allwood, Jens, 2000, An activity based approach to pragmatics. In Harry Bunt & William Black (eds.), *Abduction, Belief and Context in Dialogue：Studies in Computational Pragmatics*. Amsterdam：John Benjamin's.

Alston, William P. 2000, *Illocutionary Acts and Sentence Meaning*. Ithaca：Cornell University Press.

Austin, John L., 1962, *How to Do Things with Words*. Oxford：Oxford University Press.

Blum－Kulka, Shoshana, House Juliane & Kasper Gabriele, 1989, *Cross－cultural pragmatics：Requests and apologies*. Norwood, NJ：Ablex.

Brown, Penelope & Stephen C. Levinson, 1978, Universal in Language Usage：Politeness phenomena. In Esther N. Goody (ed.), *Questions And Politeness：Strategies in Social Interaction*. Cambridge：Cambridge University Press.

Couper－Kuhlen, Elizaberth & Margret Selting, 2018, *Interactional Linguistics：Studying Language in Social Interaction*. Cambridge：Cambridge University Press.

DuBois, John W., 2007, The stance triangle. In Robert Englebretson (ed.), *Stance taking in Discourse: Subjectivity, Evaluation, Interaction.* Amsterdam and Philadelphia: John Benjamins.

Fillmore, Charles C., 1977a, Topics in lexical semantics. In Roger W. Cole (ed.), *Current Issues in Linguistic Theory*, Bloomington; London: Indiana University Press.

Fillmore, Charles C., 1977b, The case for case reopened. In Peter Cole and Jerrold M. Sadock (eds.), *Syntax and Semantics, Vol. 8: Grammatical Relations.* New York; San Francisco; London: Academic Press.

Garde, Rod, 2001, *When Listeners Talk: Response Tokens and Listener Stance.* Amsterdam/Philadelphia: Benjamins.

Goldberg, Adele E., 1995, *Constructions: A Construction Grammar Approach to Argument Structure.* Chicago: University of Chicago Press.

Grice, Herbert P., 1975, Logic and conversation In Peter Cole & Jerry L. Morgan (eds.), *Syntax and Semantics 3: Speech Acts.* New York: Academic Press.

Heine, Bernd, Ulrike Claudi & Friederike Hünnemeyer, 1991, *Grammaticalization: A Conceptual Framework*, Chicago: University of Chicago Press.

Hutchby, Ian & Robin Wooffitt, 1998, *Conversation Analysis: Principles, Practice and Applications.* Cambridge: Polity Press.

King, Brett D. & Michael Wertheimer, 2005, *Max Wertheimer and Gestalt Theory.* New Brunswick: Transaction Publisher.

Leech, Geoffrey N., 1983, *Principles of Pragmatics.* London: Longman.

Mey, Jacob, 1993, *Pragmatics: An Introduction.* Oxford: Blackwell Publishers.

Pomerantz, Anita, 1984, Pursuing a response. In Maxwell Atkinson & John Heritage (eds.), *Structure of Social Action: Studies in Conversa-*

tion Analysis. Cambridge: Cambridge University Press.

Sacks, Harvey, 1992, Rules of conversational sequence. In Gail Jefferson (ed.), *Lectures on Conversation*. Cambridge: Blackwell, No. 1.

Schegloff, Emanuel A., 2007, *Sequence Organization in Interaction: A Primer in Conversation Analysis*. Cambridge: Cambridge University Press.

Searle, John R., 1969, *Speech Acts: An Essay in the Philosophy of Language*. Cambridge: Cambridge University Press.

Searle, John R., 1979, *Expression and Meaning: Studies in the Theory of Speech Acts*. Cambridge: Cambridge University Press.

Sperber, Dan & Deirdre Wilson, 1981, Irony and the Use – mention Distinction. In Peter Cole (ed.), *Radical Pragmatics*. New York: Academic Press.

Sperber, Dan & Deirdre Wilson, 1986, *Relevance: Communication and Cognition*. Oxford: Basil Blackwell.

Verschueren, Jef, 1985, *What People Say They Do with Words: Prolegomena to an Empirical – Conceptual Approach to Linguistic Action*. Norwood, NJ: Ablex.

Wierzbicka, Anna, 1987, *English Speech Act Verbs: A Semantic Dictionary*. New York: Academic Press.

Verschueren, Jef, 1999, *Understanding Pragmatics*. London: Edward Arnold Limited.

Wright, Dale E., 1998, *Personal, Relationships: An Interdisciplinary Approach*. California: Mayfield Publishing Company.

（二）英文期刊

Biber, Douglas, 2006, Stance in spoken and written university registers. *Journal of English for Academic Purpose*, No. 2.

Biq, Yung – O, 1989, Metelinguistic Negation in Mandarin. *Journal of Chinese Linguistics*, No. 17.

Carstens, Adelia, 2002, Speech Act Theory in Support of Idealised Warning Models. *Southern African Linguistics and Applied Language Studies*, No. 20.

Clancy Patricia M., Sandra A. Thompson, Ryoko Suzuki & Tao Hongyin, 1996, The conversation use of reactive tokens in English, Japanese and Mandarin. *Journal of Pragmatics*, Vol. 26, No. 3.

Craven, Alexandra, 2010, Directives: Entitlement and Contingency in Action. *Discourse Studies*, No. 8.

Fillmore, Charles C., 1985, Frames and the semantics of understanding. *Quaderni di Semantica* VI.

Fitch, Kristine L. & Robert E. Sanders, 1994, Culture, Communication, and Preferences for Directness in Expression of Directives. *Communication Theory*, No. 3.

Fraser, Bruce, 1975, Warning and Threatening. *Centrum*, Vol. 3, No. 2.

Goodwin, Charles, 1986, Between and within: alternative sequential treatments of continuers and assessments. *Human Studies*, No. 9.

Grivič, Tamara & Chad Nilep, 2004, When phonation matters: the use and function of yeah and creaky voice. *Colorado Research in Linguistics*, No. 17.

Harris, Sandra, 1984, The form and function of threats in court. *Language & Communication*, No. 4.

Judy Edworthy, Elizabeth Hellier, Kathryn Walters, Wendy C. Mathews & Mark Crowther, 2003, Acoustic, semantic and phonetic influences in spoken warning signal words. *Applied Cognitive Psychology*, No. 17.

Kendon, Adam, 1995, Gestures as illocutionary and discourse structure markers in Southern Italian conversation. *Journal of Pragmatics*, No. 3.

Lakoff, Robin & Deborah Tannen, 1984, Conversational strategy and metastrategy in a pragmatic theory: The example of 'Scenes from a marriage'. *Semiotica*, Vol. 49, No. 3/4.

Nicoloff, Franck, 1989, Threats and Illocution. *Journal of Pragmatics*,

No. 4.

Puffer, Christiane D., 2005, Negotiating Interpersonal Meanings in Naturalistic Classroom Discourse: Directives in Content – and – language – integrated Classrooms. *Journal of Pragmatics*, No. 8.

Rosch, Eleanor, 1975, Cognitive representations of semantic categories. *Journal of Experimental Psychology*: *General* 104.

Saito, Junko, 2011, Managing Confrontational Situations: Japanese Male Superiors' Interactional Styles in Directive Discourse in the Workplace. *Journal of Pragmatics*, No. 5.

Stivers, Tanya & Federico Rossano, 2010, Mobilizing response. *Research on Language & Social Interaction*, Vol. 43, No. 1.

Thomas, Jenny, 1983, Cross – cultural Pragmatics Failure, *Applied Lingustics*, No. 4.

Vanderveken, Daniel, 1991, *Meaning and Speech Acts*. Cambridge: Cambridge University, Vol. 2.

Vine, Bernadette, 2009, Directives at Work: Exploring the Contextual Complexity of Workplace Directives. *Journal of Pragmatics*, No. 7.

Wogalter, Michael S. & Eric Feng, 2010, Indirect warnings and, instructions, produce, behavioral, compliance. , *Human, Factors, and, Ergonomics, in, Manufacturing, &, Service, Industries*, No. 3.

Xu, Jun, 2014, Displaying status of recipiency through reactive tokens in Mandarin task – oriented interaction. *Journal of Pragmatics*, No. 12.

索　引

F

反同盟　53—56, 64, 65, 69, 71, 73, 76, 113, 115, 201, 295, 324

反预期　8, 11, 25, 26, 29, 40, 42, 44, 51, 53, 64—66, 68, 71—73, 93, 95, 115, 119, 120, 122, 123, 129, 143, 147—149, 157, 163, 170, 187, 188, 191, 192, 194, 195, 198, 208, 214, 218, 226, 233, 235, 237, 250, 308

范畴化　22, 24, 25, 31, 322

辅助语步　99—101, 153, 192, 198, 200, 236, 239, 260—267, 282—284, 287, 288, 300, 308, 328

G

敢VP　12, 89—91, 96, 158, 187—189, 204, 227—230, 233—235, 237—242, 256, 257, 267, 327

告知语　8, 101, 102, 112, 123, 131, 134, 136, 138—142, 144—146, 148, 149, 151—154, 176, 178—181, 208, 267, 269, 277, 278, 314, 318, 324—326

构成性规则　1, 5—7, 9, 10, 15, 18, 19, 38, 46—48, 50, 52—56, 60, 63—74, 85, 86, 88, 94, 97, 100, 105, 107, 113, 115, 134, 145, 147, 153, 155—161, 167, 169, 170, 187, 197, 205, 208, 218, 224—226, 231, 250, 257, 269, 308,

309，323，324，326，329

构式 1，10—12，21，91，204，211，213—221，223，227—235，237—242，258，322，327

规约化 20，36，78，90—92，95，96，98，99，153，176，191，195，203，209，211，217—223，226，227，237—240，242—244，250，255—258，326，327

H

合作原则 157，158，207，278，287，288，326，328

话语模式 8，15，16，23，87，101，140，143，145，146，149—153，176，198，208，268，269，278—282，286—288，328

会话分析 9，13，18，20，23，147，157，289，292，306，320，330

会话含义 79，80，84，88，90，91，93—96，98，128，142，145，147，153，155—158，166，170，176，181，183—186，200，206，208，212，217，218，227，229，235，243，245，262，323，326

J

家族相似性 15，37，41，42，45，77，80，98，209，324，326

间接警告言语行为 10，12，20，21，78，80，84，88—91，95，114，131，142，143，148，151—156，158，161，163，167，169—171，173，174，176—178，180—182，185—187，191，192，194，198，200，202—208，210，211，213，226，227，235，240，242—244，250，255—258，261—263，265，274，278，322，325—327，329

交互主观性 289，302，320，328

交际策略 10，14，18，20，22，260，267，268，282—288，327

警告对象 1，3，4，8，9，21，24—28，32—41，44，45，48，49，53—55，76，81—84，88—91，93—96，98，100，101，105，111，113，115，119，120，122，123，128，131—

索　引　349

139，143，145，153，155—158，161—173，175—179，181，182，185—187，189—192，194—198，201，203，206，208，210，212—214，216—218，221—225，228，230，231，235—237，239，240，242，247—253，256，257，259，263，264，266，270—272，277，278，280—284，286，288，289，291—299，301—315，317，319—328，330

警告范畴　1，3—5，9，14，15，17，19—22，24，25，29—32，34，35，37—39，42—47，52，63，74—78，80，84，96—99，101，105，155，210，211，259，289，290，322—324，326，327，329—331

警告回应语　290—292，294，295，310，311，320，321，328

警告者　1，3，4，9，24—28，32—37，39—41，44，45，48，49，53—55，81—84，86—90，93—95，97，98，100，105，111，113—117，119—123，128，131—134，136—139，142，144—151，153，154，157，158，161，163—167，169—179，181，182，186，188—193，195—198，200—203，205—208，212，214，216—218，220，222—224，227，228，230—239，242，246—252，254，257，259—272，274，276—289，291—293，295—298，301—310，313—315，317，319—328，330

警示语　12，101—103，105，111，112，131，134，140—142，144—146，148—153，176，261—263，267，269，278，280，314，324，325

绝对强加度　4，55，57—59，73，81—84，109，147，176，179，180，272—274，276—278，280—282，286—288，290，311，313，315，317—319，321，327，328

K

看我（不）VP　204—206，243—245，248，250，251，255—257，327

L

立场设置 3, 53—55, 63, 64, 66, 68, 71, 73, 113, 115, 201, 295, 303, 305—308, 319, 320, 324, 328

N

内部调节 101, 127, 131, 154, 267—269, 274, 278, 285, 287

Q

祈使 5, 12, 16, 17, 115, 117, 124, 127, 128, 132, 133, 182, 188, 193

亲近性 292, 296, 300—302, 307, 310, 315, 317, 319, 321

权势关系 4, 38, 62, 109, 175, 187, 237, 270, 279, 280, 286, 288, 290, 297, 313, 327, 328

劝诫 39, 40, 52, 54, 67—69, 74, 85, 97, 105, 106, 131, 149

R

认知框架 21, 29—31, 42, 44, 222, 223, 242, 258, 323, 327

S

社会距离 16, 95, 109, 179, 180, 270—272, 276, 277, 279—281, 287, 288, 311, 313—315, 317, 318

施为动词 2, 5, 6, 15—18, 39, 43, 51, 52, 65, 67, 69, 85, 87, 103, 105—112, 142, 149—151, 153, 160, 224, 325

T

提醒 2, 4, 9, 11, 12, 16, 51, 65—68, 74, 85, 97, 105—107, 110, 131, 133, 171, 197

图式 29

W

外部调节 99, 101, 260, 261, 267, 282, 287

完形 29, 31, 42, 44

威胁 2, 4, 5, 7, 10—12, 14—19, 44, 56, 57, 59—63, 69—74, 77, 78, 85, 96—98, 105—108, 110, 112,

索　引　351

128, 131, 153, 165, 166, 171, 175, 176, 198, 229, 242, 244, 250, 251, 253, 278, 283—288, 310, 315, 324, 325, 328, 330

Y

言语行为　1—22, 30, 31, 34, 38, 42—44, 46—76, 78, 80—86, 88, 91—94, 96, 97, 99—103, 105—108, 110—113, 115, 117, 119, 120, 122, 131—135, 137, 140—149, 152—165, 167, 170—174, 176—178, 180—182, 184, 185, 187—190, 192, 193, 200—203, 205—208, 211, 212, 214, 218, 220, 222, 224—226, 229, 231, 233, 234, 236, 237, 242—244, 247—251, 256—271, 278, 282—285, 287—291, 293—295, 301, 302, 305, 308—310, 314, 319, 320, 323—331

语力　2, 3, 5—8, 10, 12, 14, 15, 17, 21, 39, 48—50, 52, 56—59, 61, 62, 64—66, 68—72, 76—80, 82—96, 98—103, 105—112, 114, 115, 117, 127, 128, 130—136, 140—144, 146, 148—156, 158, 161—165, 168—170, 172, 173, 175—177, 179, 182, 184—186, 188, 189, 195, 197—200, 202, 203, 205—208, 211—214, 216—219, 223, 224, 226—230, 234—239, 241, 242, 249, 250, 252, 256, 258—264, 266—269, 282—285, 287, 288, 290, 293, 295, 308, 309, 322, 324—326, 328, 329

语义框架　4, 21, 30, 31, 34, 42—44, 46, 47, 50, 63, 73, 75—80, 86—89, 91—93, 97, 102, 112, 135, 137, 140, 144, 145, 149, 153—155, 170, 171, 177, 185, 197, 201, 208, 210, 235, 262, 263, 288, 322—326, 329

语用调控手段　259, 267, 269, 274, 310, 311, 320, 322

原型　20, 37, 41—45, 47, 77, 78, 80, 218, 242, 324

Z

再 VP 89，96，114，187，189，204，211—224，226，227，231，233，238，242，256，257，327

直接警告言语行为 78，84，85，87，89，90，96，99，102，105，107，110—114，117，124，128，130，131，133，134，136，138—140，142—145，149—155，176—178，180，181，186，200，201，208，214，229，245，256—258，261，263，269，274，324—327

指令 4—9，11，13—18，21，22，26—30，33，35—45，49—56，58，59，61，63—66，68—70，72—74，76，77，79—84，87，89—94，97，98，100—102，108—111，113—115，117，119—121，123，127—139，142—145，147—149，153，154，156—161，163—169，173—184，191，192，195，198，200，201，203，210—212，214，215，218，220，222—227，231，236，237，242—244，250—252，260，261，263—267，270，272—274，278，280—283，286—288，290—292，294—311，313—315，317—321，323—325，327，328

指示语 9，101，102，112，113，117—124，128—131，133，134，138—145，149，151—153，176，177，180，181，200，208，261—263，269，277，278，280，318，324—326

后　　记

　　本书是 2022 年度国家社会科学基金后期资助暨优秀博士论文出版项目"现代汉语警告范畴研究"的结项成果，也是在本人同名博士学位论文基础上的扩展之作。从最初本科学位论文开始关注并涉足现代汉语中的警告现象，直到博士学位论文辍毫栖牍、尘埃落定为止，现代汉语警告范畴的相关研究贯穿了我整个后青春时期的求学生涯，不多不少，刚好十年。

　　庆幸的是，流转易逝的光阴随着本书的行将功成总算有了一个差强人意的注脚与交代。以语用范畴为视角对现代汉语警告行为的功能结构、形式特征、表现手段、交互语境等展开系统考察是一种新的尝试与探索；而以警告范畴为样本，不断拓宽传统言语行为研究的范围和边界，充分探讨现代汉语语用与句法、语义接口研究的新模式、新路径，逐步构建起现代汉语语用范畴研究的理论框架与网络体系，我们则希望能够以本书为契机抛砖引玉、求教大方，带动一些新思考，引发一些新见解。虽然本人才疏学浅、智识有限，但我们仍期待本书的面世得以为现代汉语语用研究尽献一份绵薄之力，也企盼心力的凝结足以给出自己一张无负韶华的答卷。

　　回想本书从撰写到定稿的历程，每一个片刻都寄寓着一句或轻或重的关照，复刻着一份或远或近的见证。何其有幸，承蒙厚爱，让所有的片刻拼凑成弥足珍贵的永恒；铭感于内，怀恩在心，谨愿以十二分的赤诚回馈世界对自己的温柔以待，有一份热，发一束光。

　　首先，由衷感谢恩师张豫峰教授在六年的硕博阶段给予我无尽的包容关爱与谆谆教诲。张老师治学严谨、学识渊博、思路开阔、教导有方，学业上充分鼓励我自主发现问题、思考问题，提供给我足够的空间去自由探究自己感兴趣的课题，并引导我不断跟进学科前沿，以更多元、更全面的视角去观察问题、解释问题。本书的选题、写作过程并非一路顺遂，细节部分的修改与斟酌更是时常遭遇瓶颈，一己之力难以独立解决；困顿时期张老师即便事务缠身也会及时安抚我的情绪并予以关怀，而后一起分析讨论、耐心分解，在师门沙龙上群策群力、共同面对，阴霾最终也就随之烟消云散。定稿过程中张老师也严格审阅、亲力亲为，从内容到形式全方位把关，耗费了大量时间精力，不厌其烦地打磨修回，尤其在公务缠身之际，老师依旧不辞劳苦、欣然为拙著拨冗作序，才使得本书最终玉汝于成。生活中与老师的交谈每每都令人如沐春风、获益匪浅，老师时常教导我们做人要守良知、懂感恩，要乐观豁达、不卑不亢。正是在老师灯塔之光的指引和护航下，自己的迷途之舟才能辨清方向、乘风破浪。在老师为人治学精神的深远影响下，我相信自己在未来的学术和人生道路上，一定会将老师的力量学而化之并落到实处，继续坚定地执着于理想、纯粹于当下，踔厉前行，扬帆启航。

感谢本科导师徐默凡教授把我引入了语言学的大门，让我领略了语言学的奥妙并坚持至今。尤其是本科时期徐老师的沙龙活动和课外交流，为我指明了一个饶有兴趣的探索方向；在徐老师悉心指导下完成的本科学位论文《警告义"再VP"构式探析》也成为我第一篇正式发表的学术论文，并以此为基底才展开了我日后警告言语行为乃至警告范畴的系列研究。本科毕业之后每逢遇到学业、生活、情绪上的难题无法纾解之时，徐老师依旧愿意耐心开导并无偿相助，本书的部分章节徐老师也曾拨冗给予过批评斧正。亦师亦友，感激不尽。

感谢刘大为教授对本人学业上的无私支持与帮助。刘老师博闻多识、思维敏捷，广纳百家又独具一格，尤其在分析句法、语用问题上的逻辑思辨能力令人叹服，其对于语体语法的研究及语法构式与修辞构式关系的论述都极大地拓展了本人的研究视野和思路。本书中关于警告言语行为的"补充性构成规则"这一概念也是在刘老师的启发与指点下归总而成，硕博在读期间每次在刘老师组织的修辞圆桌沙龙讨论上也都能茅塞顿开、收获颇丰。

本书的增补、完善工作主要是在入职上海师范大学对外汉语学院后完成的。感谢对外汉语学院院长曹秀玲教授在本书写作、修改、出版过程中给予的大力关怀与扶持，在教学、行政事务方面为我营造了相对宽松、自由的工作环境，使我能够安心地按时完成本书的后期工作。感谢对外汉语学院陈昌来教授在本书定稿时提供的宝贵意见，本书的部分研究成果也得到了陈教授带领的上海市高水平地方高校重点创新团队"比较语言学与汉语国际传播"的资助。

还要感谢胡范铸教授、高顺全教授、吴中伟教授、卢英顺教授、邵洪亮教授在我博士学位论文写作过程中的辛勤付出，在他们的指导和建议下本书的前期蓝本才得以顺利完成。感谢谢心阳教授定期组织的互动语言学沙龙能够接纳本人参与，通过在沙龙中与张惟教授、刘娅琼教授、李梅教授、王雅琪教授等前辈进行系统学习和深入交流，我才能进一步窥探互动语言学及会话分析之门径，并尝试将会话分析的方法与警告对话的具体研究相结合，顺利推进了本书后半部分的写作。感谢金立鑫教授、方梅教授、宗守云教授、吴春相教授、陈振宇教授、李明洁教授、周红教授、韩蕾教授、李文浩教授、盛益民教授、钱昱夫教授等师长对本书的具体内容提出过诸多细致、中肯的精进意见，在此一并对各位专家学者深表谢忱！

本书的部分章节曾发表在《语言科学》《汉语学习》《对外汉语研究》等刊物上，本书在编纂时对原文的部分内容进行了调整与修改，谨此一并对这些刊物的编辑与评审专家致以谢意，衷心感谢他们给予我不断求索与前行的信念和力量。

此外，诸多亲友的情感羁绊也无疑为拙作增添了最柔软且明亮的一抹暖色。感谢挚友丁力一路陪伴自己经历过的所有浓墨重彩和云卷云舒，乐意敞开心扉彼此交付，欣然相互守望共同成长；感念八年时光裹挟着过往的恣意笑泪，无论风雨过后的沉重，还是雨过天晴的逐虹，狂奔的念头不曾退缩，继续下一个梦。感谢好友郑丽璇自硕士相识至今带给我的所有快乐和感动，每次情绪低落时总能做好一个倾听者，及时予以疗愈、抚慰心伤，传递乐观开朗，让我对周遭人事有了更细腻的体认和观想。感谢好友张悦在日常生活中的点滴关照，有需要时总是悉心陪伴、适时在旁，心有戚戚，不胜感激。感谢好友刘韵入微的关心与问候，分享快乐共担忧愁，每次畅聊完不同故事后都是各自阅历的不断增长。感谢好友谢尚培带我尝试和打破了一些固化的思维方式，让我看到了人生还有更多值得开心的可能世界，生活的快乐才是颠覆不破的圭臬。感谢好友张本华在我硕士阶段后鼓励我坚持读博的信念，颇受关照，感念至深。感谢好友来文彬参与共创了我学生时代的所有叙事脚本，分担演绎了重要的角色戏份，相知若素，契若金兰。感谢好友章近勇在处理辅导员繁琐事务之余教我入门的统计学知识，并帮助我分析、验证语料数据，学业上相互探讨交流，多有受益。感谢好友易翔宇在困窘时伸手援助，在快意中分享成长，逆风相伴，肆意徜徉。感谢好友单玮的细致体贴，不断给予我完成学业及书稿的信心，枫林之光，情暖如阳。感谢好友张莹、冉莹、李文韬博士三年同窗时期的一切照顾，在我学业倦怠时总是在旁及时敦促，中文系资料室共同奋战论文时的场景将心底永存。更多好友、同仁无法在此一一尽述，挂一漏万之处还望见谅。何德何能得幸至深，让我在科研之余切身体验着生活的无限美好，憧憬着诗和远方。

　　特别感谢我的父母三十余年来给予我学业和生活上最大程度的选择自由，理解并尊重我每一次率性且冲动的决定，默默在背后不计辛劳、不求回报地支撑我走到最后，在早应侍亲跪乳的年纪继续无条件包容着我的任性和自私，希望一路的"叛逆"不会让你们失望，用爱长成翅膀拂去沧桑。尤其感谢外公外婆在我年幼时给予的启蒙教育，为我日后的阅读和写作奠定了坚实的基础。遗憾的是，在本书即将出版之际，外公已经搬去了天上；希望本书能够带去一些告慰，告诉外公这些文字的背后见证着他的付出和我的成长，这些记忆也不会随着岁月的痕迹而斑驳，而是会定格成为我鲜活隽永的独家珍藏，竭心供养，纸短情长。

最后，感谢中国社会科学出版社及本书责编王越女士，在本书的编辑和出版过程中劳心费神、尽力尽责，着实为本书添彩不少，也让我从中获益良多。本书的顺利付梓离不开他们的辛苦工作，在此诚挚再拜致谢！

至此本书终将落笔，但关于警告范畴的系统研究希望只是由此肇始。时间暂停，再继续。珍重，再遇见。

刘晨阳

2024 年 2 月 22 日记于沪上